U0511194

Beyond the Minimal State of Nozick

超越诺齐克的最低限度国家

胡业成 ————————————— 著

中国社会科学出版社

图书在版编目(CIP)数据

超越诺齐克的最低限度国家 / 胡业成著 . —北京：中国社会科学出版社，
2023.9

ISBN 978 – 7 – 5227 – 2374 – 7

Ⅰ.①超… Ⅱ.①胡… Ⅲ.①诺齐克(Nozick，Robert 1938 – 2002)—政治
哲学—哲学思想—研究 Ⅳ.①B712.59

中国国家版本馆 CIP 数据核字（2023）第 157227 号

出 版 人	赵剑英
责任编辑	刘亚楠
责任校对	张爱华
责任印制	张雪娇

出 版	中国社会科学出版社
社 址	北京鼓楼西大街甲 158 号
邮 编	100720
网 址	http://www.csspw.cn
发 行 部	010 – 84083685
门 市 部	010 – 84029450
经 销	新华书店及其他书店

印 刷	北京君升印刷有限公司
装 订	廊坊市广阳区广增装订厂
版 次	2023 年 9 月第 1 版
印 次	2023 年 9 月第 1 次印刷

开 本	710×1000 1/16
印 张	17
插 页	2
字 数	262 千字
定 价	98.00 元

凡购买中国社会科学出版社图书，如有质量问题请与本社营销中心联系调换
电话：010 – 84083683

版权所有 侵权必究

前　言

　　罗尔斯提出的"作为公平的正义"不仅推动了政治哲学在当代复兴，而且使分配正义成为当代政治哲学争论的核心问题。同时，罗尔斯的分配正义理论也遭受了来自左翼阵营和右翼阵营的激烈批判，其中代表右翼阵营的诺齐克对它的批评最具颠覆性。诺齐克倡导的持有正义论虽然以"作为公平的正义"为直接批判对象，但是他企图从根本上瓦解自由主义的平等主义者们所主张的分配正义论。诺齐克不仅指责分配正义论侵犯了神圣的个人权利，而且强调自由主义的平等主义者所支持的拥有再分配功能的国家是经不起辩护的，只有他设想的最低限度国家才是唯一合乎道德的国家。因而，汇聚了诺齐克政治哲学思想的《无政府、国家和乌托邦》可以看作他对最低限度国家之正当性的系统辩护。从结构上看，《无政府、国家和乌托邦》的前两部分是对最低限度国家之正当性的否定性论证，第三部分是对最低限度国家之正当性的肯定性论证。其第一部分针对的是要求取缔任何国家制度的个人主义的无政府主义者，第二部分针对的是拥护具有再分配功能的国家的自由主义的平等主义者和马克思主义者，综合来看，诺齐克的意图是证明无论比最低限度国家功能更少的制度还是比它功能更多的制度都是不道德的。第三部分则是从正面阐释最低限度国家是唯一能够允许人们自由进行各种各样共同体实验的令人向往的乌托邦框架。本书的目的则是揭露诺齐克在以上三部分中对最低限度国家之正当性的论证存在种种缺陷，以至于他所倡导的最低限度国家既非道德上唯一能够接受的政治制度，亦非唯一能够实现人们各种共同体理想的政治制度。因此，我们必须超越诺齐克式的最低限度国家。

但是,《无政府、国家和乌托邦》中复杂的政治哲学思想并未引起国内学术界的充分关注。由于国内学者重点关注的是分配正义领域,因此,对于诺齐克政治哲学的研究也局限于他的持有正义论。具体而言,国内学术界或者仅仅关注诺齐克对罗尔斯等主张的分配正义论的批评,或者仅仅关注以科恩为代表的社会主义的平等主义者对诺齐克的驳斥,却严重忽视了诺齐克在《无政府、国家和乌托邦》第一部分和第三部分对最低限度国家之正当性的论证。不仅如此,即便是聚焦于诺齐克和以罗尔斯为代表的的自由主义的平等主义者在分配正义论域内的争论,国内学者也忽视了罗尔斯本人及其他自由主义的平等主义者对诺齐克的反驳。因此,为了全面把握诺齐克的政治哲学思想,尤其是他对最低限度国家正当性的系统论证,本书将不局限于某一特定立场(比如,自由主义的平等主义者或马克思主义者),而是从诺齐克的各种论证出发,详细分析其论证意图、论证方式和论证效果。希望本书的梳理不仅有利于我们更加全面地把握诺齐克的政治哲学思想,更加透彻地洞察最低限度国家的根本缺陷,更加准确地掌握持有正义论和分配正义论之间的分歧根源,而且可以为分析和应对当前我国经济发展和社会建设中面临的缩小贫富差距、救助弱势群体、完善社会保障体制等现实问题提供一定的学理支撑。只有驳斥了诺齐克对国家再分配职能侵犯个人权利的种种攻讦,才能为国家通过各种再分配手段解决以上社会矛盾和社会问题提供有效的道德论证和辩护。

诺齐克在《无政府、国家和乌托邦》第一部分的前三章为其自由至上主义的政治哲学奠定了道德基础,即为个人权利的不可侵犯性提供了三种论证,包括洛克的自然权利学说、康德主义原则和"生活意义论证"。但是,我们发现不同于洛克对自然权利的阐释,诺齐克并不是在自然法的框架下讨论个人权利。在诺齐克的个人权利理论中,没有为自然法留出任何位置,他断然抛弃了根本的自然法即自我保存原则对私有财产权的限制。诺齐克所倡导的个人权利与洛克所主张的自然权利在性质和内容上都有极大差异。诺齐克虽然认为康德主义原则表达了个人的神圣不可侵犯,但个人不可侵犯的依据在于人们拥有一种按照某种整体计划塑造其生活的能力。可是人们要自主地塑造其人生意义,就不仅需要不被任意干涉的消极权利，也需要在特定条件下接受某种援助的积极权利，这与只承认消极权利的自由至上主义相冲突。

除了铺垫自由至上主义的道德哲学之外，《无政府、国家和乌托邦》第一部分的主要作用是借助"看不见的手的解释"这一机制证明最低限度的国家如何一步步从自然状态中合乎道德地产生。在这一部分，诺齐克所设想的论辩对手是个人主义的无政府主义者，其目的是向后者证明人们加入最低限度国家比停留于无政府的自然状态更明智。我们认为，诺齐克并非仅仅利用"看不见的手的解释"阐述最低限度国家如何产生，而且依据它为最低限度国家的正当性辩护。但诺齐克的论证导致"看不见的手的解释"无法完成这两项任务。作为对国家起源的解释机制，"看不见的手的解释"中涉及的两个关键转变，即从竞争的保护性机构向支配的保护性机构的转变和从超低限度国家向最低限度国家的转变，并非像诺齐克设想的一样会必然发生。如果它们没有发生，"看不见的手的解释"就宣告失败，最低限度国家也不会出现。作为对国家正当性的辩护，一方面，"看不见的手的解释"由于路径—依赖性（path-dependence）缺陷，容易导致人们失去对这一过程最终结果的控制，从而无法证明最低限度国家的产生相比于自然状态是一种改善。另一方面，诺齐克对支配的保护性机构禁止独立者强行正义和超低限度国家为独立者提供赔偿的论证也不能证明这两个步骤对独立者权利的干涉是正当的。既无法证明最低限度国家比自然状态更优越，也无法证明最低限度国家产生过程中没有涉嫌侵犯个人权利，那么，"看不见的手的解释"就无法为最低限度国家的正当性提供有效辩护。

在《无政府、国家和乌托邦》的第二部分，诺齐克所针对的论敌不仅是以罗尔斯为代表的自由主义的平等主义者，而且包括马克思主义者，他的意图是证明任何比最低限度国家取能更多的国家都是不道德的。由于诺齐克所捍卫的唯一道德价值就是个人不可侵犯的权利，因此，能够保障个人权利的制度就是道德的；相反，侵犯个人权利的制度就是不道德的。在这部分的绝大多数篇幅中，诺齐克批判的都是罗尔斯的"作为公平的正义"，其中涉及对分配正义侵犯个人财产所有权的指控、对"天赋共同资产论"侵犯个体自我—所有权的指控、对差别原则非普适性的指控、对差别原则是模式化原则的指控、对自由主义的平等主义者缺乏对人人平等的辩护的指控，等等。实际上，在《无政府、国家和无政府》发表之后，很多自由主义的平等主义者与支持他们的学者都对诺齐克以上指控做出了回应，但这些回应却被国内学者忽视了。比如，针对诺齐克对分配正义干涉个体财产所有权的指控，有些学者强调根本不存在诺齐克所主张的不受分配正义原则和制度规则约束的绝对排他性财产所有权。针对"天赋共同资产论"侵犯了个体自我—所有权的指控，有的学者指出，罗尔斯所谓的把人们的天赋才能看作"共同资产"只是一种修辞性表述，他只是通过这一比喻阐明每个人都可以从所有人天赋的运用中受益，而不是说每个人都可以任意限制或占有其他人的天赋，更不是企图在个人之间重新强制性分配自然天赋。并且自由主义的平等主义者强调了自我—所有权以及天赋才能的培养对于社会基本结构的依赖。他们指出，个人要把作为潜能的自然天赋开发出来，必须在个人所处的具体社会环境和条件所允许的范围内做出选择。针对诺齐克指责自由主义平等主义缺乏对于平等的论证，内格尔从道德动机的层面探讨了利他主义和平等主义的根源。内格尔认为平等对待每个个人的道德动机在于我们拥有两种看待自我的能力：一种是把自我看作延续性的存在，另一种是把某人的自我看作其他众多自我中的一个。内格尔既强调要区分个人化的立场与非个人化的立场，同时又要在实践判断和实践推理中把这两种立场统一起来，使它们各安其位又不相互取代。在个人化的立场与非个人化的立场统一的基础上，内格尔指出平等主义的道德平等就在于，按照同一个迫切性优先制度考虑每一个人的利益。

自由主义的平等主义者和诺齐克之所以在以上诸多方面发生严重分歧，主要根源于两者对道德人格的设定不同。罗尔斯的道德人格是自由而平等的道德人，这种道德人格拥有两种基本的道德能力和相应的两种最高阶利益。"作为公平的正义"以基本结构为主题就是为了设计出有利于保障和促进道德人格的两种道德能力和最高阶利益的制度，基本自由权的确定也是以是否对于形成和促进公民的两种道德能力与最高阶利益必要为参照，进而评价一个国家是否正义也以其公民的两种道德能力与最高阶利益是否得到充分保障和发展为依据。然而诺齐克把个人理解为拥有抽象权利的孤立的个人，他们似乎生来就拥有一定数量的财产、理想和才能，并且他们对这些财产、理想和才能都拥有不容侵犯的同等道德权重的权利，因此国家的行动范围与方式恰恰是由这些权利所限定，而不是国家制度规范这些权利，国家正义与否也在于如何保护个人的这些权利不受侵犯。

在第二部分的第七章中，诺齐克还专门讨论了马克思的剥削理论和劳动价值论，并声称它们是马克思由于缺乏对经济学的了解而得出的结论。虽然科恩站在社会主义的平等主义者的立场对诺齐克的诸多观点与论证进行了分析和驳斥，但是他也忽视了诺齐克对马克思劳动价值论和剥削理论的评论。更不必说，这些评论至今也没有引起国内学者的重视。

诺齐克意识到仅仅向个人主义的无政府主义者、自由主义的平等主义者和马克思主义者证明最低限度国家是唯一合乎道德的国家并不能说服他们。他们可能认为这种仅仅保护其成员免遭暴力、欺诈、偷窃的国家并没有吸引力，以至于人们缺乏积极追求它的动力。但是，诺齐克认为最低限度国家绝非苍白无力缺乏可欲性，《无政府、国家和乌托邦》的第三部分就被用来证明最低限度国家是一种鼓舞人心的乌托邦框架，它不仅克服了传统乌托邦的致命缺点，而且继承了其令人向往的优点。笔者发现，诺齐克不仅在论证过程中忽视了最低限度国家执行乌托邦框架职责时存在与自由至上主义的道德哲学相冲突的隐患，而且完全无视各种阻碍最低限度国家履行乌托邦框架职能的现实困难。乌托邦框架论证失败的关键在于诺齐克赋予最低限度国家的乌托邦框架职能与最低限度国家所奉行的自由至上主义道德哲学相冲突。此外，诺齐克虽然断言最低限度国家是最接近实现乌托邦框架的制度安排，但是，他并没有充分证明最低限度国家在实现各种乌托邦理想方面比其他制度安排更有优势。简而言之，最低限度国家否能够转变为最佳的乌托邦框架，并不是一个先验的哲学问题，而是一个随着环境的不同而改变的经验性问题。

目 录

导 言 / 001

　第一节　研究问题的缘起 / 001

　第二节　自由主义谱系中的自由至上主义 / 006

　第三节　诺齐克的最低限度国家理论 / 021

　第四节　研究文献综述 / 038

　第五节　论述思路与分析框架 / 064

第一章　反思最低限度国家的道德基础 / 068

　第一节　诺齐克为个人权利之不可侵犯性所作辩护 / 068

　第二节　洛克的自然权利学说不支持诺齐克式个人权利 / 071

　第三节　边界约束观违背了康德的定言命令 / 084

　第四节　"生活意义论证"与消极的个人权利相矛盾 / 093

第二章　辨析"看不见的手的解释"的双重使命 / 100

　第一节　"看不见的手的解释"的双重使命 / 101

　第二节　两个非必然出现的关键转变 / 103

　第三节　"禁止"独立者强行正义的前提不成立 / 108

　第四节　"赔偿"无法弥补独立者的损失 / 113

第三章　重审个人权利的不可侵犯性 / 118

　第一节　个人权利不拒斥对行为后果的权衡 / 119

第二节　不存在绝对排他性的财产所有权 / 124

第四章　实施分配正义不会侵犯自我—所有权 / 138

第一节　自我—所有权对社会基本结构的依赖性 / 138

第二节　自我—所有权的双层结构 / 153

第五章　反驳诺齐克对差别原则的批评 / 158

第一节　维持模式化原则不侵犯人们的资格 / 158

第二节　正义原则的制度性分工 / 172

第六章　为平等待人的信念辩护 / 183

第一节　对他人的非个人化关心是平等主义的动机基础 / 183

第二节　自由主义的平等主义的道德基础 / 191

第七章　回击诺齐克对马克思政治经济学的批评 / 203

第一节　诺齐克对马克思剥削理论的评论 / 204

第二节　资本主义制度与风险 / 208

第三节　诺齐克对劳动价值论的批评 / 211

第八章　重审诺齐克的"乌托邦框架论证" / 220

第一节　框架的中立性与自由至上主义道德哲学相矛盾 / 221

第二节　最低限度国家不等于乌托邦框架 / 226

结　论 / 234

参考文献 / 248

后　记 / 263

导　言

第一节　研究问题的缘起

《正义论》的出版及其引发的广泛讨论标志着政治哲学在当代复兴，它在给罗尔斯带来盛誉的同时，也使他面临着自由主义左翼学者、右翼学者以及马克思主义者的批评。"现在，政治哲学家们或者必须在罗尔斯的理论框架内工作，或者必须解释不这样做的理由。"[①] 诺齐克（又译诺奇克）在《无政府、国家和乌托邦》中提出的持有正义论（the theory of justice in holdings）恰恰是所有针对罗尔斯倡导的"作为公平的正义"的批评中最激进和最具颠覆性的。但是，在《无政府、国家和乌托邦》这部集诺齐克政治哲学思想之大成的著作中，最受国内外学者关注的"持有正义论"在结构和篇幅上仅占不足三分之一。因为诺齐克写作这部书的初衷并非仅仅反对"作为公平的正义"和以它为代表的自由主义的平等主义者们（liberal egalitarianists）所提出的分配正义论（the theories of distributive justice），而是要向无政府主义者、自由主义的平等主义者和马克思主义者证明任何比最低限度国家（minimal state）职能更少或更多的政治制度在道德上都是不可接受的。在书中，诺齐克的论敌并非只有罗尔斯和以他为代表的自由主义的平等主义者，还包括无政府主义者和马克思主义者；诺齐克所提出政治哲学也并非只有持有正义论，还包括对最低限度国家如何产生的"看不见的手的解释"、对马克思劳动价值论与剥削理论的质疑，以及对最低限度国家可欲

---

① ［美］罗伯特·诺奇克：《无政府、国家和乌托邦》，姚大志译，中国社会科学出版社 2008 年版，第 218 页。

性的"乌托邦框架论证"。因此，为了全面掌握诺齐克的政治哲学，我们必须深入以上各种诺齐克为了证明最低限度国家是唯一合乎道德的政治制度所设计的论证，考察它们是否能够实现诺齐克的辩护目的。

诺齐克所拥护的最低限度国家与现存大多数国家制度的最显著区别就是后者拥有再分配收入和各种资源的权力及职能。诺齐克认为支持后者的分配正义论不仅在理论上错误地假设了集中分配所有社会资源的主体，而且在实践中实施和维持分配正义原则会侵犯人们的神圣权利和干涉人们的日常生活。诺齐克断言，由于再分配手段的实施侵犯了个人权利，所以国家不应当拥有再分配职能，任何行使再分配功能的国家都是道德上得不到辩护和不正当的。可以说，诺齐克的批评对于支撑分配正义的自由主义的平等主义者和马克思主义者而言具有釜底抽薪似的冲击。一方面，从理论上来说，分配正义论不仅仅是自由主义的平等主义者和马克思主义者的根本政治哲学主张——尽管他们提出了各种分配正义理论——而且他们对分配正义领域的关注和讨论恰恰是政治哲学对当代重大现实问题进行关照的方式和政治哲学在当代复兴的重要根源。诺齐克指责分配正义论不成立就意味着抹杀了当代政治哲学的重要成就。另一方面，从实践上来说，任何分配正义原则都需要在规范国家再分配职能的前提下得以贯彻，而诺齐克对国家再分配职能的消解则意味着自由主义平等主义者和马克思主义者致力于解决各种社会不平等状况的努力都将归于无效。

尽管围绕《无政府、国家和乌托邦》而掀起的讨论热潮早已平复，它的影响远不及《正义论》那么持久与广泛，而且也鲜有人追随诺齐克的最低限度国家理论和自由至上主义，但时至今日，诺齐克及其政治哲学依然是国内外大学课堂中的座上宾，各种版本的政治哲学教科书和政治哲学专著依然把诺齐克的名字同罗尔斯的名字紧紧绑在一起，人们依然在与《无政府、国家和乌托邦》的对勘中，学习和研究当代政治哲学。换言之，"诺齐克同罗尔斯一起继续统治着政治哲学"[①]。自《无政府、国家和乌托邦》出版以来，以罗尔斯为代表的自由主义的平等主义者和以科恩为首的马克

---

① ［英］乔纳森·沃尔夫：《诺齐克》，王天成、张颖译，黑龙江人民出版社1999年版，第158页。

思主义者纷纷对诺齐克的批评从各方面予以回应。罗尔斯虽然从未专门撰文反驳诺齐克对"作为公平的正义"的多种指责，但是他在《政治自由主义》《作为公平的正义：正义新论》等著作以及多篇论文中都点名或未点名地指出了诺齐克对他的某些误解，和他与诺齐克在某些关键问题上的分歧。托马斯·斯坎伦（Thomas Scanlan）、托马斯·内格尔（Thomas Nagel）、伯纳德·威廉姆斯（Bernard Williams）、托马斯·博格（Thomas Pogge）、乔纳森·沃尔夫（Jonathan Wolff）、威尔·金里卡（Will Kymlica）等著名的自由主义的平等主义者也纷纷加入对诺齐克的反击中，他们把注意力集中于驳斥诺齐克持有正义论的某一观点或某些观点，但忽视了诺齐克对最低限度国家之正当性设计的多重论证。科恩对诺齐克的反击主要体现在对"张伯伦论证"和"自我—所有权"命题的批判上，却并没有涉及诺齐克对马克思劳动价值论和剥削理论的批评。因此，为了全面把握诺齐克的政治哲学思想，我们必须突破罗尔斯、科恩等当代主要政治哲学家的分析框架和思路，关注那些被他们忽视或未充分重视的诺齐克为最低限度国家之正当性与可欲性设计的各种论证。

深入研究诺齐克的最低限度国家理论，不仅具有推进全面掌握诺齐克政治哲学的理论意义，而且对于分析和应对当前我国经济发展和社会建设中面临的缩小贫富差距、救助弱势群体、完善社保体制等问题具有十分重要的实践意义。虽然罗尔斯的《正义论》出版于1971年，却是罗尔斯思考美国社会在20世纪50年代和60年代所面对的各种现实问题所撰写的论文的集大成之作。在《正义论》所处的时代背景中，美国既在国外陷入朝鲜战争、古巴导弹危机、越南战争的泥潭，又在国内处于各种民权运动、学生运动、贫富矛盾加剧的动荡中，于是罗尔斯在他的各篇论文和《正义论》中从政治哲学的立场出发为解决以上各种问题提出了建议和对策。罗尔斯提出的两个正义原则，尤其是差别原则都意味着在现实经济和政治政策改革上要向弱势群体倾斜，而这要求赋予国家再分配人们的收入和社会资源的职能。但是，诺齐克却断然不承认国家拥有再分配职能并为不受国家限制与调控的放任式自由主义市场经济辩护。暂且不论诺齐克所宣扬的自由至上主义助长了美国20世纪80年代复苏的保守主义，并且成为里根政府施政纲领的思想源泉，如果自由主义的平等主义者和马克思主义者不从学理上正视和反击诺齐克的挑战，势必也会在现实政策中导致国家再分配职能被削弱，甚至被剥夺。尽管我们现在的国内环境远不同于20世纪60—80年代的美国，却面临着诸多与当时美国政府相似的政治、经济和社会问题。因此，通过研究自由主义的平等主义者和马克思主义者对诺齐克的反驳，有利于为国家的再分配职能提供辩护，从而推动党和政府有效地解决各种现实难题。例如，如果不重视诺齐克对再分配侵犯了个人财产所有权的指控，不辨明自由主义的平等主义所理解的财产所有权如何不同于诺齐克所宣扬的财产所有权，以及为什么前者的理解比后者的理解更恰当，就无法为国家通过法律制度规范人们的私有财产权和财产所有权的正当性提供辩护。如果缺少对国家再分配职能和手段的正当性辩护，就无法为现实中向弱势群体的政策倾斜提供道德依据，就无法有效地解决贫富差距过大、社会矛盾激化这些迫在眉睫的现实困难，甚至影响到改革发展稳定的大局和社会主义和谐社会的建设。

有的学者也许会质疑研究自由主义平等主义者和马克思主义者对诺齐克的反驳是否还有意义，因为诺齐克自己在20世纪80年代的著作中就已经声明放弃了早期的自由至上主义立场。诺齐克在《无政府、国家和乌托邦》发表后，并没有继续从事专门的政治哲学研究，也没有介入其他学者对他的政治哲学的讨论中，更没有回应自由主义的平等主义者和马克思主义者对他的批评的反驳。他在《被检视的人生》中的几段话甚至被许多学者认为他彻底放弃了持有正义论而服膺于分配正义论。"然而，有时候所收到的遗产经过了好几代的传递，传到了原始创业者和捐赠者根本不认识的人手里，于是产生出财富和地位的持续不平等……所导致的不平等看来是不公平的。一种可能的解决办法是重新设计遗产制度，以税收从人们能够遗赠的财产中扣除掉他们经由遗产而收到的东西的价值。这样，人们只能把其遗产（总额）中他们自己增加的那部分数额留给别人……如果财产权是对某物的权利（消费、改变、转让、用掉和遗赠它的权利），那么在遗产中并非所有这些权利都得到了转让，特别是遗赠那份财产的权利没有得到转让——这种权利属于原始的挣得者或创造者。"① 通过这段文字，我们可以推测诺齐克不仅承认了税收，特别是遗产税的合理性，承认了国家通过税收制度再分配人们财产的职能，而且放弃了他之前对财产权概念的理解，他不再认为人们可以自愿地转让财产。似乎可以确定无疑地宣布诺齐克放弃了他的持有正义论而倒向了他在《无政府、国家和乌托邦》中强烈反对的分配正义论。另一段用来支持诺齐克放弃了自由至上主义立场的最常被引用的是以下文字："我曾经提出的极端自由主义的立场，在我现在看来，是非常不当的，其部分原因在于，它没有充分地把这两个方面编织进它的结构之中，一方面是人道的考虑，另外一个方面是它为更加紧密的关系留有空间的共同合作行动。它忽视了对议题或问题的官方的政治关注所具有的象征意义，而作为一种方式，这种官方的政治关注表示了它们的重要性或急迫性，从而表达、强化、沟通、鼓励和合法化了涉及它们的私人行动和关注。"② 诺齐克真的放弃了他的持有正义论和最低限度国家理论吗？

以上两段话以及其他各处涉及诺齐克对持有正义论与最低限度国家理论的反思，可以视作对它们的修正，却不能被夸大为诺齐克完全否定和抛弃了它们。一方面，这些反思并不能提供充分的证据证明诺齐克彻底否定了他在《无政府、国家和乌托邦》中所宣扬的最低限度国家理论。尽管诺齐克在许多重要问题上做出了关键性让步，如对税收制度的认可、对政府行为以及共同的政治行动所具有的象征意义的认可、对改善贫困者处境的认可，这些可以被视作诺齐克认为他最初主张的自由至上主义十分狭隘，它仅仅关注单一的道德价值，即不可侵犯的个人权利，而忽视了其他政治价值。正如他所说："极端自由主义的观点只看政府的意图，不看它的**意义**；这样，它对意图也采取了过于狭隘的观点。"③ 在上述被引用的第二段话中，他也仅仅表明 "The libertarianism position I once propounded now

---

① ［美］罗伯特·诺奇克：《被检视的人生》，姚大志译，上海译文出版社 2015 年版，第 24—26 页。姚大志教授把 "libertarianism" 翻译为 "极端自由主义"。

② ［美］罗伯特·诺奇克：《被检视的人生》，第 327 页。

③ ［美］罗伯特·诺奇克：《被检视的人生》，第 329 页。

seems to me seriously inadequate"①。"inadequate"应当翻译为"不充分"而不是"不恰当"，因为通过各处文字，我们只能合理地推断诺齐克是将其他政治价值用来补充自由至上主义，而不是用它们来替换自由至上主义对个人权利的强调。甚至诺齐克也为自己辩解："我做出这些评论的目的不是想提出另外一种理论，以取代《无政府、国家和乌托邦》中的理论，也不是想尽量维持那种理论以使之同目前的内容相一致；我只是指出一个重要领域——也存在其他领域——而在这个领域中，那种理论犯了错误。"②

另一方面，就像我们所熟悉的，在对马克思前后期思想变化的研究中存在区分青年马克思与老年马克思的习惯一样，即认为马克思的问题意识与思想观点在不同年龄阶段发生过重大转变，我们似乎也可以采取同样的方法对待青年诺齐克和中年诺齐克的转变。默里争辩道："为什么年长时的马克思值得学习的主要原因不是因为我们认为年长时的马克思某种程度上修改了他自己年轻时的观点，反而是由于他后来观点的完整性。对于诺齐克，他早年时的观点碰巧更完整（至少在政治哲学方面），尽管随着时间的过去他可能感到遗憾。"③ 因此，即便诺齐克后来对最低限度国家理论的态度发生变化，《无政府、国家和乌托邦》中论述的最低限度国家理论仍然是值得我们密切关注和继续探讨的连贯完整的政治哲学理论，它对分配正义论发起的挑战并没有因为诺齐克态度的变化而失去价值，更没有随着诺齐克对分配正义论的让步而偃旗息鼓。

第二节　自由主义谱系中的自由至上主义

自 1974 年《无政府、国家和乌托邦》问世以来，诺齐克便被尊为开创了能与以罗尔斯为代表的自由主义的平等主义分庭抗礼的自由至上主

① Robert Nozick, *The Examined Life: Philosophical Explanations*, New York: Simon & Schuster, 1989, p.286.

② ［美］罗伯特·诺奇克：《被检视的人生》，第 328 页，注释①。

③ Dale F. Murray, *Nozick, Autonomy and Compensation*, New York: Continuum International Publishing Group, 2007, p. 4.

义。尽管自罗尔斯的《正义论》发表伊始就遭受了广泛的讨论与批评，然而诺齐克创立的自由至上主义却能够在这些批评中异军突起，这在很大程度上取决于诺齐克决绝地站在了自由主义的平等主义之对立面。统观哈特、德沃金、内格尔、斯坎伦、阿内逊、阿马蒂亚·森、金里卡、博格等著名学者对《正义论》的讨论，可以发现，他们或者是对罗尔斯使用的概念和论证提出质疑，或者是为这些概念和论证提出辩护，但是他们几乎都没有质疑或批判罗尔斯的平等主义立场。与这些学者形成鲜明对比的是，诺齐克彻底否定了他们的平等主义立场和分配正义论。长期以来，学界习惯于一方面把诺齐克作为自由至上主义的代表[1]，把罗尔斯、德沃金、内格尔、斯坎伦、阿内逊等学者作为自由主义的平等主义的代表；另一方面又把自由至上主义与自由主义的平等主义之间的对抗视为自由主义政治哲学的内部之争。尽管我们能够比较清晰地区分开自由至上主义和自由主义的平等主义的各自主张，却缺乏明确的标准将自由至上主义和自由主义的平等主义都归属于自由主义谱系之中。在自由至上主义和自由主义的平等主义之间，我们更加明显看到的是两者的对立，而不是两者的统一，甚至有的学者主张诺齐克所倡导的自由至上主义根本不属于自由主义[2]。笔者将一方面阐明为什么将自由至上主义归属于自由主义家族，另一方面阐明自由至上主义和自由主义的平等主义在哪些问题上分道扬镳。

---

[1] 在自由至上主义阵营内部也分为左翼自由至上主义和右翼自由至上主义，诺齐克通常被认为是右翼自由至上主义的代表，而 Peter Vallentyne、Hillel Steiner、Michael Otsuka 等学者被认为是左翼—自由至上主义的代表。他们之所以被认为同属于自由至上主义，是因为他们都认可个人拥有自我—所有权，区别在于右翼允许人们通过自我—所有权的运用占有无限的私有财产，而左翼认为私有财产的获取必须与对自然资源的原初平等份额相结合。除特别说明外，本书所讨论的自由至上主义仅指诺齐克所表述的自由至上主义。

[2] 塞缪尔·弗里曼区分了三种自由主义，即以亚当·斯密为代表的古典自由主义（classical liberalism）、以罗尔斯为代表的高阶自由主义（high liberalism）和以诺齐克为代表的自由至上主义。弗里曼总结了六个自由主义的根本制度性特征，即全体公民平等地享有基本权利和自由、公民享有平等的机会进入开放的生涯和地位、市场在资源配置中起核心作用、政府担负增进公共利益的重要责任、政府负有提供最低社会保障的义务、法律与政治权力的公共本性。弗里曼认为自由主义的这六条根本特征在古典自由主义和高阶自由主义的理论中都有所体现，然而诺齐克的自由至上主义却与它们格格不入。参见 Samuel Freeman, "Illiberal Libertarians: Why Libertarianism Is Not a Liberal View?" *Philosophy and Public Affairs*, Vol.30, No.2, 2001, pp.106–107。

一　自由主义的构成要素

龚群教授认为："历史地看，自由主义作为一种思想和现实的运动，体现为不同观点的自由主义并不是紧密地结成一体的和牢固地确定的学说，并且，从古典自由主义到现代以罗尔斯为代表的自由主义以及以诺齐克为代表的自由至上主义，本身就表明了自由主义内部的多样性。"①龚群教授的观点代表了学术界的主流观点，即认为自由至上主义与自由主义的平等主义之间的争论是自由主义的内部争论，并且承认自由主义可以表现为多种形态。那么，什么是自由主义哪？

就本书的研究对象而言，笔者很难给出自由主义一个清晰的界定，毋宁说自由主义这一概念自身的复杂性已经超出了政治哲学的领域。我们可以发现，"自由主义"（liberal）自1812年被西班牙自由党使用以来，就被广泛应用于各种政治运动和思想流派。在欧洲自由主义运动史上，我们可以发现英国的自由主义、法国的自由主义、德国的自由主义、意大利的自由主义；在自由主义思想史上，我们可以发现霍布斯和斯宾诺莎思想中隐藏的自由主义的先声、洛克对自由主义核心理念的第一次连贯展示、卢梭对自由主义的反思与批判、贡斯当对古代人的自由与现代人的自由的区分、苏格兰启蒙运动的哲学家和政治经济学家对自由主义原则第一次全面系统的阐述，以及在自由主义发展史上起到分水岭作用的密尔的自由主义学说，等等。尽管我们可以区分作为政治运动的自由主义与作为智识传统的自由主义，但是两者之间相互影响和错综复杂的关系从未间断，更不可能人为割裂。19世纪的英国被认为是自由主义理论和实践的黄金时代②，直到第一次世界大战爆发。这一时期的英国几乎被推崇最小政府和自由放任（laissez faire）政策的古典自由主义所支配，据泰勒记载，"任何一个明智守法的英国人都可以安然地度过其一生，除了邮局和警察之外，他几乎意识不到国家的存在"③。但是早在"一战"爆发之前，反古典自由主义的因素就出现在密尔的著作中，密尔承袭了肇始于边沁和詹姆斯·密尔的功

---

① 龚群：《自由主义与社群主义的比较研究》，人民出版社2014年版，第22—23页。
② ［英］约翰·格雷：《自由主义》，曹海军、刘训练译，吉林人民出版社2005年版，第40页。
③ ［英］约翰·格雷：《自由主义》，第39页。

利主义学说，为国家干预主义的合法性提供了功利主义的论证。随着"一战"的爆发，国家对公民生活的干预越来越多，这种趋势在"二战"期间又得到了不断增强。随后出现的又是古典自由主义的复兴，突出表现为哈耶克、波普尔、塔尔蒙等学者对极权主义思潮与制度的声讨。以哈耶克为代表的奥地利经济学派甚至将20世纪70年代中期经济停滞和衰退的原因归咎于政府干预导致的价格机制失调。诺齐克与罗尔斯之间的争论就是以此历史和经济发展阶段为宏观背景，而格雷认为两者的争论就处在战后古典自由主义复兴的时代。可见，格雷实际上也认为诺齐克与罗尔斯之间的争论是自由主义的内部争论。那么，依据什么原则或标准可以把自由至上主义和自由主义的平等主义都认为是自由主义学说的特殊形态？它们是否表达了某些共同的自由主义理念？

　　约翰·格雷在《自由主义》一书中指出："在自由主义的发展史上，法国的自由主义自始至终与英国的自由主义存在明显的区别，德国的自由主义总是面临一些独特的问题，而美国的自由主义虽然受惠于英国和法国的思想与实践甚多，但是它很快也获得了自己显著的特征。研究观念史与运动史的历史学家们时常觉得根本就不存在一种自由主义，而毋宁是多种自由主义，它们只是通过一些松散的'家族相似性'（family resemblance）而联系在一起。"[①] 那么，各种自由主义学说形态共享的"家族相似性"是什么？格雷认为各种自由主义传统变体的共同之处在于，它们是关于人与社会的具有独特现代性特征的观念。格雷将它们概括为四个构成性要素，即个人主义（individualism）、平等主义（egalitarian）、普遍主义（universalism）和社会向善论（meliorism）。"个人主义"是指个人相对于任何社会集体（共同体或国家等）的优先性，个人不能为了集体的利益而被牺牲。"平等主义"是指它赋予每一个个体平等的道德地位，否认个体之间存在高低优劣的等级。"普遍主义"确认了人类的道德统一性，并认为这种人类种群层面的道德统一性优先于各种特殊的历史的人类联合体和文化形态。"社会向善论"认为所有的社会制度与政治秩序都可以通过理

---

① ［英］约翰·格雷：《自由主义》，第3页。

性的恰当运用而得到无限的改善。格雷认为："正是这一关于人与社会的观念赋予自由主义以一种确定的统一性，从而使之超越了其内部巨大的多样性和复杂性。"[①] 格雷认为自由主义的四个基本构成要素并非在自由主义出现伊始就完全具备，它们不仅来源于十分不同甚至相互冲突的学说，它们的发展也十分复杂曲折——"这些要素不断地被提炼和再定义，它们之间的关系不断地被重新调整，它们的内容在自由主义传统发展的不同阶段中不断得到丰富，并且在不同的民族和文化背景中经常获得极其独特的解释"[②]。尽管自由主义的这些构成要素在不同的历史阶段和理论学说中反复易变，但是在各种自由主义学说中仍然能够辨认出由这些基本要素构成的统一且相对完整的形象。也就是说，在各种比较成熟的自由主义学说中，都可以发现对这四个要素的诠释与呈现。恰恰是这种体现于各种风格多变的自由主义学说中的"四位一体"的相对稳定的统一性，才能使我们把洛克、康德、密尔、哈耶克、罗尔斯、诺齐克等学者的学说看作自由主义谱系的不同分支。

在自由主义的四个基本构成要素中，格雷特别强调后两个要素，即"普遍主义"和"社会向善论"是自由主义政治哲学的核心构成要素。格雷认为罗尔斯、德沃金、诺齐克、柏林、拉兹这些风格各异的自由主义思想家"不仅认为置于自由主义政治道德核心或基础地位的价值和原则迥然不同；而且将完全不同的道德理论作为自由主义原则的根据"[③]。例如，罗尔斯强调"平等"是最重要的道德价值，正义总是意味着平等，并通过建构主义的方法为"平等"作论证；而诺齐克却坚持把"权利"作为自由至上主义的核心价值，从而求助于自然权利学说为神圣不可侵犯的权利提供辩护。既然这些学者的自由主义政治哲学的实质性规范内容迥然不同甚至相互对立，那么似乎无法把它们看作对那四个构成要素的特殊诠释，甚至得出自由主义"不过是由形形色色的思想家、观点、制度以及运动之间的类似物构成的松散家族"[④]的结论。然而，格雷拒不承认这一推论。他认为恰

[①] ［英］约翰·格雷：《自由主义》，第 2 页。
[②] ［英］约翰·格雷：《自由主义》，第 3—4 页。
[③] ［英］约翰·格雷：《自由主义》，第 128 页。
[④] ［英］约翰·格雷：《自由主义》，第 129 页。

恰是对"普遍主义"和"社会向善论"的承诺，将这些相互对立的自由主义学说统一于自由主义的总谱系之中，这两个自由主义的必要构成要素不仅在各种自由主义理论中相互纠缠，而且相互依赖和支持。格雷认为，各种自由主义学说不必假定某种唯一的自由主义制度，但是它们从普适主义的立场出发，认为只有自由主义的政治制度才能够保证人类的幸福和促进人类的幸福。"没有这一普遍权威的主张，自由主义仅仅是一种特殊生活样式的升华；没有奠基性的社会向善主义的历史哲学，甚至自由制度是其文化传统构成要素的社会也没有理由在其居民的福祉没有得到提高时而使其得到更新。"[①]简而言之，社会向善论必须以普遍主义的权威为基础，同时自由主义的普遍主义权威必须依赖于特定的历史哲学才能得到论证。格雷认为，罗尔斯在后期著作中放弃早期的契约论方法而通过诉诸宪政民主的传统为正义原则提供论证的转变，明显地体现了"普遍主义"和"社会向善论"的相互支撑关系。

罗尔斯也探讨了自由主义的历史起源与重要元素。与格雷认为自由主义是现代性的智识传统类似，罗尔斯也认为自由主义的三个重要历史起源都处在现代性形成的关键时期：16—17世纪的宗教改革与宗教战争；中产阶级的逐渐兴起和皇权的逐渐式微；劳动阶级争取民主权利和实现多数决定原则的胜利。罗尔斯认为自由主义的政治正义概念包括三个重要元素，即"一个关于平等的基本权利和自由的清单；这些自由的优先排序；确保社会的所有成员能够拥有实现其目的的恰当手段以便他们利用这些权利和自由"[②]。罗尔斯进一步解释了这三个要素。所谓的基本自由和权利包括投票以及竞选公职的政治权利、自由发表言论和自由结社的权利、良心自由、迁徙自由、对自己的身心和完整人格的权利、享有个人财产权和平等机会的自由、接受公平审判的权利等。自由主义的第二个要素是赋予自由某些优先的力量或权重，这意味着它们不能为了换取更大的物质福利而被牺牲，或者被某种至善论的价值所压倒。自由主义的第三个要素是指社会

---

① ［英］约翰·格雷：《自由主义》，第129—130页。
② ［美］约翰·罗尔斯：《政治哲学史讲义》，杨通进、李丽丽、林航译，中国社会科学出版社2011年版，第11页。

中的所有成员都被赋予通过恰当的程序获得有助于他们实现以上种种自由和权利的物质手段。在解释自由主义的三个要素时，罗尔斯指出："人们所熟悉的任何一种自由主义观点的内容都或多或少与这一宽泛的描述相符。使不同的自由主义区分开来的，是它们如何阐释这些要素以及它们用来支持其阐释的一般理据。"[①] 可见，无论是格雷的"四要素"说，还是罗尔斯的"三要素"说，他们都主张各种自由主义学说的统一性在于它们都表达了对这些构成性要素或基本理念之整体的信奉，它们之间的区别在于根据不同的理据对这些要素或理念给予不同的诠释。

通过考察罗尔斯对自由主义三个重要元素的解释，可以发现罗尔斯的解释具有很强的实质性平等主义倾向，这种对自由主义基本要素的平等主义解释不同于格雷对平等主义的理解。在格雷的"四要素"说中，平等主义仅仅意味着"它赋予所有人以同等的道德地位，否认人们之间在道德价值上的差异与法律秩序或政治秩序的相关性"[②]。格雷理解的平等主义既可以作较弱的理解，也可以作较强的理解。较弱的理解意味着从宪法层面肯定每个个人都拥有平等的道德地位，他们的道德地位不因性别、种族、职业、信仰等因素而出现高低贵贱之别，并且在接受法律审判时也拥有同等的道德地位。而较强的版本则意味着个人不仅拥有宪法所承认的平等的道德地位，而且他们也拥有获得维持其平等的道德地位所需的各种物质资源的权利，这也就是罗尔斯所认为的自由主义的第三个要素。简而言之，格雷认为自由主义的各种学说只需要承诺较弱意义的"平等主义"，而罗尔斯则主张自由主义应当采纳较强意义的"平等主义"。实际上，罗尔斯在这个问题上的立场并不坚决，因为他认为以诺齐克为代表的自由至上主义纵使不承认较强意义的"平等主义"，自由至上主义依然是一种自由主义学说——"它们不包含第三个要素这一事实（当然还有其他原因），只是使它们成为自由至上主义的理由，而不是使它们不成为自由主义的理由"[③]。可见，罗尔斯实际上认为自由主义学说的根本特征在于承诺由一系列基本

① ［美］约翰·罗尔斯：《政治哲学史讲义》，第12页。
② ［英］约翰·格雷：《自由主义》，第2页。
③ ［美］约翰·罗尔斯：《政治哲学史讲义》，第12页。

自由和权利构成的体系并且赋予这些自由与权利相对于其他道德价值以绝对优先性。这样理解的罗尔斯版本的自由主义"三要素"说就能与格雷的"四要素"说相一致，并且我们能够发现，无论是自由至上主义还是自由主义的平等主义都符合格雷的"四要素"说。

二 自由至上主义和自由主义的平等主义

笔者在这一节将利用格雷关于自由主义"四位一体"构成要素的理论解释为什么可以把自由至上主义和自由主义的平等主义看作是自由主义谱系中的不同分支，并且进一步阐明它们之间又是如何渐行渐远的。

第一，无论是自由至上主义还是自由主义的平等主义都主张个人对于社会团体乃至国家的优先性。诺齐克在《无政府、国家和乌托邦》的"前言"中就开宗明义地宣布："个人拥有权利，而且有一些事情是任何人或任何群体都不能对他们做的（否则就会侵犯他们的权利）。这些权利是如此重要和广泛，以致它们提出了国家及其官员能够做什么的问题，如果有这类问题的话。"[①] 诺齐克不仅认为神圣不可侵犯的个人权利划定了个人和国家正当行为的边界，而且彻底否定了存在独立于个人利益的所谓"社会利益"或"国家利益"，存在的只是作为个体的人——"存在着不同的个人，他们拥有各别的生命，所以任何人都不可以为了他人而被牺牲，这是一个根本的理念"[②]。同样，罗尔斯在《正义论》中也表达了类似的观点，即"每个人都拥有一种基于正义的不可侵犯性，这种不可侵犯性即使以社会整体利益之名也不能逾越。因此，正义否认为了一些人分享更大利益而剥夺另一些人的自由是正当的，不承认许多人享受的较大利益能绰绰有余地补偿强加于少数人的牺牲"[③]。自由主义的平等主义的另一代表德沃金也表达了个人对于社会集体的道德优先性承诺，并且把这种优先性表述为"作为王牌的权利"——"个人权利是个人持有的政治的王牌。当由于某种原

---

① ［美］罗伯特·诺奇克：《无政府、国家和乌托邦》，第 1 页。
② ［美］罗伯特·诺奇克：《无政府、国家和乌托邦》，第 40 页。
③ ［美］约翰·罗尔斯：《正义论》，何怀宏、何包钢、廖申白译，中国社会科学出版社 1988 年版，第 3—4 页。

因，一个集体目标不足以证明可以否认个人希望什么、享有什么和做什么时，不足以证明可以强加于个人某些损失或损害时，个人便享有权利"①。自由至上主义和自由主义的平等主义对"个人主义"要素的明确认肯和承诺突出地表现在它们对功利主义这一共同敌人的声讨中。诺齐克断然拒绝了为了把权利侵犯降到最少而容许侵犯某些个人权利的"权利的功利主义"，他视个人权利为个人与社会集体行为的边界约束而不是应当努力实现的目标。罗尔斯提出"作为公平的正义"的初衷更是为了取代长期统治政治哲学领域的功利主义，他批评功利主义没有在人与人之间做出严格的区分。

第二，不仅自由主义的平等主义表达了实质性的平等主义承诺，自由至上主义也表达了平等地尊重个人权利的理念。正如上文所述，以罗尔斯的正义理论为代表，自由主义的平等主义者们不仅承认每个个人都是平等的道德主体，而且力图保障每个个人能够实现在某些向度上的实质平等。纵观罗尔斯提出的"作为公平的正义"，德沃金提出的"资源平等"、阿内逊提出的"福利机遇平等"、阿马蒂亚·森提出的"能力平等"，他们尽管在"什么的平等"这一问题上存在巨大的分歧，但是无疑他们都主张国家基于一定的理由分配某些资源从而使所有公民在某些方面实现平等。他们相信，平等的分配是正义的分配，分配正义的目的在于补偿或消除源于某些偶然因素导致的人们生活境遇上的不平等。与自由主义的平等主义对"平等主义"显而易见的承诺不同，自由至上主义往往被视为反平等主义的代表，这突出地表现在诺齐克彻底否定了罗尔斯等人的分配正义主张。但是，正如上文所说，对自由主义构成要素的"平等主义"可以做较弱的理解和较强的理解，自由主义的平等主义坚持较强的"平等主义"，而自由至上主义只主张较弱的"平等主义"，因此，认为自由至上主义反对平等主义是由于自由至上主义不承认对"平等主义"的较强理解，即它们不认为国家拥有再分配的功能，个人也没有要求获得某些特殊的物质资源的权利。之所以说自由至上主义也表达了

① ［美］罗纳德·德沃金:《认真对待权利》，信春鹰、吴玉章译，上海三联书店2008年版，第7页，译文有改动。

"平等主义"的理念，是因为自由至上主义宣称所有个人的权利在其神圣不可侵犯性上都是平等的，只要他没有侵犯其他个人的权利。尽管诺齐克并没有解释清楚他所谓的个人权利包括哪些内容，而仅仅借用了洛克的自然权利中包含的生命权、自由权和财产权，但是诺齐克却坚定地捍卫每个人所拥有的这些权利都是神圣不可侵犯的。诺齐克正是通过承认每个个人都拥有神圣不可侵犯的权利的方式赋予每个个体平等的道德地位。所以，尽管诺齐克拒斥分配正义的主张，但是由于他坚守所有个体都拥有某些基本权利并授予这些基本权利绝对优先性的立场，使罗尔斯承认自由至上主义也是一种自由主义的政治哲学。

第三，自由至上主义和自由主义的平等主义也体现了"普遍主义"的理念。实际上，在四个自由主义的基本构成要素中，格雷对"普遍主义"的阐释最为抽象和简单。但是，格雷又把"普遍主义"与"社会向善论"看作相互纠缠相互支持并构成自由主义传统最核心的两个要素。格雷将"普遍主义"解释为"它肯定人类种属的道德统一性，而仅仅给予特殊的历史联合体与文化形式以次要的意义"[①]。换言之，格雷所理解的"普遍主义"是价值层面的"普遍主义"，自由主义相信自由主义的根本原则，如"个人主义"所表达的个人优先于社会集体的理念和"平等主义"所表达的每个个人拥有平等的道德价值的理念，是普遍适用于人类全体的。这些自由主义的根本原则不受历史、地域、种族、群体的局限，而任何历史的特殊的局域的人类群体与文化形态所奉行的道德规范都不是永恒与普遍的。自由主义的"普遍主义"特征在与社群主义的对比中更容易把握。无论是坚持个人权利至上的自由至上主义还是主张"正义总意味着平等"的自由主义的平等主义，它们都认为各自所捍卫的正义原则都是普遍适用于人类全体的，尽管它们对于正义的理解大相径庭。自由至上主义对"普遍主义"的信奉自不待言，《正义论》时期的罗尔斯奉行的也是普遍主义的正义原则，他对原初状态的精心建构就确保了置身其中的代表人所选择的正义原则是适用于所有人类社会的。而社群主义学者却不承认任何放之四

---

① ［英］约翰·格雷：《自由主义》，第2页。

海皆准的正义原则，他们主张不能脱离具体的共同体或文化而探讨正义原则。"他们断言，自由主义者错误地把正义理解成一种非历史的外在标准，然后用它来批判每一个社会的生活方式。"①

第四，自由至上主义和自由主义的平等主义都体现了典型的"社会向善论"。所谓的"社会向善论"就是相信人类的理性，并且相信通过运用理性，可以使社会制度与政治秩序不断得到改进和完善。自由至上主义对"社会向善论"的反应突出体现在它的乌托邦理论中。诺齐克认为个人拥有一种区别于动物的特殊能力，这种能力就是"按照它所选择接受的某种整体观念来调节和指导其生活的能力"②，尽管这种能力不同于使用抽象概念的能力，但也是人类理性的高级能力。诺齐克认为通过对这种能力的运用，不同的个人就能够赋予其人生以不同的意义。这种特殊的理性能力不仅是不得侵犯个人权利的"边界约束"的道德根据，而且通过对它的运用，个人可以自由地创造对他而言最好的共同体，而这种理想的共同体就是乌托邦。诺齐克认为最低限度国家充当着乌托邦框架的职能，而承担乌托邦框架职能的最低限度国家就是令所有人都向往生活于其中的元—乌托邦。因此，诺齐克的乌托邦理论表达了对"社会向善论"的承诺。自由主义的平等主义也通过不同的方式反映了"社会向善论"的信念。罗尔斯的"作为公平的正义"就是以社会基本结构为主题而提出的构建正义的社会秩序的理论，《正义论》就是要处理如何选择和设计正义社会制度的问题。尽管各种自由主义的平等主义理论之间的争论主要集中在"什么的平等"或"平等的通货"这一问题上，但无疑这些理论都是希望通过阐明如何才是最平等地对待每个公民的方式促进社会制度的改善。

综上所述，自由至上主义与自由主义的平等主义都反映了自由主义的四个基本构成要素，并且因此同其他非自由主义的政治哲学区别开，可以说两者是自由主义总谱系中的两个分支或两种流派。但是，如果它们作为自由主义学说的两个分支而拥有自由主义的基本特征，它们又是出于什

---

① ［加］威尔·金里卡:《当代政治哲学》，刘莘译，上海译文出版社 2011 年版，第 222 页。
② ［美］罗伯特·诺奇克:《无政府、国家和乌托邦》，第 60 页。

么原因而呈现出相互敌对的水火之势？按照罗尔斯对自由主义三个基本要素的归纳，自由至上主义也可以被看作一种自由主义的学说，因为它不仅承诺了若干基本权利与自由，而且赋予这些基本权利与自由以绝对的道德优先性。但是，自由至上主义与自由主义的平等主义的鲜明区别体现在自由至上主义并不包括对第三个要素的承诺，即自由至上主义并不承认所有社会成员拥有获得某些物质手段以实现和运用他们的基本权利与自由的权利。诺齐克为什么不承认罗尔斯所主张的第三个自由主义基本要素？由于不承认这一要素而导致的自由至上主义与自由主义的平等主义的分歧又表现在哪些方面？

根据当代政治哲学学界的主流观点来看，"自由"与"平等"是自由主义理论中最重要的两个价值，以诺齐克为代表的自由至上主义推崇"自由"，而以罗尔斯为代表的自由主义的平等主义尊奉"平等"。两种自由主义理论不仅各执一端，而且认为这两种价值相互对立和冲突[①]。姚大志教授认为诺齐克更靠近"自由"的一端，而罗尔斯更靠近"平等"的一端，并且诺齐克实际上是以"权利"对抗罗尔斯的"平等"[②]。笔者认为这种观点并没有抓住诺齐克批评自由主义的平等主义的关键。

首先，"权利"与"平等"并非处在同一层面的道德概念。通常而言，我们把"自由"与"平等"视为处在同一层面的道德价值，并且是自由主义传统中最受到重视的两个道德价值。当谈到"权利"时，我们往往并不仅仅把它看作一种抽象的道德价值，而是看作由习俗、法律等途径所承认或授予的各种具体权利。因此，我们可以说诺齐克在"自由"与"平等"这对充满张力的道德价值之间选择了"自由"，从而以"自由"对抗"平等"，却不能说诺齐克以"权利"对抗"平等"，"权利"与"平等"处于不同的道德层面。姚大志教授之所以认为诺齐克是以"权利"对抗"平等"，是因为他认为诺齐克的分配正义观是以持有正义原

[①] 并非所有的自由主义学者都只坚持一种价值而排斥另一种价值，德沃金就力图调和"自由"与"平等"的矛盾，他认为"平等不但与自由相容，而且是珍惜自由者都会予以珍惜的一个价值"。参见［美］罗纳德·德沃金《至上的美德：平等的理论与实践》，冯克利译，江苏人民出版社2007年版，第5页。

[②] 姚大志：《以权利对抗平等——评诺奇克的资格理论》，《学习与探索》2016年4期。

则、自我—所有权和自然资源的所有权三个基本理念所组成的，而诺齐克以持有正义论反驳罗尔斯的分配正义论又以自我—所有权和自然资源的所有权为根据。根据姚大志教授的分析，我们就能发现自我—所有权和自然资源的所有权所反抗或批判的对象已经不是"平等"这一抽象的道德价值，而是以自我—所有权授予个人自由使用其天赋才能的排他性权利为根据反对罗尔斯把人们的自然天赋看作"共同的资产"的观点，以自然资源的所有权授予个人对自然资源排他性所有权为依据反对平等主义要求所有自然资源都应当平等地分配的观点①。归根到底，罗尔斯主张的把所有人的自然天赋看作"共同资产"的观点无非是授予每一个人从所有人天赋的运用中受益的权利，而平等主义要求平等分配自然资源的观点无非是承认每一个人都有获得一份平等的自然资源的权利，因此，所谓的以"权利"对抗"平等"无非是以"权利"对抗"权利"。正如罗尔斯所说，"自由只能为了自由本身才能被限制"②，权利也只能为了权利本身才能被限制。

其次，说诺齐克以"权利"对抗"平等"容易引起误解，因为罗尔斯的正义理论也是奠基于不容侵犯的个人权利基础之上的，诺齐克也没有一律否定平等的价值。之所以说诺齐克以"权利"反抗自由主义的平等主义的"平等"容易造成误解，是因为在"权利"和"平等"这种抽象的概念遮掩下，诺齐克和自由主义的平等主义者对"权利"和"平等"的理解各有不同：一方面，他们都承认某些权利并倡导某些平等；另一方面，他们也都否认某些权利并拒绝某些平等。笼统地说，诺齐克以"权利"对抗自由主义的平等主义的"平等"就很容易误入歧途。根据罗尔斯对自由主义三个基本要素的概括，"作为公平的正义"也必然承诺一系列基本自由与权利，并且罗尔斯认为这些基本自由权不仅构成一个完整的权利体系，而且这些基本自由权中的一项或者多项乃至整个权利体系都不能出于这些权利之外的原因而被限制甚至受侵犯。因此，可以说，"他的基本立场就在于将个人权利作为他的政治哲学所捍卫的核心理

① 姚大志：《以权利对抗平等——评诺奇克的资格理论》，《学习与探索》2016 年 4 期。
② ［美］约翰·罗尔斯：《正义论》，第 242 页。

念……公民的自由平等权利是他的基本立场或出发点"①。正如上文所示，诺齐克也没有拒绝任何意义上的平等，他主张每个人都享有不可侵犯的权利，在享有不可侵犯的权利方面，每个人都是平等。因此，诺齐克同罗尔斯等自由主义的平等主义者之间的争论并不是要权利还是要平等，而是要何种权利、要何种平等，并不能把他们之间的争论仅仅概括为权利与平等非此即彼的角斗。

最后，诺齐克实际上是以不受干涉的消极权利对抗自由主义的平等主义者承诺的要求资源再分配的积极权利。既然明确了在"权利"对抗"平等"的表面下掩藏的是自由至上主义式的权利与自由主义平等主义式的权利的较量，那么，我们就需要进一步探讨两种自由主义政治哲学各自主张的权利有哪些重要区别。不同于自由主义的平等主义努力开列出有关基本自由与权利的清单——尽管这份清单有多种版本——诺齐克几乎没有明确地阐述他所谓的神圣不可侵犯的个人权利包括哪些内容，而只是在解释最低限度的国家如何从自然状态中产生时提到，这些权利大致相当于洛克的自然权利。沃尔夫认为诺齐克所承认的个人权利仅仅是指消极权利②。消极权利指免于干涉或不被伤害的权利，如一个人的生命权便是没有正当理由绝对不容伤害的。积极权利是指一个人获得某些供应或物质手段的权利，例如获得医疗救助或接受教育的权利。诺齐克只承认个人拥有不受干涉的消极权利，而不承认个人拥有某些积极权利；自由主义的平等主义不仅承认个人拥有不受干涉的消极权利，也授予他们某些在特殊境遇下获得援助和物质资源的积极权利。为什么诺齐克只承认个人享有消极权利而不享有积极权利？因为诺齐克理解的各种消极权利的核心是自我—所有权，毋宁说诺齐克认为自我—所有权是至上的不容侵犯的权利，而如果承认个人也享有积极权利，那么某些个人享受其积极权利的代价就是干涉甚至牺牲其他另一些人的自我—所有权。归根结底，诺齐克是以自我—所有权对抗自由主义的平等主义所呼吁的积极权利。

---

① 龚群:《自由主义与社群主义的比较研究》，第 8 页。

② Jonathan Wolff, *Robert Nozick: Property, Justice and the Minimal State*, Cambridge: Polity Press, 1991, pp.19–20.

为什么享有积极权利必然以牺牲其他人的自我—所有权为代价？诺齐克所主张的个人权利的基本内涵可以概括如下：

（1）每个人都拥有按照自己的意愿行动的权利，只要他没有通过某些特定的方式（如暴力、欺诈、偷窃等）妨害到其他人的权利；

（2）每个人都拥有他自己的人身和天赋，都享有生命、自由和财产权，没有经过他本人的同意，其他人不能干涉或剥夺他的权利；

（3）每个人都可以正当地占有数量不等的无主物，只要和无主物被占有之前的境况相比，占有没有使其他人的处境变坏；正当获取的财产可以按其所有者的意愿自愿交换或赠送，只要在财产转移的过程中没有侵犯其他人权利的不正义发生。

通过以上概括，可以发现诺齐克所理解的各项个人权利实质上都是自我—所有权的衍生品，各项权利都源自于自我—所有权或对自我—所有权的运用。根据 G.A. 科恩的理解，自我—所有权就是"每个人在道德上都是他自身及其能力的正当所有者，因而，只要不将这些能力用于侵犯他人，每个人（从道德上讲）都可自由地如其所愿地使用它们"[1]。诺齐克正是通过对自我—所有权的无限推衍构建起了他的自由至上主义的个人权利理论：因为个人是其自我—所有权的唯一所有者，其他人没有向其提出任何要求的正当权利，因此个人权利就意味着不受干涉的消极权利；因为每个人都拥有不被干涉的权利，所以"不得侵犯他人权利"就是其所有行为的"边界约束"；权利的"边界约束"不仅限定了个人的行为方式，也规定了国家的职能，国家不能出于任何目的使用强制手段迫使某些公民援助其他公民。因此，无论个人享有的积极权利包括哪些内容，他们所获得的各种援助和物质资源必然来源于其他人的贡献，这些援助和资源是它们的提供者使用其自我—所有权的结果。如果这些援助和资源是被迫提供的，那么无异于他们的自我—所有权受到了侵犯，因为他们不能自由地决定如何使用和享受他们的自我—所有权。即便他们只是被迫通过一定的程序贡献出他们的一部分劳动产品，而他们的人身及人格完整性没有受到任何损

---

[1] 段忠桥：《基于社会主义立场对自由至上主义的批判——科恩对诺奇克"自我–所有权"命题的反驳》，《中国社会科学》2013 年第 11 期。

失，诺齐克也认为对人们运用自我—所有权所正当获得财产进行干涉或限制也意味着对自我—所有权的侵害，因为他无法自由地决定如何处置他正当获取的财产。

　　综上所述，诺齐克的自由至上主义与以罗尔斯为代表的自由主义的平等主义之间的分歧并不是表面上以"自由"对抗"平等"或者以"权利"对抗"平等"，而是两种不同性质的权利观念之间的较量。诺齐克仅仅承认个人只拥有不受干涉的消极权利，而不承认个人同时也拥有自由主义的平等主义所倡导的获得某些物质手段以实现其基本自由与权利的积极权利。诺齐克之所以强烈地反对积极权利，是因为在他看来，个人享受积极权利的条件是牺牲某些其他人的不容侵犯的消极权利，尤其是自我—所有权。诺齐克实际上并没有取消人们的一切积极权利，他既允许个人自愿的慈善行为，也承认个人之间通过自愿签订契约所建立的援助关系，但是他毫不妥协地否定了国家拥有强迫公民贡献出自己一部分劳动产品的职能，因为通过这种方式保障个人对积极权利的享有是以侵犯他人的自我—所有权和财产所有权为前提的。由于自由主义的平等主义授予个人的积极权利是通过各种再分配手段得以实现的，而任何一种再分配方式都构成了对自我—所有权和财产所有权的干涉，所以为了贯彻自由至上主义视自我—所有权神圣不容侵犯的立场，诺齐克必须继续讨伐自由主义的平等主义的分配正义论和奠基于其上的拥有再分配职能的国家。

第三节　诺齐克的最低限度国家理论

　　既然本书的目的是全面考察诺齐克在《无政府、国家和乌托邦》中阐述的政治哲学思想，我们首先依据该书的结构把诺齐克的政治哲学理论分为四个方面，即自由至上主义的道德基础、"看不见的手的解释"、持有正义论和乌托邦框架论证。以往的研究主要聚焦于持有正义论，对其他三个方面的理论重视不够。为了方便下文深入细致地分析诺齐克每种论证的缺漏，我们在此简要概括一下诺齐克这四个方面的理论。

1. 自由至上主义的道德基础

作为与以罗尔斯为代表的的自由主义的平等主义针锋相对的政治哲学，如果说罗尔斯的根本信念是"正义总意味着某种平等"[1]，那么，诺齐克对正义的承诺就是——正义意味着个人权利不受侵犯。于是，如何捍卫个人权利不受侵犯就是自由至上主义的根本出发点与落脚点，也是诺齐克用来反对分配正义论和维护持有正义论的最有力武器。不同于罗尔斯为阐述他的"作为公平的正义"所精心建构的种种论证，诺齐克几乎没有详细地论证为什么自由至上主义以个人权利为其道德基础以及为什么正义意味着个人权利不受侵犯。

在自由主义的悠久传统中，几乎没有人会否认个人拥有权利，但是个人拥有哪些权利以及为什么它们给国家和个人的行为方式划定了界限，却是十分不清楚的。托马斯·内格尔批评诺齐克："为了提出对其他观点的严峻挑战，自由至上主义的论证应该探寻个人权利的基础，对那些权利与国家所提倡的其他价值之间关系的不同概念表示支持或反对的理由。但是诺齐克的著作在理论上是脆弱的：它没有正视这些主要问题，并且因此没有做出对政治理论的贡献，而辜负了对他的某一哲学成就的希望。"[2] 但是，实际情况并不像内格尔批评得这么糟糕，诺齐克虽然没有系统严密地论证为什么个人权利被自由至上主义如此珍视和维护，但是他确实为个人权利的不可侵犯性提供了若干辩护，并且它们零散地分布在《无政府、国家和乌托邦》中的不同章节。

笔者把诺齐克为个人权利之不可侵犯性提供的论证概括为以下三点，即洛克的自然权利学说、康德原则和"生活意义论证"。其中，诺齐克对洛克自然权利学说的援引出现在《无政府、国家和乌托邦》第二章的开篇，诺齐克对康德第二条定言命令的引入是在第三章"为什么是边界约束"一节，诺齐克塑造的"生活意义论证"出现在第三章"约束的根据是什么"一节。诺齐克虽然引用了洛克对自然状态和自然法的几段论述，但他没有

---

① John Rawls, *A Theory of Justice, Revised Edition*, Cambridge: The Belknap Press of Harvard University, 1999, p.51.

② Thomas Nagel, "Libertarianism without Foundations", *The Yale Law Journal*, Vol.85, No.1, 1975, p.137.

明确承认过他所捍卫的个人权利就是洛克笔下的自然权利。不同于对洛克自然权利理论的暧昧态度，后两个论证却是诺齐克明确地提出对个人权利不可侵犯性的辩护。

在大量对诺齐克自由至上主义研究的国内外文献中，经常可以看到学者们用"洛克式权利"（Lockean rights）或"洛克式自由至上主义权利"（Lockean libertarian rights）称呼诺齐克的个人权利，或者认为诺齐克所主张的个人权利就是洛克的自然权利[①]。诺齐克虽然没有明确提出他的个人权利理论来源于洛克的自然权利学说，但是有两个证据可以证明诺齐克不自觉地将个人权利等同为洛克的自然权利。第一，个人权利的内容与自然权利的内容相差无几，而且诺齐克解释性政治理论的起点就是洛克式自然状态中的个人，他们拥有生命、健康、自由和财产等自然权利。第二，被视为诺齐克所守护的个人权利之核心的自我—所有权同样也受到了洛克的重视——"每个人对他自己的人身享有一种所有权，除他以外任何人都没有这种权利。他的身体所从事的劳动和他的双手所进行的工作，我们可以说，是正当地属于他的"[②]。从字面上看，洛克所理解的自我—所有权也被诺齐克沿用。但是，笔者将在本书第一章第二节论证诺齐克不仅没有使用洛克的自然权利学说为个人权利的不可侵犯性辩护，而且他理解的自我—所有权与洛克所理解的自我—所有权大相径庭。诺齐克的自我—所有权是自由至上主义的最高道德价值和判断个人与国家行为是否正义的法则，但洛克所理解的自我—所有权始终处在自然法的约束和规范之下。在诺齐克那里，自我—所有权是所有个人权利的源泉和约束国家行为的最高裁判；

---

① 用"洛克式权利"指称诺齐克个人权利的学者非常多，参见 Richard J. Arneson, "Side Constrains, Lockean Individual Rights, and the Moral Basis of Libertarianism", in Ralf M. Bader and John Meadowcroft, eds., *The Cambridge Companiom to Nozick's Anarchy,State, and Utopia*, Cambridge: Cambridge University Press, 2011, pp.15–37; Leif Wenar, "Original Acquisition of Private Property", *Mind*, Vol.107, No.428, 1998, pp. 799–819; John Hasnas, "Toward a Theory of Empirical Natural Rights", in Paul, Ellen Frankel, Fred D. Miller, Jr. and Jeffery Paul, eds., *Natural Rights Liberalism from Locke to Nozick*, Cambridge: Cambridge University Press, 2005, pp.111–115; 大卫·米勒：《政治权威的辩护》，载大卫·施密茨编《罗伯特·诺齐克》，宋宽锋、庄振华译，复旦大学出版社 2013 年版，第 14 页；菲利普·佩蒂特：《非效果论与政治哲学》，载大卫·施密茨编《罗伯特·诺齐克》，第 102 页。

② ［英］约翰·洛克：《政府论》（下篇），叶启芳、瞿菊农译，商务印书馆 1964 年版，第 18 页。

在洛克那里，自然法是一切自然权利的始基和判断政府行为正当性的至上权威。

诺齐克在批评功利主义和权利的功利主义时，指出它们都允许为了某种可欲的目的侵犯无辜者的权利，而自由至上主义视个人权利为"边界约束"，它禁止个人和国家通过某些特定方式利用他人，这些方式既包括谋害或监禁，也包括国家强迫某些人援助另一些人。边界约束并不是我们的行为应该力图实现的目标，而是为我们追求目标的方式设定的限制。诺齐克认为视权利为行为的边界约束既反映了康德主义的根本原则，也反映了人们各别存在的事实。他把康德原则表述为："个人是目的，而不仅仅是手段；没有他们的同意，他们不能被牺牲或被用来达到其他的目的。"[1]对于人们各别存在或者个人分立性（separateness）的事实，他解释道："边界约束表达了他人的神圣不可侵犯性……并不存在拥有利益的社会实体……存在的只是个体的人，具有他们自己个别生命的不同的个体的人……以这种方式利用一个人就是没有充分地考虑和尊重这个事实，即他是一个各别的人，他的生命是他拥有的唯一生命。"[2]简而言之，边界约束的根本理念就是"个人神圣不可侵犯"，用来支持这一理念的论证就是康德原则与个人各别存在的事实。

诺齐克为个人权利神圣不可侵犯性提出的原创性辩护就是"生活意义论证"。"生活意义论证"源于回答"基于人的什么特性，在关于他们应该如何相互对待或被对待的问题上才存在道德约束"[3]。毋宁说，"生活意义论证"是对边界约束根据的进一步阐明，很可能源于诺齐克意识到个人各别存在的事实和康德原则的说服力十分有限，以致边界约束仅仅具有形式上的约束，依然缺乏内容上的限制。于是，诺齐克进一步提出基于什么特性，在关于人们应该如何对待彼此以及如何被对待的问题上存在道德约束呢？他放弃了对这个问题的传统解释，并强调与边界约束理念相关的特性就是"按照它所选择接受的某种整体观念来调节和指导其生活的能力"[4]，

---

① ［美］罗伯特·诺奇克：《无政府、国家和乌托邦》，第37页。
② ［美］罗伯特·诺奇克：《无政府、国家和乌托邦》，第39—40页。
③ ［美］罗伯特·诺奇克：《无政府、国家和乌托邦》，第58页。
④ ［美］罗伯特·诺奇克：《无政府、国家和乌托邦》，第60页。

"一个人按照某种整体计划塑造其生活，就是以一种方式来赋予他的生活以意义；一个人只有拥有如此塑造其生活的能力，才能够拥有富有意义的生活或者为富有意义的生活而努力奋斗"①。诺齐克认为"生活意义论证"有效地补充了康德原则的局限性，因为动物也是各别存在的，却不能够产生人们不应以某些特定方式利用它们的道德要求，它们欠缺只有人类才拥有的赋予其生活意义的特性；康德原则要求始终把人当作目的的实质内容就是尊重和捍卫个人自由地塑造其人生的权利；由于只有个人才有权利塑造其生活，而国家必须保障个人的权利，于是就排除了国家以某些特定方式干预个人生活的行为。简而言之，个人权利的不可侵犯性就集中体现在个人塑造其生活之权利的不可侵犯性。诺齐克并没有详细阐释这一论证，他自己也坦言"生活意义论证"是"捉摸不定的、非常难以把握的观念"②，以至于"生活意义论证"反而可以用来为被诺齐克从个人权利中排除出去的积极权利辩护。

2."看不见的手的解释"

《无政府、国家和乌托邦》第一部分的主要内容就是诺齐克基于"看不见的手的解释"这一机制或工具阐释了一种国家如何从自然状态中一步步产生的假说，并且进一步探讨了在国家产生的各个步骤中如何避免个人权利遭到侵犯。"看不见的手的解释"指："某种总体的模式或计划，并非像人们认为的那样是通过个人或群体之实现它们的成功努力而产生出来的，相反，而是通过这样一个过程产生并得以维持的，即这个过程没有对这个总体模式或计划进行任何'构想'。"③诺齐克认为国家的产生类似于市场和货币体系的产生，是人们为了保护自己的利益和权利自发行动的结果。诺齐克对最低限度国家起源的"看不见的手的解释"可以概括如下：（1）一群生活在洛克式自然状态中的人们为了保护自己的权利不受侵犯并惩罚侵犯者自愿组成了保护性社团；（2）因为互助式保护社团存在各种不便，于是出现了各种专门出售保护服务的保护性机构；（3）由于劳动分工、

---

① ［美］罗伯特·诺奇克：《无政府、国家和乌托邦》，第61页。
② ［美］罗伯特·诺奇克：《无政府、国家和乌托邦》，第61页。
③ ［美］罗伯特·诺奇克：《无政府、国家和乌托邦》，第22页。

市场压力、规模经济等因素，在某地域内相互竞争的众多保护性机构中最终产生出一个支配的保护性机构；（4）当支配的保护性机构垄断了辖区内的暴力并"禁止"独立者强行权利时，它转变为超低限度国家；（5）当超低限度国家通过"赔偿"为独立者提供保护服务时，它转变为最低限度国家。[①]

我们认为，诺齐克为"看不见的手的解释"赋予了双重使命，即它不仅是对最低限度国家如何产生的解释，更是对最低限度国家之正当性的辩护。如果我们仅仅把"看不见的手的解释"当作对最低限度国家如何产生的推测，那么就低估了诺齐克构想它的意图，他要向无政府主义者、自由主义的平等主义者和马克思主义者证明：有且只有最低限度的国家是唯一正当的国家形式。从《无政府、国家和乌托邦》第一部分的谋篇布局就能看出，诺齐克在第二章已经完成了对支配的保护性机构如何产生的描述，却在第三章至第六章花了大量篇幅探讨从支配的保护性机构向最低限度国家转变的各个步骤是否正当以及判断它们是否正当的根据与原则，这样写作的目的就是证明从支配的保护性机构向最低限度国家转变的过程是正当的。

沃尔夫指出，不能把诺齐克对国家产生过程的描述看作对国家正当性的证明，因为"解释为什么某个事件发生本身并不等于证明它正当"[②]。他认为诺齐克实际上主张只有表明国家不仅在产生过程中没有涉及道德上不允许的步骤且它的产生是一种进步，才实现了对国家正当性的证明，并且这两个方面缺一不可。

为了强调诺齐克"看不见的手的解释"具有为最低限度国家正当性辩护的功能，大卫·米勒区分了两种版本的"看不见的手的解释"：其一是纯粹解释性的版本，比如个体驾驶员只考虑如何最快捷地抵达目的地却忽视其他驾驶员的偏好而导致的交通堵塞；其二是具有辩护功能的版本。他

[①] 诺齐克没有区分"protective association"和"protective agency"的不同，并且往往交替使用这两个概念。为了强调保护性机构的专业性和商业性，笔者把最初建立的"mutual-protective association"翻译为互助的保护性社团，把随后出现的专门出售保护服务的"protective association"和"protective agency"统一翻译为保护性机构。

[②] ［英］乔纳森·沃尔夫:《诺齐克》，第 54 页。

进而提出具有辩护功能的"看不见的手的解释"必需满足两个条件：第一，经过"看不见的手"的过程出现的结果相比于早先存在的状态是种改善；第二，"看不见的手"所调节的行为本身是合乎道德的。[①]米勒设想的这两个条件实际上与沃尔夫的理解是一致的。虽然米勒认为诺齐克把全部注意力几乎都集中在第二个条件上，即阐明最低限度的国家如何从无政府状态中经过合乎道德的方式产生，但诺齐克的以下论述表明"看不见的手的解释"确实符合米勒所提出的两个条件——"如果人们能够表明，国家甚至将会比这种最好的无政府状态更加优越，是在现实中能够期望的最好的东西，或者在其产生过程中没有涉及任何道德上不允许的步骤，或者如果它已经产生那也是一种改善，那么这就为国家的存在提供了一种理论基础，就为国家提供了正当的辩护"[②]。当诺齐克能够证明最低限度国家相比于最好的无政府状态是一种改善时，它满足了第一个条件；当诺齐克能够证明最低限度的国家在产生过程中没有涉及任何道德上不允许的步骤时，它满足了第二个条件。如果"看不见的手的解释"满足了以上两个条件，那么诺齐克就为它的正当性提供了辩护，即便其辩护效果还有待于进一步考量。

综上所述，诺齐克对国家之起源的"看不见的手的解释"不仅包括对国家如何从自然状态中产生的各个步骤的描述，而且包括他对以上各个步骤是否合乎道德的论证。诺齐克主张道德哲学为政治哲学设定了边界，根据他在第三章中对边界约束的讨论，个人权利为国家的功能和行为划定了界限。个人权利是诺齐克所诉诸的唯一且最高道德价值，并且他声称"我们将论证，第一个转变，从私人的保护机构制度到一种超低限度的国家，将通过一种看不见的手的过程以道德上可允许的方式发生，而没有侵犯任何人的权利"[③]。因此，所谓"道德上可允许的"或"合乎道德的"指的就是没有侵犯个人权利。简而言之，诺齐克为最低限度国家正当性提供的辩护就是证明从互助的保护性社团向最低限度国家转变

---

① 参见［英］大卫·米勒《政治权威的辩护》，载大卫·施密茨编《罗伯特·诺齐克》，第18—19页。

② ［美］罗伯特·诺奇克：《无政府、国家和乌托邦》，第5页。

③ ［美］罗伯特·诺奇克：《无政府、国家和乌托邦》，第63页。

的每一步骤都没有侵犯任何人的权利。为了全面审查对最低限度国家的"看不见的手的解释"，我们既要分析在国家产生过程中诺齐克所设想的各个步骤是否必然出现，也要探讨他为各个步骤没有侵犯个人权利所作辩护是否站得住脚。

3. 持有正义论

如果说《无政府、国家和乌托邦》的第一部分主要是为了向个人主义的无政府主义者展示最低限度的国家相比于最好的自然状态而言也是一种改善，并且在它逐渐产生的过程中不存在侵犯任何个人权利的步骤，那么，《无政府、国家和乌托邦》的第二部分则集中了诺齐克对自由主义的平等主义者所倡导的分配正义论和马克思经济学说批判的炮火。其中，第七章第一节批判的是一般的分配正义论，并提出了取而代之的持有正义论或资格理论；第二节则专门批评了罗尔斯的"作为公平的正义"。第八章一方面质疑了平等主义者把平等视作正义的应有之义缺乏根据，另一方面则推翻了马克思的劳动价值论和剥削理论。由于对马克思经济学的批评并不针对马克思的分配正义观，也不涉及对社会主义国家分配制度的指摘，所以，在此笔者只概括诺齐克的持有正义论和对分配正义论的批判，他对马克思经济学的批评在第七章再专门论述。

诺齐克主张"道德哲学为政治哲学设定了背景和边界"[1]，如果说自由至上主义与自由主义的平等主义在道德哲学领域内最重要的分歧是两者各自所捍卫的不同性质的权利，那么在政治哲学领域，两种理论最根本的区别是他们各自主张不同的分配正义论。毫无疑问，分配正义是当代政治哲学最关注和最复杂的领域，自罗尔斯发表《正义论》以来，不仅是自由主义的平等主义学者竞相提出各种分配正义理论，自由至上主义者、社群主义者、马克思主义者、女权主义者也纷纷加入分配正义的争论中。有的学者甚至认为"'何为正义？'的问题在当代政治哲学中几乎就是一个分配正义的问题"[2]。什么是分配正义？段忠桥教授认为，可以把分配正义

---

① ［美］罗伯特·诺奇克：《无政府、国家和乌托邦》，第6页。
② 龚群：《自由主义与社群主义的比较研究》，第235页。

（distributive justice）分解为形容词"分配的"（distributive）和名词"正义"（justice）两个部分。所谓"分配的"是指由社会或国家为主体来分配收入、机会和资源，所谓的"正义"是指给个人以其应有，因此，"分配正义概念的含义是社会或国家在分配上给每个人以其应有"①。尽管各种分配正义理论对于"正义"和"应有"的理解和诠释各不相同，但是它们基本都认同分配正义意味着国家或社会在个人之间分配财富、机会和资源等益品。

但是，诺齐克说："'分配正义'这个词不是一个中性的词。听到'分配'这个词，大部分人想到的是，某种事物或机制使用某种原则或标准来分发一些东西……没有任何集中的分配，任何人或任何群体都没有资格控制所有的资源，都没有资格共同决定如何把它们施舍出去……确实，'分配'这个词的某些用法并不意味着一种预先分配按照某种标准（例如，'概率分配'）被判定为是正当的……"②诺齐克批评的分配正义是这样一种政治哲学，它主张国家或政府依据一定的原则或标准在人们之间分配各种自然资源和社会资源。诺齐克与自由主义的平等主义者之间在分配正义领域的分歧集中体现在是否承认国家拥有再分配的职能。诺齐克倡导的最低限度国家的职能只局限于保护人们免遭暴力、欺诈、偷盗的侵扰和利用强制力保障契约履行，任何超出这些功能的国家都是不道德和不正义的，他断言那些功能更多的国家，特别是其再分配功能侵犯了个人权利。诺齐克声称"分配正义"这种提法本身就是不中立的，根本不存在国家在个人之间分配资源这回事，根本不存在国家把所有资源集中起来并按照某种分配原则或模型再分配它们，因为国家和任何集体以及个人都没有权利决定如何分配这些资源。相反，各种资源被不同的个人所持有，他们对于其各自持有的资源拥有权利或资格（entitlement），只有他们有权利或资格决定资源的去向，且所有新产生的财产权利或资格都源自个人之间的自愿行为。所以，为了与自由主义的平等主义者主张的分配正义论区分开，他把自己的正义理论称为持有正义论，并且企图以持有正义论取代分配正义论。诺齐

---

① 段忠桥：《何为分配正义？——与姚大志教授商榷》，《哲学研究》2014 年第 7 期。
② ［美］罗伯特·诺奇克：《无政府、国家和乌托邦》，第 179—180 页。

克不仅批评了一般的分配正义论，而且批评了"作为公平的正义"这一最具代表性最系统的分配正义论。

从概念层面上说，诺齐克以"持有"取代"分配"，不仅因为他认为"持有"这个词更中性，而且因为它彻底转换了分配正义的主体，即完全否定了国家或社会的分配主体身份，取而代之以每一具体的个人。在分配正义论中，人们所拥有的收入、机会和资源是国家分配的结果；在持有正义论中，人们所拥有的收入、机会和资源都是个人自愿行为的结果。无论人们的持有物是有形的物质财产还是各种无形的股票或证券，它们都是个人对其拥有资格的东西进行自愿占有、使用、交换、赠送甚至毁坏的结果，只要人们处置其持有物的过程满足持有正义的三个原则，那么他们的持有就是正义的。从内容上来看，"持有正义理论的一般纲领是：如果一个人根据获取和转让的正义原则或者根据不正义的矫正原则（由头两个原则所规定的）对其持有是有资格的，那么他的持有就是正义的；如果每一个人的持有都是正义的，那么持有的总体（分配）就是正义的"[1]。诺齐克意识到要把持有正义论的一般纲领转变为一种详细的理论，需要进一步阐明它的三个原则——获取正义原则、转让正义原则和矫正正义原则的细节，但是他并没有像罗尔斯为"作为公平的正义"的两个正义原则所做的那样为持有正义三原则构建复杂的论证，而是仅仅勾勒出它们。诺齐克认为这三个持有正义原则是普适性的正义原则，并且只要它们得到满足就能够保证社会总体持有状态是正义的。

在提出持有正义论的一般纲领和三个原则之后，诺齐克进一步阐明了持有正义原则与分配正义原则的区别，并借助这种对比凸显后者的缺点。首先，诺齐克区分了分配正义的历史原则（historical principles）和即时原则（current time-slice principles），并认为这两种原则在性质上是对立的。诺齐克把持有正义原则看作一种历史原则，把自由主义的平等主义者主张的各种分配正义原则视为即时原则。两者的区别在于：历史原则主张一种分配是否正义取决于它如何发生的过程；而即时原则主张分配是否正义取

---

① ［美］罗伯特·诺奇克：《无政府、国家和乌托邦》，第183—184页。

决于某种既定的分配结构或模型，它不关心分配是如何发生的，并且分配结构或模型的选择不依赖任何特殊的历史信息。其次，诺齐克把按照某种模式化的原则进行分配的正义原则称为"模式化原则"，它们"按照一个人的道德功绩、需要、边际产品、努力程度或者前面各项的权重总合对每个人进行分配"[①]。与模式化原则相反，持有正义原则或资格理论是非模式化的，它不需要任何分配目标，也不需要任何分配模式。最后，为了暴露模式化分配原则的缺陷，诺齐克设置了两种论证。其一，他通过"张伯伦论证"试图证明任何模式化的分配都会被人们之间的自愿行为推翻，否则为了维持某种模式化的分配结果，就要持续地干预人们的生活。其二，模式化的分配原则所要求的再分配行为创制了别人对人们及其劳动的（部分）所有权。

诺齐克依据对分配正义理论的以上评判，进一步从四个方面批评了罗尔斯提出的"作为公平的正义"这一最具代表性的分配正义论。第一，诺齐克声明社会合作并不必然需要分配正义原则。社会合作是"作为公平的正义"的一个核心理念。罗尔斯认为社会是由人们组成的自足的联合体，由于人们的利益具有一致性，即参加社会合作能够使他们比单纯依靠自己的力量生活得更好，因此也可以说每个人都从社会合作中受益。但是人们的利益也具有冲突性，即他们都喜欢从社会合作中得到较大的份额而不是较小的份额。于是，就产生了对分配正义原则的需要，这些原则规定了如何恰当地分配社会合作产生的利益和负担。但诺齐克却不承认社会合作产生了对分配正义原则的需要。他假设如果不存在社会合作，是不是就不会产生对分配正义原则的需要。他假设有 10 个鲁滨逊，每个人分别在一个孤岛上生活了两年。后来他们通过借助无线电技术了解了彼此的存在和不同的生活境况，而且在岛屿之间转运物资也没有障碍，那么他们是否可以向彼此提出分配正义的要求？那些所处岛屿自然条件较差或者自然天赋较差的人可以基于差别原则向其他人要求为他们不应得的贫困状态提供补偿吗？诺齐克认为由于罗尔斯的差别原则是以

---

① ［美］罗伯特·诺奇克：《无政府、国家和乌托邦》，第 187 页。

社会合作为前提的，因而并不适用于这种非合作状态，而只有他的资格理论能够对这些问题给予回应：他们没有理由向他人提出分配正义的要求。如果社会合作必然存在，那么资格理论就不适用了吗？诺齐克认为不然。有人认为社会合作会导致无法清楚地区分每个人所作的贡献。诺齐克假设每个人都是一个微型公司，每个人都是单独工作，单独加工某些他自己带来的投入，单独与其他人签订契约，每个人的产品都能够被从总产品中清晰地分辨出来，所以根本不会产生对于分配正义原则的需要。诺齐克认为实际上罗尔斯也假设了社会合作中的个人贡献是可以分辨清楚的，因为如果不能把不同个人的贡献区分开，就无法知道用于刺激人们扩大生产的费用是否低于他们生产出来的产品的总价值，如果不能确定成本小于产出，就不能断定社会合作是一种使所有人受益的事业。除了否定社会合作必然产生对分配正义原则的需要，诺齐克进一步批评社会合作的"互惠性"（reciprocity）概念。诺齐克认为社会合作的"互惠性"意味着利益的对称，即不仅禀赋更差者通过与禀赋更好者合作受益，同时禀赋更好者也通过与禀赋更差者合作受益。但是，如果考察两者从合作中各自得到的实际份额，这种表面上的"互惠性"就不存在了。诺齐克假设如果禀赋更好者只与禀赋更好者合作，同时禀赋更差者也只与禀赋更差者合作，相比于完全没有社会合作而言，他们的处境也都得到了改善，但是禀赋更好者在这种情况下比在差别原则所要求的合作制度中受益更多，所以，禀赋更差者很难说服禀赋更好者接受差别原则。此外，即便社会合作在禀赋更好者与禀赋更差者之间开展，禀赋更差者很明显已经从这种合作中受益，如果继续强制执行差别原则，那么处境更差者只会愈加受益，而禀赋更好者的利益却遭受了进一步的损害。

第二，诺齐克指出通过原初状态产生的差别原则是一种很强的最终—状态原则。诺齐克质问罗尔斯为什么认为原初状态中的代表人只要遵循最小—最大化规则（the minimax policy）[①]就会一致同意选择差别原则？诺齐克的矛头实际上并非对准了最小—最大化规则，而是

[①] 罗尔斯一直用"the maximin rule"或者"the maximin criterion"表示"最大化最小值规则"，诺齐克可能将其错记为"the minimax policy"。

指责罗尔斯错误地把原初状态中代表人的立场定位于群体的利益而不是个体的利益。由于诺齐克并不承认存在任何群体的利益，所以不难理解他为什么质疑罗尔斯对原初状态中代表人的设定。诺齐克不仅认为罗尔斯的正义原则关注了错误的方向，而且即便承认正义原则应当关注社会中的最不幸者，罗尔斯设立的以收入和财富等社会基本益品为主要指标确定最不利者的标准也是不清晰的，诺齐克质疑为什么要排除抑郁症患者群体、酗酒群体或瘫痪者群体。诺齐克进一步批评，由于无知之幕屏蔽了代表人对自己本身和自己历史的所有特殊信息，他们对于任何人可能拥有的特殊的资格都一无所知，那么从原初状态中产生的一定不可能是历史原则，而只能是最终—状态原则。差别原则不仅规定了分配过程的最终结果，而且确立了检验这一过程的模式化标准，即这一分配是否最大程度地促进了最少受惠者的利益，因此是一种特别强的模式化的最终—状态原则。既然差别原则是一种模式化原则，那么诺齐克针对一般模式化原则的责难同样适用于差别原则，即实施差别原则不仅会持续干预人们的生活，并且产生了某些公民对其他公民人身和财产的所有权。

第三，诺齐克强调差别原则在适用于微观情况时侵犯了个人权利。罗尔斯认为正义二原则只能应用于社会基本结构这一主题，而不适用于个人之间的日常行为和社群的内部活动。诺齐克认为罗尔斯对正义原则适用主题的区分不能成立。诺齐克认为我们无法直观地判断宏观结构是否正义，只能借助对微观情况的把握进而判断宏观结构是否正义；如果某些正义原则无法通过微观情况的检验，那么它们同样也不适用于宏观结构。诺齐克坚称正义原则必须是普遍适用的，如果某些原则无法经过微观情况的检验，那么这些原则就是不正义的。诺齐克认为罗尔斯之所以声明正义原则尤其是差别原则不适用于微观情况，是由于差别原则与个人的资格和权利相冲突。诺齐克举了一个骇人听闻的例子，如果把差别原则应用于微观情况，就会导致强制再分配人体器官的后果。即便正义原则在和某些相对浅层次的资格的冲突中获胜，因为这些相对浅层次的资格或权利是社会性的或制度性的，毋宁说它们是被正义原则所规定的；但是正义原则却绝对不能冲突于个人对其身体器官的所有权这种深层次的资格或权利。

第四，诺齐克批评罗尔斯的"天赋共同资产论"侵犯了个体的自我—所有权。罗尔斯认为人们的各种自然天赋从道德的观点来看是任意的，天赋的分配类似于一种自然摸彩（natural lottery）的结果，正义的分配不能受自然和社会的偶然因素影响，因此，人们对他们的天赋是不应得的。由于人们对其天赋能力是不应得的，因此应当把天赋的分配当作一种共同资产，使这种偶然性能够为促进最少受惠者的利益服务，只有满足了这个前提，天赋较高者才能从其天赋的使用中获益。诺齐克认同罗尔斯反对把道德应得作为分配的基础，却主张即便从道德的观点看人们对其天赋是不应得的，人们对其天赋也是有资格的，如果把天赋看作可以分配的共同资产就必然会侵犯个人的自我—所有权。为了反对罗尔斯的"天赋共同资产论"，诺齐克分别提出了对它的肯定论证与否定论证的反驳。"肯定论证"主张由自然天赋的差别所导致的不平等的分配结果应该加以消除，"否定论证"是指对主张自然天赋差别导致的不平等分配结果不应废除的观点的反驳。在对"肯定论证"的反驳中，诺齐克首先指出罗尔斯实际上承认了人们对其天赋的资格，因为最少受惠者处境的改善依赖于那些禀赋较好者参与社会合作，而只有给予他们额外的刺激才能说服他们加入社会合作，而这种额外刺激承认禀赋较好者有资格从其天赋运用中获益。所以说如果罗尔斯不承认禀赋较好者对其天赋的资格，那么他就失去了用来论证其差别原则的根据，他的肯定论证也就不成立了。其次，诺齐克从模式化分配原则的任意性角度进一步质疑肯定论证。分配正义理论要求人们的持有按照某种模式进行分配，并且从道德观点来看，这种模式必须不是任意的；由于从道德观点来看人们拥有不同的禀赋是任意的，所以不能把禀赋看作分配正义的恰当模式。但是，诺齐克指出——"任何模式都会具有某些道德上任意的事实，以作为它如何产生出来的部分解释，其中包括罗尔斯所提出的模式"[1]。在诺齐克看来，差别原则的运作也以承认禀赋较好者对其天赋拥有资格为前提，而他们拥有这些天赋却是任意的，于是用来支持差别

---

① ［美］罗伯特·诺奇克：《无政府、国家和乌托邦》，第262页。

原则的这个理由就把道德任意性传染给了差别原则，所以差别原则也是任意的。最后，诺齐克指出肯定论证的根本依据在于对平等观念的倚重，而平等也是需要得到论证的。诺齐克声明，大多数支持平等主义的学者都想当然地断言对人们的差别对待应该加以证明，如果没有充分的理由证明差别对待是正当的，那么就应该平等待人。诺齐克认为平等主义在对待"平等"和"不平等"之间是不公平的，他们只关注如何证明"不平等"，却忽视了对"平等"的证明。他主张如果人们之间的不平等是其自由运用其正当资格或权利的结果，那么这种不平等就是正义的。在批驳"天赋共同资产论"的否定论证时，诺齐克用"资格"术语取代了"应得"术语，他认为人们只是使用他碰巧拥有的东西，例如天赋。诺齐克对为什么说一个人对其天赋拥有资格给出了论证："如果人们拥有 X，而且他们拥有 X（无论他们对于拥有它是不是应得的）没有侵犯任何别人对 X 的（洛克式）权利或资格，而且通过一种其自身没有侵犯任何人的（洛克式）权利或资格的过程，Y 来自（产生于）X，那么这个人对 Y 是有资格的。"[1] 如果某个人拥有精湛的篮球技艺，他获得以及使用打篮球的天赋并没有侵犯任何其他人拥有打篮球的天赋，那么他就有资格拥有和使用他自己的篮球技艺，以及有资格拥有通过打篮球所赚得的财富。诺齐克认为如果差别原则被严格执行，就会导致对他人天赋的所有权，因此为了不侵犯人们的自我—所有权，有必要承认人们对其天赋的权利。诺齐克在批评差别原则把个人天赋看作共同资产时，指出"共同资产"的说法暗示了一种合法的人头税，他把这种人头税形象地比喻为给人们的天赋套上了辔头，即某人的天赋与其他人的利益被强行捆绑在一起，只要他施展他的天赋就不得不给其他人带来利益。既然辔头是被强迫佩戴的，那么他就无法自愿决定如何使用他的天赋和来源于天赋的财产，这无疑侵犯了那些被套上辔头的个体的自我—所有权。

4. 乌托邦框架论证

诺齐克意识到仅仅向个人主义的无政府主义者和自由主义的平等主义

---

[1]　［美］罗伯特·诺奇克：《无政府、国家和乌托邦》，第 270 页。

者证明最低限度国家是唯一合乎道德的国家并不能说服他们。他们可能认为这种仅仅保护其成员免遭暴力、欺诈、偷窃的国家并没有吸引力，甚至不能激励人们去主动追求它。但是，诺齐克认为最低限度国家绝非苍白无力甚至缺乏可欲性，根据他的解释，《无政府、国家和乌托邦》的第一部分论证了最低限度国家是合乎道德的，第二部分论证了比最低限度国家功能更多的国家是不道德的，第三部分则证明最低限度国家是一种鼓舞人心的乌托邦框架，它不仅克服了传统乌托邦的致命缺点，而且还继承了其令人向往的优点。

诺齐克认为，尽管各种传统的乌托邦理论对于理想社会与制度的想象及刻画深入人心，并且很多乌托邦理想曾被付诸实践，但是传统的乌托邦理论存在一个致命缺陷，即它们具有不同的政治理想和善观念，"要想同时并且持续地实现所有的社会善和政治善，这是不可能的"[①]。传统乌托邦理论的致命缺陷一方面是因为各种不同的乌托邦理想之间存在激烈冲突不能共存，另一方面是因为实现各种乌托邦理想的条件很难同时具备。诺齐克认为，乌托邦理论探寻的是"所有可能世界中最好的世界"，各种传统的乌托邦只能对某一部分人而言是最好的世界，但不能对所有人而言都是最好的世界。因此，传统乌托邦理论就没有担负起构建"所有可能世界中最好世界"的任务，必须抛弃各种传统乌托邦理论而创造一种全新的乌托邦理论。这种新理论所描绘的乌托邦在严格意义上"对我们每一个人来说，它是可想象的最好世界"[②]。

诺齐克认为乌托邦的本质特征在于它是可想象的最好世界，并根据这一特征提出了一个描述可能世界模型（a possible-world model）的思想实验：想象一个你最愿意生活于其中的可能世界，其他每一个理性生物也拥有同你一样的去想象他们最愿意生活于其中的可能世界的权利。在这个过程中，一些世界被不断地想象出来，有的人选择继续留在其中，有的人则选择离开而去创造新的世界。如果这个过程一直持续下去，会留下一些人们不愿离开的稳定的世界。稳定的世界就是可想象的最好的世界，即乌托邦。换言之，

① ［美］罗伯特·诺奇克：《无政府、国家和乌托邦》，第 356 页。
② ［美］罗伯特·诺奇克：《无政府、国家和乌托邦》，第 356 页。

"稳定性就是一个世界具有乌托邦属性的必要且充分条件"①。由于乌托邦的
稳定性依赖于其成员的主观评价与选择，这就造成它与传统乌托邦的根本区
别——传统乌托邦既是一元的又是静态的，新乌托邦则是多元的和动态的。
新乌托邦既允许拥有不同乌托邦理想的人创造不同的乌托邦，又准许他们随
着乌托邦理想的改变离开之前的乌托邦去创造新的乌托邦。

　　乌托邦在可能世界模型中被称为"社团"（associations），在现实世
界中对应的是"共同体"（communities）。判断一个共同体是否为乌托
邦，也依据其是否满足稳定性条件，即对其成员而言，他们是否最希望
停留其中。不同于可能世界模型中的社团，共同体面临着各种并不困扰
前者的现实问题，所以需要一种被称为"框架"的制度来协调和容纳各
种各样的共同体。诺齐克指出，尽管与可能世界模型相比，框架并不是
最可欲的境况，但在现实世界中它是最可欲和最可能实现的乌托邦。在
框架的实际运行中，虽然只能存在满足一部分人乌托邦理想的有限量的
共同体，而不能容纳满足所有人乌托邦理想的无限量的共同体，但与只
有一种共同体相比，框架将有利于大多数人按照他们的乌托邦理想选择
生活在有限却非单一的共同体中。如果各种不同的共同体对其成员而言
是乌托邦，那么框架就是维系和协调各种乌托邦共存共荣的元—乌托邦
（meta-utopia）：它允许追求各种不同理想的乌托邦同时存在；它允许人
们按照自己的偏好自由地创建和解散乌托邦；它规范和协调不同乌托邦
之间的行为；它禁止任何乌托邦把自己的理想强加给其他乌托邦。诺齐
克断言他所描述的乌托邦框架就相当于最低限度国家，至此，他认为完
成了对最低限度国家正当性的完整辩护，第三部分的"乌托邦框架论证"
和前两部分的论证从不同方向汇聚于同一结果，即最低限度国家"这种
在道德上得到赞成的国家，这种道德上唯一合法的国家，这种道德上唯
一可以容忍的国家，正是能够最好地实现无数梦想家和幻想家之乌托邦
追求的国家"②。

---

① Ralf M. Bader, "The framework for utopia", Ralf M. Bader and John Meadowcroft, eds., *The Cambridge Companion to Nozick's Anarchy, State, and Utopia*, Cambridge: Cambridge University Press, 2011, p.257.

② ［美］罗伯特·诺奇克：《无政府、国家和乌托邦》，第 399 页。

第四节　研究文献综述

一　国内文献综述

虽然自《无政府、国家与乌托邦》中译本出版至今，国内学术界对诺齐克政治哲学思想的研究不断深入，但是国内学者专门研究最低限度国家理论以及自由主义的平等主义者反驳诺齐克的著作十分罕见。国内学界对最低限度国家理论的研究基本停留在介绍其简要思路的水平上，对《无政府、国家和乌托邦》三部分之间关系的准确把握也比较欠缺。对持有正义论与分配正义论之间争论的研究仍然停留在对诺齐克与罗尔斯各自观点进行概述和比较的层面，并没有深入探索罗尔斯等自由主义平等主义者如何回应持有正义论的批评以及这两种正义理论背后的深刻矛盾，更遑论回应诺齐克对马克思劳动价值论和剥削理论的指责。

（一）对诺齐克与自由主义的平等主义者的比较研究

姚大志教授在《反契约论——评诺齐克的新自由主义》中通过对比传统"契约论"与诺齐克的"反契约论"的不同阐述了罗尔斯与诺齐克的理论分歧。诺齐克通过"看不见的手"的解释说明了国家在产生的过程中没有侵犯任何个人的权利，从而解决了他认为"契约论"在处理个人权利问题上的困窘，并且把"自然状态"与"国家"之间的僵硬界线打破了。姚大志教授在《以权利对抗平等——评诺奇克的资格理论》一文中分析了诺齐克的资格理论对罗尔斯式平等主义的批判，诺齐克驳斥了罗尔斯为"差别原则"进行论证的两个根据，即"社会合作"理念与把天赋作为"共同财富"的论证。姚大志教授指出与平等主义的分配原则相比，资格理论的两个突出特征是奉行历史原则与非模式化原则。资格理论中的"资格"与持有正义中的"持有"暗含了对个人财产权的尊重。姚大志教授认为资格理论以"自我所有权"和"自然资源所有权"为根据，但是这两者都不成立。尽管姚大志教授指明了诺齐克的资格理论或持有正义理论意图以"权利"对抗平等主义的"平等"，但很明显，权利与平等并不是处于同一层面的道德价值，而且自由主义的平等主义者并非不认同个人拥有某些不可侵犯的权利。关键在于，诺齐克所捍卫的个人权利与自由主义的平等主义者承认的权利在内容和性质上迥然不同。而且，姚大志教授用来反驳资格理论的两个根据的理由主要来自科恩，而不是依据自由主义的平等主义者的理论予以回应。

高景柱教授在《自由主义平等观的谱系——对德沃金与罗尔斯、诺齐克平等理论亲疏关系的重新定位》一文中认为德沃金的资源平等理论与罗尔斯的差别原则渐行渐远，而与诺齐克的资格理论越走越近。他认为德沃金与诺齐克在处理"原生运气"时虽然观点相反，但是在强调个人对选择承担责任时是相似的，德沃金在虚拟保险市场的设计上就凸显了"程序导向"的原则，这与诺齐克强调"程序正义"也是如出一辙。但是作者仅由突出个人责任在正义要求中的比重就断定德沃金向诺齐克的靠拢显然过于武断，两种理论在是否主张再分配这一根本问题上仍然存在不可调和的矛盾，而且罗尔斯在《正义论》之后也修正了自己的观点并强调了对个人责任的重视，这恰恰证明他与德沃金并非"渐行渐远"。

王聪在其博士论文《论当代自由主义权利观的理论嬗变——以罗尔斯、诺齐克、德沃金的权利观为主线》中以权利观的变化为线索对比考察了三位学者的理论，他认为罗尔斯的权利优先论体现了对古典自由主义自然权利理论的继承和复兴，而诺齐克的权利至上论则体现了对古典自由主义自然权利观的回归和超越。作者在对诺齐克的权利至上主义进行解读时，碰触到了诺齐克权利理论的内核——同意原则，即合法政府的产生源于公民的全体同意和获取正义原则与转让正义原则的证成也需要个人同意。但是诺齐克并没有要求合法政府产生于全体公民的一致同意，他恰恰用"看不见的手"这一机制取代了同意原则。也就是说，在证明最低限度国家之正当性和阐明持有正义理论时，"同意原则"所起的作用是完全不同的。

王立教授在其博士论文《平等的范式》中对比了罗尔斯、诺齐克和德沃金的平等理论，他将罗尔斯的平等定义为"民主的平等"，把诺齐克的平等界定为"机会的平等"，并且他认为罗尔斯与诺齐克之间的分歧就在于对平等的理解不同。他认为罗尔斯理解的平等问题就是要解决不平等，从而保证公民在财富、收入等实质内容上的平等；而诺齐克认为平等的内容随着时代的变化而变化，唯一不变的是权利，所以平等问题就在于确保人们的权利不受侵犯。由于王立教授博士论文的主旨在于展现三种平等理论的基本思想和社群主义者对它们的挑战，所以对这三种理论的比较研究就相对有限。

李石教授在《平等与嫉妒：在罗尔斯与诺奇克之间》分析了罗尔斯与诺奇克就"平等是否来源于嫉妒"这一问题的不同观点，她指出罗尔斯的平等主义主张并不以嫉妒为根源，而诺奇克却声称差别原则恰恰是基于嫉妒心理的考虑。她分析，诺奇克指出了影响人们嫉妒之心的两个因素，一个是每个人的实际能力状况；另一个是每个人对自己能力的评价，而后者极大地受社会评价的影响。李石教授从诺奇克的观点进一步得出启示：为了使更多才华各异、兴趣不同的人通过调整其自我评价而获得自尊，必须建构一个更加宽容和多元的社会。

（2）对诺齐克个人权利理论的研究

徐友渔先生在《评诺齐克以权利为核心的正义观》一文中，首先阐述了诺齐克对罗尔斯正义观的批评，进而介绍了托马斯·内格尔对诺齐克主张的个人权利之道德基础的质疑。内格尔认为绝大多数人都不会认同诺齐克赋予个人权利以绝对性和普遍性，个人的分离性并不影响在个人之间权衡利害。但是，徐友渔先生认为内格尔的批评并不成立，因为他的前提是在不损害个人权利的情况下可以对不同个人的利害进行取舍，但这一前提也是诺齐克所赞成的。此外，徐友渔先生还提供了其他三位学者对诺齐克权利理论的支持论证，如曼克认为作为权利的基础必须是"个人是分离存在物、每个人有其生命的价值、可欲性和正当性"[1]，费舍尔消解了初始获得正义的存在因为每个人对无主物都没有权利所以某人对无主物的占有并不构成对其他人权利的损害，克日纳提醒我们注意到除了占有和转让之外还有通过创造得到合法持有的其他途径。同时，徐友渔先生还介绍了弗雷德关于诺齐克是依靠诡辩技艺而获得荣誉的观点并反驳了此种观点。可以清楚地看到，徐友渔先生在这篇文章中是要对批评诺齐克个人权利理论的

---

① 徐友渔：《评诺齐克以权利为核心的正义观》，《中国人民大学学报》2010年第1期。

几位学者予以反击并为诺齐克的理论作辩护，但是他援引的曼克和克日纳的观点虽有创见却均未涉及诺齐克理论中的核心概念，他通过解释罗斯巴德和兰德是名副其实的学者而非借助诡辩登堂入室，也不能有效回击弗雷德把诺齐克与他们一同归于诡辩学者的断言，不能仅仅凭借"事实上，一部学术经典著作，是不可能靠花言巧语和智力欺骗奠定地位的"[①]一句话就回应对诺齐克个人权利理论巧借诡辩博得声誉的指责。

段忠桥教授在《基于社会主义立场对自由至上主义的批判——科恩对诺奇克自我-所有权命题的反驳》一文中指出，科恩大约在1980年弄清了诺齐克理论的核心是自我—所有权原则，并通过三种方式反驳了自我—所有权命题。第一种方式从反思诺齐克的限制条款开始，科恩设想了由两个人构成的世界，区分了多种除了共同占有之外的私人占有情况及其所导致的结果，科恩认为诺齐克经过弱化后的限制条款武断地忽视了可供选择的占有方案，甚至允许出现比他们应有的状况更糟的占有形式。第二种反驳方式认为诺齐克以自我—所有权原则为不平等辩护是基于对外部世界最初是无主的或人人共同所有的假设，然而这一假定是轻率的，因为同样可以假设外部世界被人们联合所有或集体所有。科恩构想了由两个能力差距非常悬殊的人构成的社会，并假设在联合所有的情境下，能力强的人并不能得到比能力差的人更多的产品份额，这样他们之间境遇的不平等必将大大减小。科恩的第三种批驳方式针对诺齐克维护自我—所有权的三个诡辩，有力地否定了拒绝自我—所有权就意味着支持奴隶制、限制自主权和把人当作手段的推论。

在《在功利与权利之间——论诺齐克对功利主义的批判与反思》一文中，任付新认为诺齐克自由至上主义的理论基石在于他重申了或者恢复了被功利主义忽视的个人分立性的道德重要性，并且诺齐克为其权利理论辩护也缘于政府职能如果超出了保护人们不可或缺的权利，就会导致功利主义之忽视个人分立性而产生不正义后果的信念。作者认为诺齐克对功利主义的这一批判是切中要害的，但是按照诺齐克的观点："社会制度的唯一美

[①]　徐友渔：《评诺齐克以权利为核心的正义观》，《中国人民大学学报》2010年第1期。

德就是保护个人为数不多的基本权利，唯一的恶德就是没有保护个人的基本权利。"① 任由这样一种权利体系运作反而会损害许多人享受各种重要的实质自由并削弱其理论的吸引力。作者虽然抓住了诺齐克抨击功利主义的节点，但是诺齐克以同样的理由瞄准的真正敌人却是主张分配正义的诸理论。任付新指出诺齐克的绝对的权利理论会导致对贫富差距的漠视，并且实现个人有意义的生活需要的不仅仅是不受干涉的自由，也更需要各种资源与机会，这在一定程度上提出了对个人权利的道德基础的质疑，尽管作者并没有认识到这个问题的重要性。

王立教授在《资格、应得还是权利？——评诺奇克的资格正义》一文中提醒我们注意，诺齐克虽然有时将资格等同于权利或应得，但有时也赋予它们不同的含义。虽然王立教授试图区分开它们，在特定语境中阐明它们的区别，但是他并没有找到能够一以贯之地区分三者的标准。在《自我所有权还是资格？——论诺奇克正义理论的核心》中他挑战了科恩将自我—所有权确定为诺齐克持有正义理论核心的观点，提出科恩的观点既缺少文本支持，也不符合诺齐克正义理论的总体框架。王立教授认为诺齐克不仅用资格取代了权利（自我—所有权），也用资格取代了应得，资格才是诺齐克持有正义论的真正核心。但是，笔者认为即便诺齐克确实很少直接使用"自我—所有权"这一概念，但是他对个人权利之不可侵犯性的"生活意义论证"并非与自我—所有权理论完全无关。王立教授认为"生活意义论证"才是诺齐克为权利不可侵犯性设定的基础，但笔者认为它同洛克的自然权利学说和康德原则共同构成了权利之不可侵犯性的道德辩护，自我—所有权学说可以从洛克的自然权利学说中引申出来。王立教授认为诺齐克无论在解释劳动占有问题时，还是在批判"天赋集体资产论"时都是诉诸资格概念，而不是自我—所有权。但笔者认为，诺齐克自己就没有清晰地区分开权利和资格这两个概念，他在处理上述两个问题时引入资格概念，是因为罗尔斯等自由主义的平等主义者也使用权利概念，诺齐克并没有正视他与罗尔斯等人对权利概念理解的不同，而是利用资格这一看似中

---

① 任付新：《在功利与权利之间——论诺齐克对功利主义的批判与反思》，《重庆师范大学学报》（哲学社会科学版）2013 年第 4 期。

性却非常模糊的概念来逃避更加关键的分歧。

（3）对最低限度国家理论的研究

罗克全的《最小国家的极大值——诺齐克国家观研究》是国内最早出版的一本探讨诺齐克国家理论的学术著作，作者在书中认为"诺齐克国家观的核心概念是'道德边际约束'"[1]，最小国家是以不涉足个人自然权利的市场原则为限度的，并认为在无政府与最小国家之间有可能确定一个弱化的最小国家，即他所谓的"非模式化国家"，并最终实现用马克思的非政治国家取代诺齐克的最小国家的目的。由于这是一部较早研究诺齐克最低限度国家理论的著述，可以清楚地看到作者对诺齐克思想的把握并不准确，例如把"模式化"与"非模式化"用在国家性质的分类上就是对诺齐克所用基本概念的误解，用共产主义社会中充分发展和实现的个人的主体性否定诺齐克式乌托邦框架中形式化的主体性也没有切中要害。

罗瑜在其硕士学位论文《国家合法性证成中的平等与自由问题——诺齐克与罗尔斯国家观的对比解读》中认为诺齐克与罗尔斯争论的实质在于自由与平等之争，诺齐克珍视自由而认为国家的权力只能局限于保障公民的平等的权利以致他的最小国家只能实现形式的平等；而罗尔斯以其正义原则为国家权力的限制并要求国家履行再分配的职责，从而确保公民享有实质的平等。

李先敏在《财富与权力的纠葛：诺齐克自由国家的一个维度探析》中提醒我们注意在个人与国家之间广泛存在的各种社会组织机构，"其作用是把政府权力限制在不至于干涉个人财产权的范围，在财产权和政府权力之间筑起一道屏障，使两者之间并不直接发生冲突，保证个人财产权的实现过程中能够不遭遇客观权威"[2]。作者明确了诺齐克的最小国家在政治生活和经济领域内的不同功能，将国家的功能严格限制在中立性地对待个人自愿行为与生活计划的同时，又最大限度地突出了个人的主体性，推进了对诺齐克所赋予最小国家的地位和功能的认识。他在《国家权力与个体权

---

[1]　罗克全：《最小国家的极大值——诺齐克国家观研究》，社会科学文献出版社 2005 年版，第 3 页。

[2]　李先敏：《财富与权力的纠葛：诺齐克自由国家的一个维度探析》，《前沿》2011 年第 19 期。

利之争——诺齐克最弱意义国家内在逻辑分析》一文中进一步把个人权利与国家权力之间的关系概括为"此消彼涨"的关系，并进一步探讨了最小国家非强力的诸种表现和个人权利实现的途径，展现了在最小国家的框架下个人与国家各自行动的轨迹。①

胡惊雷在其博士论文《"最小国家"的困境与"权利的功利主义"——兼论诺齐克前后期政治思想的转变》和以此论文基础上改写的《诺齐克的功利主义转向及其启示》中，通过分析"保护"概念、提出"易损性"概念和构建"四人模型"剖析了诺齐克前期政治哲学思想中的冲突，如不容侵犯的个人权利与权利保护措施之间的紧张、定价和收取保护费上的困难、允许弥补权利损失的赔偿与不可交易的权利之间的矛盾等，指出最小国家所遭遇的种种内部困境。胡惊雷博士的分析角度与自由主义的平等主义者对诺齐克的反驳有相似之处，但是他的论证方式别出心裁，丰富了探讨政治哲学问题的方法。但是，他认为诺齐克后期完全放弃了自由至上主义而转向他前期所反对的"权利的功利主义"，笔者认为这个观点并不成立，并已经在导言中给出了解释。

（4）对乌托邦理论的研究

罗克全在《"消极自由"的个人联合体——论诺齐克的异质性"乌托邦"》一文中较为系统地阐述了诺齐克的乌托邦思想，他认为乌托邦以个人权利为原则，以康德的意志自由为灵魂，"乌托邦从目的上看，意味着个人自由及其权利目标在正当的意义上已经被最大化了；从它的功能上讲，只有一个，即保护个人安全、个人自由及其财产、利益；与之相应的抵御任何暴力的侵犯，而且，这一任务又是在不同的联合体的市场竞争中实现的"②。但是他仅仅看到了乌托邦框架在理论上实现个人自由最大化的积极一面，却没有看到乌托邦理论所面临的各种现实问题，尤其是追求个人自由可能与乌托邦框架相冲突的情况。

王子丽、李先敏在《诺齐克元乌托邦社会理论的缺陷及反思》中分析

---

① 李先敏：《国家权力与个体权利之争——诺齐克最弱意义国家内在逻辑分析》，《重庆科技学院学报》（社会科学版）2012年第17期。

② 罗克全：《"消极自由"的个人联合体——论诺齐克的异质性"乌托邦"》，《北京科技大学学报》（社会科学版）2007年第2期。

了诺齐克元乌托邦的局限——缺乏权威力量协调社会冲突、"看不见的手"没有足够的权威性、乌托邦的实现缺乏现实力量、法律的权威性冲突于乌托邦抵制权威的理念。他们针对这些缺陷进一步反思,认为这种构想会导致个人缺乏社会责任感、对权威的否定将无可避免地重蹈乌托邦的失败覆辙、对西方现存社会结构带来冲击,等等。可以说,他们是立足于集体主义观点对诺齐克个人主义的乌托邦发难的,并力图把个人权利的实现归并于集体利益之下,但是作者没有指出这种集体主义对个人权利的容纳如何保证个体权利不受侵犯,以及当个体权利与集体利益发生冲突时,是集体利益还是个体权利应当优先得到满足。

通过以上对国内学者针对诺齐克相关理论研究的分析,我们可以看到至少存在以下三方面的不足:

第一,随着诺齐克的著作被国内学者逐渐熟悉,对其政治哲学思想的研究也不再局限于简单地译介和描述,但是学者们对诺齐克各个重要概念的含义并没有进行深入细致的探索,尤其遗漏了对个人权利之道德基础的重视,而个人权利的道德基础是否稳固决定了持有正义论批判分配正义论侵犯了个人权利的论断能否成立。

第二,国内学者尽管对诺齐克的持有正义与自由主义的平等主义者的分配正义论做了一番比较研究,但仅仅止步于对两种正义理论不同观点的描述,或仅仅阐述了持有正义论是如何批评分配正义论的,却很少涉及自由主义的平等主义学者如何反驳持有正义论。

第三,国内学者对《无政府、国家和乌托邦》三部分之间的密切关系缺少准确把握,不仅忽视了"看不见的手的解释"具有为最低限度国家正当性辩护的功能,也忽视了"乌托邦框架论证"对最低限度国家可欲性的辩护。

二　国外文献综述

自1974年《无政府、国家和乌托邦》出版之后,国际学术界就对诺齐克的自由至上主义展开热烈争论,其形式既有各杂志举办的专题研讨,也有针对诺齐克政治哲学思想的学术专著和期刊论文,自由主义的平等主义者、社会主义的平等主义者、左翼自由至上主义者等不同学派的学者都纷纷加入对诺齐克自由至上主义的讨论中。在这些围绕诺齐克的政治哲学展开的论辩中，代表社会主义的平等主义的科恩的观点已经被国内学界所熟知，笔者在此便不赘述，只涉及那些不被国内学术界了解的却触及诺齐克政治哲学许多关键问题的观点。

（一）对个人权利不可侵犯性的道德论证的批评

弗吉尼亚·赫尔德（Virginia Held）认为诺齐克的真正哲学始祖并不是洛克，而是罗伯特·菲尔默，即洛克在《政府论》（上篇）中猛烈批判的菲尔默爵士。她认为诺齐克的经济权力观与菲尔默的政治权力观非常相似，两者都认为最重要的是初始资格和正当的转移。洛克认为在自然状态中人人生而平等，并且政府的正当性源于人们的同意而不是历史的资格，但是诺齐克和菲尔默则认为人们生而具有不同的权利和能力。她认为洛克由于不理解政治权力源于经济权力以致他认为政治平等与经济不平等可以共存，并且始终强调政治的优先性；与此相对，诺齐克则强调经济的首要性。此外，她申明洛克明确地置个人的生存权高于遗赠权与继承权，前者是上帝授予的神圣权利，而诺齐克则忽略了个人的生存需要。洛克认为人们在极端情况下可以援引上帝的"仁爱"原则从其他物资充裕的人那里正当地获取维持生命的资源，并且洛克认为政府的首要职责在于保障每个人的生命、自由和财产，三者的重要程度也按照生命、自由、财产的次序排序，并且应该限制经济力量的滥用。然而，在诺齐克的自然状态、最低限度国家甚至乌托邦中，由于人们的经济力量不受限制，从而那些付不起保护费的人的生命和自由便毫无价值。

杰里米·沃尔德伦（Jeremy Waldron）也讨论了洛克和诺齐克之间道德理论的差异。沃尔德伦指出洛克的"仁爱原则要求在每一种经济体下的财产所有者放弃对一部分剩余占有物的控制，以此使它们可以用于满足穷困者的紧迫需要，当若非如此后者便无法生存之时"[①]。沃尔德伦认为洛克

[①] Jeremy Waldron, "Nozick and Locke, Filling the Space of Rights", Paul, Ellen Frankel, Fred D. Miller, Jr., and Jeffery Paul, eds., *Natural Rights Liberalism from Locke to Nozick*, Cambridge: Cambridge University Press, 2005, p. 89.

将"仁爱原则"置于财产权之上是因为"仁爱原则"是自然法的根本原则的要求，这一根本原则即自我保存原则，它规定人们不仅有责任保存自己，而且有责任保存他人。沃尔德伦认为洛克坚信人类生存和繁荣是经济生活的基本道德要求，财产权不能与自我保存原则相冲突，恰恰是在紧急需求情况之下要求物质帮助的根本权利为财产权设定了限制。

沃尔夫也认为洛克所强调的"自我保存"原则决定了自然权利学说与诺齐克只承认消极权利的个人权利理论不相容："因为，第一，保存的权利在一些情况下会产生对存活的积极权利；濒临饿死的人有从那些有盈余的人那里得到帮助的权利，正如洛克在《政府论》（上篇）中所承认的。第二，有了'尽可能多地保存'这个最大化原则，看来洛克应该是赞成'权利的功利主义'观点，而不是边界约束的观点。"[①]

以上三位学者都指出了洛克和诺齐克在财产权理解上的巨大分歧，即洛克理解的财产权要受到自然法尤其是"仁爱原则"的限制，洛克承认个人拥有在特殊情况下向其他人的财产提出适当要求的积极权利。而诺齐克却不是在自然法限制财产权的框架下探讨财产权，他主张财产权是绝对排他性权利，除非出于自愿，任何个人或集体都没有权利干涉其他人对财产权的使用。

罗尔斯阐述了他对康德主义原则的理解，他认为差别原则不仅是对博爱原则的一种诠释，也是对康德主义原则的一种解释，这个康德主义的原则就是诺齐克也信奉的——"个人是目的，而不仅仅是手段"。罗尔斯认为，康德主义原则起码意味着"当我们与他人交往时，要根据他们在平等的原初状态中可以同意的那些原则去对待他们。因为在此情形中，人们作为将自己视为目的的道德人，得到了平等的体现；而他们所接受的原则，是理性地设计出来去保护他们自身的主张的"[②]。罗尔斯认为之所以每个人都被看作目的而不仅仅是手段，是由于每个人都是自由而平等的道德人格，他们不能仅仅被看作手段既源于他们拥有平等的道德人格，也源于他们的

---

① Jonathan Wolff, *Robert Nozick: Property, Justice and the Minimal State*, Cambridge: Polity Press, 1991, p.27.

② ［美］约翰·罗尔斯：《罗尔斯论文全集》（上册），塞缪尔·弗里曼编，陈肖生等译，吉林出版集团 2013 年版，第 190 页。

行为必须受到他们一致同意的正义原则的约束。罗尔斯认为差别原则说明了仅仅把个人当作手段和把他们自身当作目的之间的区别：把一个人仅仅当作手段来对待他就意味着允许为了补偿其他人的期望或增进总体福利而强加给他一种糟糕的生活前景；而把一个人自身看作目的则意味着主动放弃那些无助于改善某人的期望而获得的利益。罗尔斯认为与功利主义同时把人当作手段和目的相比，差别原则通过排除把某些人当做增进其他人福利的手段的方式，给康德主义原则提供了一个更强的解释。罗尔斯对康德主义原则的诠释显然不能得到诺齐克的认同，后者恰恰批评差别原则违反了康德主义原则，因为它把处境更好者当作促进处境最差者的手段。但是诺齐克对差别原则的批评建立在他对差别原则的误解基础上，他并没有理解罗尔斯是从自由而平等的道德人格理念出发来解释康德主义原则。

安德里亚斯·托伊伯（Andreas Teuber）分析了康德对"把人当作目的而不仅仅是手段"的理解，并指出"边界约束"原则并不是对这条定言命令的恰当解释。托伊伯认为康德理解的"把人当作目的而不仅仅是手段"就是尊重人的无与伦比的价值，即尊严，而不是一个人与他人共享的某些可以比较或取代的特性。为了更好地理解康德赋予个人的无与伦比性，托伊伯通过对艺术作品的审美来类比个人的本质的不可比较的价值。根据康德美学，一个审美客体之所以是美的，完全取决于它自己的特殊魄力或者引起了审美者的特殊情感，而无关于功利、目的和利益。与此相类似，对个人的尊重也是和对利益或功利的考量无关，把艺术审美与个人的内在价值紧密联系起来的是康德关于"崇高"的概念。美是想象力与知性之间的和谐体验，而崇高则是理性的普遍流行与想象力无法完全捕捉到理性所及之间的强烈痛苦的紧张体验[1]。托伊伯解释道"头上的星空"引起了我们的崇高感，而"心中的道德律"唤起了我们的尊重心。康德认为我们尊重个人实际上是尊重道德律，或尊重道德本身，而不仅仅是尊重具体的活生生的有七情六欲的个人；如果一个人不遵守道德律，无疑就是自毁尊严，其他人就不需要再尊重他。通过托伊伯的分析，我们可以发现，康德要求把

---

[1] Andreas Teuber, "Kant's Respect for Persons", *Political Theory*, Vol. 11, No. 3, 1983, p. 373.

人当作目的实质是尊重个人的道德理性，而诺齐克则要求尊重现实生活中个人为各自生活做出的实际选择。如果诺齐克坚持尊奉康德的原义解释"把人当作目的而不仅仅是手段"，那么他所追求或尊重的只能是一种严格遵守道德律的生活方式，这与他给出的"生活意义论证"并不相容。不同人接受的用来指导他们塑造生活的各种观念并不必然与康德的道德律令相符合，甚至常常违背或反对要求人们无条件遵守的道德命令。

　　塞缪尔·谢弗勒（Samuel Scheffler）发现："诺齐克相信权利的道德基础与过有意义生活的能力有关……就过有意义生活的宝贵的能力是权利的基础而言，大概就是建议这些权利授予人们的道德保护和保证可以被理解为人们唯恐失去的实际过有意义生活的能力。"[①]但是谢弗勒认为要想过有意义的生活，不能仅靠诺齐克所承认的免于干涉的消极权利，还应当包括某些积极权利。戴尔·默里（Dale F. Murray）也认为诺齐克以"生活意义论证"作为个人权利的道德基础，但是他强调过有意义生活的能力应该理解为通向有意义人生的实际能力，他把诺齐克的自由（freedom）概念解释为自主（autonomy），最终推导出个人自主的实现要求医疗救助等积极权利作为保障这一诺齐克所不能接受的结论。沃尔夫讨论了谢弗勒的观点，他认为恰恰是诺齐克没有给出"生活意义"精确的定义才留下了对积极权利默许的缺口，"甚至按照诺齐克自己的有意义生活的概念，也很难说诺齐克的权利理论与谢弗勒的相比更能为人们所接受"[②]。

　　根据以上学者对"生活意义论证"提出的质疑，诺齐克无法回避"生活意义"这一概念的模糊性对他的个人权利理论造成的困境，因为他一方面说"边界约束"的根据在于尊重个人赋予各自生活以不同意义的能力，而我们要遵守"边界约束"；另一方面又默许我们对人们各自塑造有意义生活的不同能力冷眼旁观。更为严重的是，"生活意义论证"既然强调个人权利的不可侵犯性源于塑造人生之自主权利的不可侵犯性，那么它就不仅可以用来为诺齐克所承认的消极权利辩护，同时也能为他所不承认的某些积极权利辩护。

---

① Samuel Scheffler, "Natural Rights, Equality, and the Minimal State", *Canadian Journal of Philosophy*, Vol. 6, No. 1, 1976, pp. 69–70.
② ［英］乔纳森·沃尔夫：《诺齐克》，第34页。

（二）对"看不见的手的解释"的质疑

沃尔夫指出，不能把诺齐克对国家产生过程的描述看作对最低限度国家正当性的证明，因为解释最低限度国家如何从自然状态中产生并不等于证明它是正当的。他认为诺齐克必须证明最低限度国家不仅在产生过程中没有涉及道德上不允许的步骤，而且它的产生相对于自然状态是一种进步，才完成了对它正当性的证明。于是，他把证明最低限度国家正当性的任务分为两个阶段：第一个阶段要证明理智的人们有充分的理由认为他们应当服从最低限度国家；第二阶段是向独立者证明他们从道德上应当服从最低限度国家。沃尔夫认为诺齐克的论证并没有完成这两阶段的任务。在第一个阶段，诺齐克低估了自愿加入支配的保护性机构的人们对其垄断地位的担忧。在第二个阶段，一方面诺齐克没有充分的理由证明独立者的惩罚权利应该向支配的保护机构成员的程序性权利让步；另一方面诺齐克也没有给出任何支持支配的保护机构成员必然接受赔偿原则的论据。

大卫·米勒区分了纯粹解释性的"看不见的手的解释"与辩护性的"看不见的手的解释"。纯粹解释性的"看不见的手的解释"只是单纯地解释一个现象或模式如何产生，而不试图为这一现象或模式进行辩护。例如，交通堵塞并不是任何一个驾驶者有意追求的目标，符合"看不见的手的解释"的一般模式，但是它并不能为交通堵塞提供辩护。米勒认为"看不见的手的解释"并不满足于仅仅解释国家是如何自然而然产生的，诺齐克的意图是为最低限度的国家提供正当性辩护。诺齐克似乎假设了由于专业的保护性机构能够更加有效地保障个人的权利不受侵犯，因此人们脱离自然状态加入保护性机构是有利的。但这种假设并不成立，尤其考虑到"看不见的手的解释"用来解释的某种总体模式或计划不依赖于个人的意图，人们通过一系列自发行为所产生的最终结果可能与他们行为的意图没有直接关系，甚至与他们的意图相悖。米勒把"看不见的手的解释"这种特别不令人满意的特征称作"路径—依赖性"。米勒认为诺齐克虽然从来没有把洛克式的社会契约论作为解释国家起源的一个备选项，但无论"看不见的手的解释"还是社会契约理论，既可以作为国家实际如何产生的历史性解释，也可以作为国家可能如何产生的假设性解释。米勒构想了四种分别使用"看不见的手的解释"和社会契约论为国家提供辩护的方式：

> IH1　国家 S 是合法的，因为它是以道德上可允许的方式从前政治的自然状态中出现的（没有任何人有意创造一个国家）。
>
> IH2　国家 S 是合法的，因为它是以道德上可允许的方式从前政治的自然状态中可能出现的（没有任何人有意创造一个国家）。
>
> SC1　国家 S 是合法的，因为它是在前政治的自然状态中通过个体的自由同意被创立的。
>
> SC2　国家 S 是合法的，因为它是在前政治的自然状态中通过个体的自由同意可能被创立的。[①]

国家起源历史性解释的辩护力显然要强于假设性解释。先比较 SC1 与 SC2 孰优孰劣。一般而言，社会契约理论是 SC2 这种形式，它能够为各种形式的国家进行辩护，不论它是最低限度国家还是再分配的国家。SC1 的辩护力更强，因为它不但能够为可能存在的各种形式的国家提供辩护，而且能够为实际存在的特殊形式的国家提供辩护。再看 IH1 与 IH2，"看不见的手的解释"的历史版本也比其假设版本更有辩护力。在 IH1 中，如果最低限度的国家实际上是通过合乎道德的方式产生，那么它确实在一定程度上回应了个人主义的无政府主义者的批评，但是它仍然无法保证个人境况在最低限度国家中优于自然状态。而在 IH2 中，如果最低限度的国家只是有可能通过合乎道德的方式产生，那么 IH2 既不能证明它事实上是通过这种方式产生的，也不能证明它是相对于自然状态的一种改善。根据"看不见的手的解释"，个体参与者对于最终出现的支配的保护性机构的具体制度和运营方式缺乏必要的控制，因此不能确保最终出现的是最低限度的国家。米勒假设人们如果偏于保守而不情愿冒险，那么他们很有可能选择既能提供权利保护又能提供各种福利性保险的保护性机构，最终出现的很可能是拥有许多再分配功能的国家。综上所述，在对国家正当性的辩护强度

[①]　［英］大卫·米勒：《政治权威的辩护》，载大卫·施密茨编《罗伯特·诺齐克》，复旦大学出版社 2013 年版，第 23—24 页。

上，SC1 > SC2，IH1 > IH2。考虑到人们希望能够更有效地控制最终出现的国家，社会契约理论要优越于"看不见的手的解释"，因此，SC1 > IH1，SC2 > IH2，总之，"看不见的手的解释"恰恰是辩护力最差的IH2这种类型。因此，诺齐克对最低限度国家给出的论证并不成功，他既不能向个人主义的无政府主义者证明最低限度国家相较于自然状态是一种改善，也不能向洛克式的社会契约论者证明"看不见的手的解释"对于国家正当性的辩护力更强。

针对从相互竞争的保护机构中产生出支配的保护性机构这一转变，巴德认为诺齐克忽视了它们能够和平共处的情况，"一种替代物和更可能的选项是我们以一种稳定的局面结束，其中各个不同的保护性社团彼此和平地竞争……不同的机构执行不同的规则，提供不同的服务，收取不同的费用，取悦不同的客户群，依据不同道德组织原则运行，并且在其他许多方面存在差异"[1]。莫斯在质疑支配的保护性机构必然出现时，也发现了许多被诺齐克忽视的因素。除了上文提到的委托人对昂贵保险费用的担忧外，委托人对加入某保护性社团边际成本和边际收益的考量也会影响他们选择是否加入该社团，从而制约其规模的扩张，以致它不会发展为某地域内支配的保护性机构。并且，随着距离某保护性社团管辖区的核心越远，提供保险服务的成本越高，那些生活在该区域边界附近的人们因为要负担更昂贵的保险费用，所以他们可能选择加入其他更近的保护性社团或远遁荒野。莫斯还注意到诺齐克低估了逃票者（free rider）现象对支配的保护性机构正常运营的威胁。因为缺乏客观标准去审查独立者是真心拒绝加入保护性社团，还是为了免费享受保护服务而假装为独立者，那么就会有越来越多的人冒充独立者来骗取免费的保护服务。[2]最终，支配的保护性机构要么入不敷出而崩溃，要么为了维持运转而向其诚实的委托人征收高额费用。

---

[1] Ralf M. Bader, *Robert Nozick*, New York: The Continuum International Publishing Group Inc., 2010, p.81.

[2] 参见 Laurence S. Moss, "Optimal Jurisdictions and the Economic Theory of the State: Or, Anarchy and One-World Government Are Only Corner Solutions", *The American Journal of Economics and Sociology*, Vol.69, No. 1, Jan. 2010, pp.325-329。

　　针对支配的保护性机构向最低限度国家的转变，沃尔夫就质疑前者的成员缺乏足够的动机赔偿独立者，海尔伍德更加明确地指出，支配的保护性机构或超低限度国家向最低限度国家的转变并不符合"看不见的手的解释"的根本特征。海尔伍德指出："向最低限度国家的转变与以前的转变不同，因为它包含对一个道德要求——独立者应当被赔偿——的明确接受，而之前的步骤是建立在理性自利的基础之上。"[①] 在互助式保护社团向支配的保护性机构转变的过程中，支配的保护性机构的产生并不是其委托人有意识造成的，而是市场竞争的无意识结果。在超低限度国家向最低限度国家的转变过程中，起决定作用的是超低限度国家委托人是否愿意为独立者提供赔偿的自觉选择——如果他们决定提供赔偿，最低限度国家就会产生；如果他们决定不提供赔偿，故事就终止在超低限度国家。最低限度国家的产生是超低限度国家委托人有意识行为的结果，因此，排除了参与者明确设计意图的"看不见的手的解释"不能用来解释从超低限度国家向最低限度国家的转变。

　　诺齐克认为支配的保护性机构成员通过承担独立者的保护费用实现了对后者的赔偿，并且这种赔偿是基于对后者自然权利的禁用，因而不具有再分配的性质，但是"赔偿原则"为最低限度的征税国家（minimal taxing state）敞开了大门。马克强调人们所享有的道德权利的作用就是用来保护他们追求主体—相关价值的特权，维护这些道德权利恰恰需要支配的保护性机构提供的保护服务。但是，马克强调保护服务并非那些笔记本电脑、珍馐佳肴之类通过自愿交易就能被生产出来的商品，它们具有公益产品（public goods）一样的非排他性特征，即它们无法把那些不付费却从它们生产中获益的人排除出去[②]。如果存在大量的逃票者，那么保护服务就无法仅依靠自愿付费的委托人生产出来。由于保护服务对于人们追求主体—相关价值至关重要，因此，为了保障渊源不断地提供保护服务，不仅支配

---

① Simon A. Hailwood, *Exploring Nozick: beyond Anarchy, State and Utopia*, Brookfield: Ashgate Publishing Ltd., 1996, p.18.

② 参见 Eric Mack, "Nozickian Arguments for the More-than-Minimal State", Ralf M. Bader and John Meadowcroft, eds., *The Cambridge Companion to Nozick's Anarchy, State, and Utopia*, Cambridge: Cambridge University Press, 2011, p.104。

的保护性机构的委托人要缴纳保护服务的费用，而且独立者也应当付费，"因为被干涉的主体获得的收益恰好补偿了她因非—恐惧的干涉付出的代价"①。马克为支配的保护性机构向包括独立者在内的其辖区内所有人征税的正当性辩护的依据在于，保护性服务对于捍卫每个人追求其主体—相关价值的权利是必不可少的。文特进一步主张如果马克的论证成功，它不仅能证明国家垄断暴力的使用和征税在道德上是可以允许的，而且为决定权利在何时以怎样的方式被削弱提供了标准。② 以保护性服务对捍卫个人权利的必要性为依据，马克和文特发展了诺齐克在"赔偿原则"中隐含的限制权利的思想，他们对税收正当性的论证却通向了对最低限度征税国家的辩护，这是诺齐克断然不能接受的。

（三）对个人权利至上性和不可侵犯性的批评

托马斯·内格尔从质疑各项权利的重要性这一角度对诺齐克的个人权利概念发起攻击。他认为个人拥有的各项权利的重要性是不同的，免于被谋杀的权利显然比免于交税的权利更重要，即便在自然状态中，这些权利的重要性也不同，并且某些权利并非绝对不受干涉的。内格尔认为权利为追求有价值目标的行为设定了限制，但是当某些结果足够重要时，对权利的要求也可以被压倒。诺齐克反对为了他人的利益或者社会整体利益而牺牲某个人，是由于这样做就否定了他的个别的生命，但是内格尔认为每个人拥有自己的生命并不妨碍对人们行为的后果进行得失权衡。当所付出的代价只是对有限的时间和资源的重新分配时，人们都会选择得失权衡后所得较大的行为而不是选择不违反任何权利却所获甚微的行为。内格尔得出结论，不论在个人生活中还是在社会中，都没有理由设想每项权利都是绝对重要的，都永远不能被后果考量所压倒。

阿马蒂亚·森认为诺齐克的"义务论的权利约束论"忽略了权利在事态（states of affaires）评价中的重要性和道德困境中主体价值的相对性，

---

① Eric Mack, "Nozickian Arguments for the More-than-Minimal State", Ralf M. Bader and John Meadowcroft, eds., *The Cambridge Companion to Nozick's Anarchy, State, and Utopia*, Cambridge: Cambridge University Press, 2011, pp.107–108.

② 参见 Fabian Wendt, "Political Authority and the Minimal State", *Social Theory and Practice*, Vol.42, No.1, Jan. 2016, pp.107–109。

尤其在面对涉及消极权利的多边依赖（multilateral interdependences）道德困境时，它无法给予我们如何行动的指示。在这样的道德困境中，对行为的后果权衡不可避免。例如，为了阻止 A 被 B 强奸，唯一可行的方法就是 C 开着他偷来的 D 的轿车快速赶到事发地点。森认为在这个情境中，通过后果分析，尽管 C 偷了 D 的轿车，但是 C 成功阻止 A 被 B 强奸就证成了 C 的行为。但是如果我们坚持诺齐克的理论而禁止 C 侵犯 D 对自己轿车的所有权，就会导致 A 被 B 强奸，显然 A 不被强奸的权利远比 D 不被偷窃的权利重要得多。

通过以上学者对诺齐克个人权利理论的批判，我们可以看出他们的共同点都在于指责诺齐克没有区分不同权利的道德权重，而武断地宣布所有的权利在任何情况下都同样不可侵犯。实际上，个人权利是一组具体权利的集合，而不是单一的不可拆分的抽象权利，在这个集合中某些权利（如不受杀害和强奸的权利）明显比另一些权利（如选择冰淇淋口味的权利）更受个人重视，前者无论是对个人生命还是对个人的生活意义都要比后者重要得多。因此，在不能征得权利受侵犯者同意的极端情况下，一个人相对不太重要的权利可以为了防止其他人更重要的权利受到侵犯而被限制。

（四）对诺齐克无视自我—所有权依赖于社会基本结构的批评

罗尔斯强调了自我—所有权对社会基本结构的依赖，自我—所有权并不是诺齐克所理解的不受任何制度规则限制的前—制度权利。首先，罗尔斯始终把社会基本结构看作正义的主题，并且强调基本结构对生活在其下的人们具有深远且不可避免的影响。其次，罗尔斯进一步指出我们尽管承认个人的天赋能力具有重要的遗传基因成分，但是离开了社会条件，它们也实现不出来，这些条件包括鼓励和支持才能发展的社会态度、训练与使用才能的相关制度等。最后，针对诺齐克对差别原则的指控，罗尔斯指出这完全是一种误解，差别原则只应用于社会基本结构而不是要干预每一个特殊的交易与分配，也不反映某种特殊的模式，而是确保可以允许的不平等能够起到提高最少受惠者合法期望的作用。

特奥·帕帕约安努（Theo Papaioannou）认为诺齐克的政治理论的道德基础在于绝对的个人权利，而这一理念又源于两个假设，即完全的自我—所有权（full self-ownership）和个人不受侵犯的道德性，并且第二个假设以第一个假设的成立为前提。他认为诺齐克的这两个原则都是武断的，诺齐克忽视了自我—所有权的认识论前提，即自我实现（self-realization）原则，并且只有在具体的社会环境中才能认识到社会与外部资源在实现自我发展（self-development）与自我—所有权中的角色。例如，某人要拥有打篮球的才能，就必须依靠一定的社会和经济条件并通过专业训练才能意识到这项才能并开发出来。自我实现需要通过自我发展达到自我认知，自我发展取决于包括工作在内的目的性行动，自我发展优先于自我—所有权。如果不经过这些有目的的行动，某人的天赋和才能既不能为他所认识到，也不能被开发出来，更不能说他拥有这些才能。即便某人意识到了这些才能并想把它们发挥出来，它们的开发程度依然依赖于社会外部资源对于开发它们的丰裕程度。因此，抛弃了对才能的自我认知、自我发展以及社会物质资源的考虑，既不可能将才能实现出来，也不能声称个人对运用自我—所有权产生的财产具有绝对的排他性所有权。

约翰·克里斯特曼（John Christman）从分析所有权结构的角度提出了对自我—所有权的限制。他拒斥了诺齐克所捍卫的绝对排他性的私人所有权。克利斯特曼认为所有权的不同层面具有不同的功能，并且适用于不同的个人利益和社会利益，他把所有权区分为两个层面——对财产的控制权和对财产的收入权。控制权包括对财产的使用权、占有权、管理权、转让权、消费权和修改权；收入权包括对财产的交易权和从中获得收入的权利。控制权是对所拥有的财产的独立的不受其他人限制的权力，同时排除了其他人对这些财产的干涉；收入权是通过交易中的契约行为实现的，因此必须把其他人的作用和交易机制的功效考虑进来。简言之，控制权只是主体自我相关的，而收入权则是主体间相关的。克利斯特曼认为区分了所有权的不同成分——控制权和收入权——就可以回应自我—所有权与分配正义目标之间的冲突。一方面，控制权是完全由主体的偏好和人生计划决定的，它的使用方式和目的完全归属于私人领域；另一方面，收入权的实现则依赖于社会的经济结构和其他人的合作，它的实现受到公共分配政策的规范。在克利斯特曼看来，所有权结构中的控制权成分和收入权成分是两种互不相干的元素：两者既不会彼此产生也不会彼此包含，对其中一方的限制也不会必然导致对另一方的阻碍。因此，再分配政策对收入权的规范与限制并不构成对个人控制权的侵犯。

可以看出自由主义的平等主义者主要从认识论方面消解诺齐克的自我—所有权原则，这不同于社会主义平等主义者科恩批判自我—所有权的角度，但体现出自由主义的平等主义者把个人理解为变化发展的主体的深刻见解。然而诺齐克理解的个体却是生而具有各种权利和天赋的抽象的个人，他们好像从地里长出来的蘑菇，近乎自给自足地培养和使用自己的权利与天赋，而毫不依赖于他们所生活的社会环境与物质条件。

（五）澄清诺齐克对差别原则的误解

大卫·施密茨指出诺齐克对模式化分配原则的批评只适应于某些强模式，完全有可能设计出既考虑到历史信息又不对人们日常生活产生持续干涉的弱模式。他认为包括罗尔斯的正义原则在内的各种自由主义的平等主义的分配正义原则，都是与个人自由和权利相容的弱模式。

内格尔反驳了诺齐克对税收制度的攻击。内格尔认为应当区分对个人财产的突然没收与征税，后者并不会给个人造成像前者一样严重的侵犯。他认为以征税这种方式对个人自由造成的限制是否被允许，取决于对权利损害的严重性与征税目标可欲性之间的比较。内格尔认为诺齐克对历史原则与模式化原则的区分不成立，罗尔斯的正义原则并非纯粹的模式化原则。罗尔斯并没有主张分配的正义性独立于它的产生过程，罗尔斯相信分配正义取决于制度正义，而制度包括规定了资格的法律制度，这些制度就参与了分配产生的过程。内格尔认为罗尔斯通过赋予正义第一原则词典式优先于第二原则的地位，就通过赋予个人基本自由权绝对优先性的方式限制了分配正义实现的程序。内格尔还驳斥了诺齐克认为执行模式化分配原则会造成对个人自由和生活持续干涉的论断。他认为诺齐克错误地把模式化原则解释为对财富或财产的绝对资格的分配，而平等主义的分配不会授予个人对财产的绝对资格。在平等主义的分配方案中，财产的有限资格必须符合税收和其他用来维持分配的平等主义条件，并且个人只能在这些限制条件允许的范围内选择、使用和交换财产，并不存在诺齐克所主张的绝对的财产资格。

博格指出，诺齐克对差别原则的批评建立在一种误解，模式化通过两种方式与基础规则相联系，诺齐克和罗尔斯分别是在这两种不同的方式上理解模式化原则。第一种方式是把所偏爱的模式并入基础规则，作为对政府通过调整其经济行为以及干预其他参与者的方式以改善持有分配状况的要求。这种把模式偏好与基础规则相连的方式与诺齐克所提倡的基础规则相矛盾，并且与程序化的经济基础规则的理念相冲突。第二种把模式偏好与基础规则相连的方式主张，应当把模式偏好用于对基础规则的评价或设计，即我们应当根据每种可供选择的制度结构倾向于产生的持有模式对它们进行评价和排序。在罗尔斯看来，决定基础经济规则的标准应当敏于各种可供选择的经济结构所倾向于产生的模式，因此，罗尔斯是在第二种方式的意义上处理模式偏好与基础规则的关系，即罗尔斯把差别原则作为评价基础规则的标准，而不是要把差别原则看作基础规则的一部分。所以，差别原则并不是诺齐克所批评的那种意义上的模式偏好。

（六）为分配正义论的平等信念辩护

内格尔发现，为了彻底击退诺齐克对分配正义缺乏对平等信念论证的攻击，平等主义者必须向诺齐克证明为什么平等的分配自身就是一种善，而不仅仅是一种工具性的善。在对道德动机的研究中，他发现了平等主义的道德基础，并且把这一研究成果运用到政治哲学中，为自由主义的平等主义的平等信仰和分配正义论提供了辩护。内格尔在对道德动机的研究中提出了两种自我的观念：一种是把自我看作历时性的存在，与这种人格观念相关的是个人的审慎动机；另一种是把自我看作与其他个人同样真实的一员，与这种人格观念相关的是个人的利他主义动机。基于对审慎动机的形式化结构的考察，内格尔将其结构应用于对利他主义动机的探讨中，他认为两者具有结构上的相似性。正如在审慎动机的形式化结构中要求自我平等地看待每个时刻的实在性一样，利他主义要求自我设身处地看待其他每个自我的实在性。正是由于对这两种自我观念的分析，尤其是对后一种自我观念中所包含的个人化立场与非个人化立场的区分，内格尔能够为平等主义的道德基础提供辩护。个人化的立场通常通过第一人称的言论方式进行表达，个人化的信念、判断、态度的本质是从它们的立场看待世界的观点；非个人化的立场是指从没有给定某人的立场看待世界的观点，非个人化的立场可以与所有从特殊的个人化的立场出发的描述相融合。内格尔所要求的对他人的非个人化的关心实际上是一种道德能力，这种道德能力被应用于道德推理和道德实践中，它产生自从非个人化的立场审视自己的生活和利益的普遍化，对他人的非个人化的关心的道德能力只是意味着从这种客观的中立的立场平等地看待自我与他人的要求。自由主义的平等主义对平等的信仰和承诺就建立在从非个人化的立场上平等地看待每个人的道德要求。内格尔把自由至上主义的个人权利理论看作仅仅从个人化的立场出发来解释道德平等，于是它把平等理解为每个人都有且只有不受干涉的消极权利上的平等，这就断然拒绝了从非个人化的视角把自我看作众多自我中一员的观念，也就不可能承认任何程度的利他主义动机。

博格认为自由主义的平等主义的道德基础在于公民拥有不受非正义制度统治的消极权利，这种消极权利虽然没有给公民们施加了一种建立正义制度的积极义务，但是给那些从不正义制度中取得优势并为了延续这种优势而在不正义制度中继续合作的人们施加了不与不正义制度合作的消极义务。诺齐克所辩护的自由至上主义制度由于漠视在它之下生成的大量处境困难的公民而无法保障他们不受非正义制度统治的消极权利。

（七）反击诺齐克对马克思经济学说的批判

安东尼·史密斯梳理了诺齐克对马克思政治经济学的批评，并将其概括为三个方面：对马克思剥削理论的批评、对资本主义制度使工人摆脱风险的证明和对劳动价值论的批评。针对诺齐克对马克思剥削理论的批评，史密斯着重指出诺齐克没有意识到马克思所关心的是控制剩余价值生产和分配背后的社会关系，而不仅仅是剩余价值如何被生产和分配；诺齐克所关心的是对生产资料的法定所有权，而马克思关心的是对生产资料的实际控制权。诺齐克虽然承认在马克思生活的时代，工人由于无法获取生产资料被迫同资本家打交道并受资本家剥削；但是，他认为在当代资本主义社会中，工人无法获得生产资料的状况已经不复存在，工人是自愿被资本家雇佣，因此，剥削也就不存在了。为了证明工人自愿同资本家打交道，诺齐克构建了一个工人受高工资吸引，从生产资料公有制的部门不断向生产资料私有制的部门转移的思想实验。史密斯指出，诺齐克的思想实验并不成立，因为他忽视了"寄生虫阶层"庞大开支、工人高效率组织生产、工人更看重控制和参与生产等因素会阻止工人从生产资料公有制的部门向生产资料私有制的部门转移。诺齐克为了加强工人自愿受资本家雇佣的说服力，还试图证明工人这样做是因为不想承担开创自己控制的工厂的风险，而资本主义制度能够使工人摆脱投资风险。史密斯则证明资本家和资本主义制度不仅没有使工人摆脱风险，反而把工人变为替自己抵挡投资风险和最大化利润的工具。诺齐克把马克思的劳动价值论看作一种生产资料价值论，他不仅指出了生产资源价值论的共同缺点，而且重点批评了马克思的劳动价值论，尤其是"抽象劳动"和"社会必要劳动时间"两个概念。史密斯反驳道，当今资本主义社会的工作评估计划恰恰证明马克思将复杂劳动还原为简单劳动的理念并没有错。诺齐克对"抽象劳动"和"社会必要劳动时间"的指摘主要源于诺齐克没有掌握马克思的辩证法，由于他没有区分开价值生产和价值实现是两个不同的环节，所以误认为马克思主张商品的价值最终由市场上的供求关系决定。

（八）辨析"乌托邦框架论证"

诺齐克断言稳定社团中的成员都是相互欣赏的非自恋的人，他们不会希望成为"蜂王"（queen bee）。海尔伍德在《探索诺齐克：超越〈无政府、国家和乌托邦〉》中指出，诺齐克对乌托邦稳定性条件的论证与他标榜的乌托邦框架的中立性相矛盾。诺齐克声称框架企图建构一种对每一个人而言都是最好的可能世界的新型乌托邦，框架允许和鼓励各种各样的乌托邦实验，并且在它们之间保持严格的中立。海尔伍德认为诺齐克的论证体现了两种偏见，第一种偏见是诺齐克预设了某种特殊的道德人格。诺齐克断言人们不会希望成为在社团内占尽利益高高在上的蜂王。海尔伍德主张诺齐克没有充分的理由排除某些人加入一个社团是因为他们可以通过担当蜂王这种角色而最大化其得到的东西，而且也没有理由排除某些人会自愿选择担任奴隶般雄蜂的角色。诺齐克对人们这两种自愿选择的排除与自由至上主义的个人权利理论相悖，因为后者声明"自愿的同意为越界打开了大门"。①

　　第二种偏见体现在诺齐克解释稳定性社团如何建立时依赖于对市场模式的偏爱。诺齐克认为可能世界模型的一个特别引人注目的特征在于它"构成了一个能应用最先进理论的领域，而这些先进理论（即决策论、博弈论和经济分析）是用来处理理性主体的选择问题的"②。海尔伍德认为诺齐克假设了社团成员或想加入某社团的个人的行为越符合上述理论，对他们越有利，因此，"对边际产品与贡献的强调和乌托邦的可能世界的模型正是竞争性市场的模型"③。尽管市场在买家和卖家之间是中立的，但它在市场交易行为和其他人类行为之间不是中立的。由于市场模型并非对任意人类行为都保持中立，而是赋予人们最大化自己利益的市场行为以优先性，所以可能世界模型并不符合乌托邦框架的中立性条件。可能世界模型在理论上被设想为严格中立的，即它必须在人们想象和创造的各种可能世界之间保持严格的中立，没有任何人被强迫去想象或构造某种特殊的可能世界，但是诺齐克用来塑造可能世界模型的理性选择理论却不是中立的。

　　海尔伍德进一步指出，可能世界模型与自由至上主义之间也存在根本冲突。因为自由至上主义依赖一种特殊的道德哲学，后者包括对特殊的道德人格与生活方式的假设，而可能世界模型却不允许预设任何特殊的道德人格或生活方式。最低限度国家的职能仅限于防止人们被暴力侵害、欺诈、偷窃和强制契约履行，但根据可能世界模型的中立性要求产生的框架所具备的功能却比最低限度国家更有限——框架一方面不能给予构成特殊社团的某种理想以特权；另一方面要禁止任何社团强迫其他社团成员接受某种特定乌托邦理想的帝国主义（imperialism）行为。由于框架不能强制推行关于财产权、个体尊严、人生意义等方面的特殊道德理论，所以它的职能不能由自由至上主义的道德哲学规定。

　　诺齐克声称乌托邦框架就相当于最低限度的国家，但他根本没有论证

---

① ［美］罗伯特·诺奇克：《无政府、国家和乌托邦》，第 70 页。

② ［美］罗伯特·诺奇克：《无政府、国家和乌托邦》，第 366 页。

③ Simon A. Hailwood, *Exploring Nozick: beyond Anarchy, State and Utopia*, Brookfield: Ashgate Publishing Ltd., 1996, p.82.

为什么乌托邦框架相当于最低限度国家。巴德在《乌托邦的框架》一文中通过对乌托邦框架理论的重构，提炼出诺齐克为最低限度国家等同于乌托邦框架提供的三种可能论证方法：第一种论证旨在说明框架是可能世界模型的实现形式，因此最低限度国家是鼓舞人心的（inspiring）；第二种论证把最低限度国家解释为所有乌托邦共存的基础，因而它能够得到拥有不同乌托邦理想的人们的普遍支持；第三种论证把最低限度国家解释为实现或最接近实现乌托邦的手段。巴德分别对以上三种辩护方式给予了反驳。

针对第一种论证方式，巴德质疑了"鼓舞人心"的含义。巴德认为诺齐克对"鼓舞人心"的解释十分模糊，对它的不同理解可能导致框架失去吸引力。框架之所以鼓舞人心，是由于它能够容纳并协调多元性乌托邦存在。由于在诺齐克的新乌托邦理论中存在着两种等级的乌托邦，虽然对于局部乌托邦的成员而言，他们会认为其所在的局部乌托邦是鼓舞人心的，但未必认为元—乌托邦同样也鼓舞人心，比如那些反多元主义的乌托邦成员。所以，框架是否鼓舞人心取决于人们持有的善观念，即他们是否赞同多元主义并且是否承认人们应当追求多元化的价值与理想。由于乌托邦框架不能预设人们普遍持有尊重多元主义的善观念，甚至默许人们持有反多元主义的善观念，因此，框架并非对于持有任意善观念的人都是鼓舞人心的。

诺齐克的第二种论证思路是：最低限度国家是一种在其中各种各样善观念和乌托邦理想都能够被追求的框架，因此，最低限度国家可以得到拥有任意乌托邦理想的共同体的普遍支持。巴德发现瓦解诺齐克第二种论证方式的关键在于区分诺齐克对"强迫"（coercion）的两种不同定义，对"强迫"（coercion）的不一致定义导致最低限度国家有可能成为人们构建共同体的重要阻碍。在《无政府、国家和乌托邦》的前两部分，诺齐克对"强迫"的定义是一种道德化的观念（a moralized conception）。根据自由至上主义的道德哲学，人们拥有自愿订立契约的权利，并且相应地必须在契约有效期内履行相互约定的义务，当契约一方企图单方面毁约时，最低限度国家可以强迫其履行契约。但在乌托邦框架论证中，诺齐克又提出了

"强迫"的非道德化观念（a non-moralized conception），如果 A 的乌托邦理想发生改变并选择离开他现在居住的共同体，那么 A 就不能被强迫留在此共同体中。根据"强迫"的道德化观念，一个人不被允许单方面终止契约并从现居共同体搬往另一共同体；根据"强迫"的非道德化观念，这种行为不仅被允许，甚至会得到框架的鼓励。最低限度国家很难得到拥有不同乌托邦理想的人们的普遍支持，因为他们改变共同体归属的权利受到了严格限制，一旦他们的乌托邦理想发生改变，最低限度国家反而变为他们实现乌托邦理想的主要障碍。

乌托邦框架论证的第三种方法企图调和评价乌托邦的主观标准和客观标准，即通过设计方法与过滤方法相结合，选出一种既能够被每个人视作最符合他的乌托邦理想，也符合对所有人而言它都是最好的可能世界的客观标准的乌托邦。巴德认为工具性论证的主要问题在于它的主张——最低限度国家是实现乌托邦的最佳途径——特别依赖经验证据，必须有充足的经验证据才能够证明最低限度国家比无政府状态和拥有再分配职能的国家都更接近实现乌托邦。

乌托邦框架论证不仅在理论层面面临着与自由至上主义的道德哲学不自洽的困难，在实践层面也面临着诸多运行中难以应对的挑战。马克·福勒（Mark Fowler）在《稳定性与乌托邦：一个对诺齐克框架论证的批判》中指出，乌托邦框架的主要优点在于它对几乎所有乌托邦实验的开放性，因此乌托邦框架论证是否成功在很大程度上取决于诺齐克是否妥善解决了那些能够损害乌托邦框架开放性与灵活性的因素，对后代的道德教育就是被诺齐克忽略的一个关键问题。乌托邦框架尽管禁止共同体的帝国主义行为，但是它并不反对人们结成信仰帝国主义的共同体，而且也允许拥有不同宗教信仰的共同体同时存在。在那些并不信奉自由至上主义的共同体中，是否对他们后代进行自由至上主义式教育将造成乌托邦框架与这些宗教共同体之间不可调和的矛盾。只有那些乌托邦信念与自由至上主义式道德教育能够相容的共同体才能够存在下去，然而与自由至上主义式道德教育相排斥的共同体越多，最低限度国家的吸引力也就越小。

福勒指出在诺齐克式乌托邦框架内，自利自为的个人和共同体相互竞争并以乌托邦框架是否有利于实现自身利益的最大化而评价它。只有促进某人或某共同体的乌托邦理想时，最低限度国家的政治权威和垄断强制力的主权才能够得到认可。福勒认为最低限度国家无法避免"守夜人式国家"遭遇的难以获得大多数人支持的困境。如果这些共同体及其成员只看重自身的利益，那么垄断暴力使用权的最低限度国家就将被这些共同体成员视为"必要的恶"，它将很难获得大多数共同体的政治认同。

海尔伍德意识到最低限度国家难以应付危及共同体存续和盛衰的资源匮乏问题。如果没有足够丰富的自然资源、辽阔的地理空间和适度的人口数量，很难想象拥有不同乌托邦理想的人们组成的各种共同体能够在最低限度国家内和平共处。沃尔夫也指出由于资源匮乏，共同体成员的某些选择是不可逆的。为了满足由于不可逆的选择而产生的重建共同体的需求，最低限度国家必须能够储备并提供比实际需求量更多的土地以及其他物质资源，而实际上，最低限度国家根本不会承担这项职能。

通过以上对国外学者研究成果的概述，我们可以清晰地看到就本书所研究的诺齐克政治哲学而言，国外学者讨论了许多国内学者并未涉猎的关键领域和论证，丰富了我们全面把握诺齐克政治哲学的思路和视角。同时，也应该看到国外学者并没有把《无政府、国家和乌托邦》的三部分看作一个有机整体，众多为了捍卫自由主义的平等主义的学者也往往各自为战，没有从总体上把握诺齐克的政治哲学，更没有在指出诺齐克对自由主义的平等主义理解错误之后进一步探讨它们之间的深层矛盾，以及造成这些重大分歧的根源。

第五节　论述思路与分析框架

由于本书的研究主题是全面考察诺齐克在《无政府、国家和乌托邦》中所阐述的政治哲学思想，所以在概述了诺齐克四部分政治哲学理论之后，笔者把对它们的详细分析分为八个章节，并分别进行阐释和分析。

第一章以诺齐克为个人权利不可侵犯性所作辩护为分析对象，因为最低限度国家理论乃至自由至上主义都是建立在不可侵犯的个人权利这一道德基础之上，笔者将证明诺齐克为神圣不可侵犯的个人权利提供的道德论证并不成功。第一节概述诺齐克为个人权利之不可侵犯性所作的三个辩护；第二节阐述诺齐克的私有财产权理论对洛克的自然权利学说的背离，因为诺齐克并不是在洛克的自然法框架下探讨个人权利，尤其是私有财产权；第三节展示了诺齐克所理解的康德主义原则如何扭曲了康德的原意；第四节揭露了诺齐克为权利的边界约束原则提供的"生活意义论证"实际上默许个人拥有他所反对的积极权利。

第二章分析诺齐克对最低限度国家的"看不见的手的解释"。笔者认为，诺齐克并非仅仅利用"看不见的手的解释"阐述最低限度国家如何产生，而且依据它为最低限度国家的正当性辩护。但诺齐克的论证导致"看不见的手的解释"无法完成这两项任务。第一节阐明诺齐克为"看不见的手的解释"赋予的双重使命；第二节论证对国家产生过程的"看不见的手的解释"中假设的两个关键性转变很可能不会出现；第三节证明诺齐克为支配的保护性机构禁止独立者强行正义提供的理由并不成立；第四节则强调支配的保护性机构为独立者提供的"赔偿"并不能弥补后者的损失。

第三章阐述个人权利，尤其是私有财产权绝非在任何情况下都不允许被干涉。第一节分析了内格尔和阿马蒂亚·森对个人权利拒绝行为后果权衡的反驳，他们认为个人权利是许多具体权利的集合，这些权利具有不同的重要性，而不是诺齐克所谓的所有个人权利都无差别地神圣不可侵犯；第二节阐释沃尔德伦如何澄清私有财产权概念和财产所有权概念的区分、私有财产权概念与私有财产权观念的区分、财产所有权概念与财产所有权观念的区分；第三节分析罗尔斯如何依据自由而平等的道德人格观念证明基本自由权对诺齐克式财产所有权的优先性，以及为什么不承认后者的基本自由权地位。

第四章重点阐述诺齐克的自我—所有权概念存在的重要缺陷。第一节阐述自我—所有权的形成与发展必然依赖于社会基本结构；第二节分析罗尔斯如何澄清诺齐克对"天赋共同资产论"的误解，以及博格就诺齐克的误解的进一步回应；第三节阐述如何通过划分所有权的结构化解自我—所有权与分配正义目标之间的冲突。

第五章阐述自由主义的平等主义者如何回应诺齐克对差别原则的批评。第一节阐述内格尔对诺齐克指责差别原则作为一种模式化原则会持续干涉人们日常生活的反驳和博格对差别原则的制度间解读；第二节解释博格如何从广义后果论的立场批评诺齐克的义务论忽视了对在自由至上主义制度下生成的模式和潜在参与者资格的关注；第三节阐明自由主义的平等主义者对正义原则制度性分工的见解。罗尔斯强调正义为什么要以社会基本结构为主题，博格则揭露诺齐克混淆了道德评价中的正义主题与道德主题以及正义主题对道德主题的优先性。

第六章阐述为了反驳诺齐克对自由主义的平等主义缺乏对平等信仰的证明的批评，自由主义的平等主义者分别从道德动机和公民享有不受非正义制度统治的消极权利的角度来论证他们对平等主义的信仰。第一节分析内格尔从道德动机层面如何探寻审慎动机与利他主义动机的根源，以及把自我看作历时性存在与把自我看作众多自我中一员的两种自我观念；第二节论述内格尔如何将道德动机研究的成果应用到分配正义领域，并以此为根据论证了平等主义的道德平等观，以及博格从公民拥有不受非正义制度统治的消极权利推论出自由至上主义制度由于无法保障每个公民的这项消极权利而是不正义的制度。

第七章分析诺齐克对马克思政治经济学的批判。第一节分析诺齐克对马克思剥削理论的批评，指明诺齐克没有抓住马克思关心的是剩余价值背后的社会关系和对剩余价值的实际控制权；第二节考察诺齐克对资本主义制度使工人摆脱投资风险的论证，并揭露其虚假性；第三节澄清诺齐克对劳动价值论的误解，并指出诺齐克的误解源于没有掌握马克思的辩证法，以至于没有区分开价值生产和价值实现两个不同领域。

第八章考察诺齐克对最低限度国家可欲性的"乌托邦框架论证"。第一节简要概述诺齐克的乌托邦框架论证及其所面临的双重困境；第二节阐释诺齐克赋予框架的"中立性"特征与自由至上主义的道德哲学相矛盾；第三节论证为什么诺齐克不能想当然地把最低限度国家等同于乌托邦框架；第四节揭示最低限度国家在执行框架职能时所遭遇的难以克服的实际困难。

本书希望通过详细分析与全面梳理《无政府、国家和乌托邦》中所阐述的诺齐克政治哲学，实现以下四个方面创新：

一、从国内学者关于诺齐克政治哲学的研究来看，他们比较重视诺齐克对分配正义论的批评，但几乎没有意识到自由主义的平等主义者如何回应诺齐克的批评论这个重要问题，更没有全面分析诺齐克政治哲学的各个理论，本书希望填补国内学界在相关研究上的疏漏。

二、通过对国外学者就相关问题研究成果的分析，笔者期望能够系统地梳理出自由主义的平等主义者和马克思主义者对诺齐克的反驳，把零散的探讨整理成对最低限度国家理论从道德基础—核心概念—基本命题—主要论证的逐层递进式批判。

三、笔者认为诺齐克与罗尔斯在分配正义领域产生诸多分歧的根源在于两者对道德人格的设定不同，诺齐克把公民仅仅理解为拥有各种抽象权利的孤立个人，而罗尔斯把公民理解为终生从事社会合作的自由而平等的道德人。对道德人格的不同设定决定了诺齐克与罗尔斯在正义原则、自我—所有权、财产所有权、国家权力等问题上的分歧。

四、国内外学者以往比较重视科恩对诺齐克政治哲学的批评，但实际上科恩所重视的论题并非源于诺齐克对马克思主义的直接批判。吊诡的是，诺齐克对马克思剥削理论和劳动价值论的直接批评一直以来没能引起学界的重视。因此，本书将专门分析诺齐克对马克思政治经济学说的直接批评，并揭示其对马克思的误解。

第一章　反思最低限度国家的道德基础

诺齐克在《无政府、国家和乌托邦》的开篇宣称："个人拥有权利，而且有一些事情是任何人或任何群体都不能对他们做的（否则就会侵犯他们的权利）。这些权利是如此重要和广泛，以致它们提出了国家及其官员能够做什么的问题，如果有这类问题的话。"[1] 而且他认为"道德哲学为政治哲学设定了背景和边界"[2]，个人权利不仅是神圣不可侵犯的，而且它们为个人和国家的行为树立了边界约束。因此，诺齐克在《无政府、国家和乌托邦》中所阐述的全部自由至上主义政治哲学，无论是最低限度国家理论，还是持有正义论，都建立在不可侵犯的个人权利这块道德基石之上。正如笔者在导言中所述，诺齐克虽然没有系统严密地论证过为什么个人权利神圣不容侵犯，但是他确实为其提供了三种辩护，即洛克的自然权利学说、康德主义原则和"生活意义论证"。笔者将在这一章通过仔细分析以上三个论证，来确定诺齐克为最低限度国家铺设的道德基础是否牢固。

第一节　诺齐克为个人权利之不可侵犯性所作辩护

乔纳森·沃尔夫概括了诺齐克所理解的不可侵犯的个人权利的三个根本特征，即权利是不受干涉的消极权利、权利是行为的边界约束、权利是政治哲学唯一关心的道德价值。首先，诺齐克只承认个人拥有不受他人任

---

[1]　[美]罗伯特·诺奇克：《无政府、国家和乌托邦》，第1页。
[2]　[美]罗伯特·诺奇克：《无政府、国家和乌托邦》，第6页。

意干涉、伤害和支配的权利，而没有要求他人在自己处于贫困或危险的境况中施以援助的积极权利。其次，诺齐克拒绝"权利的功利主义"，即禁止为了把权利侵犯总量降到最低而牺牲某些个人的权利。个人权利的"边界约束"观点为人们的行为设定了禁区。最后，当其他政治价值，如洁净环境的价值与考古文物的审美价值与个人权利发生冲突时，对个人权利的保护胜过对其他任何价值的考量。因此，正义就意味着没有人的权利受到了侵犯，而不是如功利主义主张的实现了幸福的最大化，也不是如罗尔斯主张的最大程度地提高最少受惠者的合法期望。

通过笔者在"导论"中的阐述，诺齐克为个人权利不可侵犯性提供的道德辩护包括以下三者：洛克的自然权利学说、康德的第二条定言命令和"生活意义论证"。洛克的自然权利学说据推测能够充任个人权利的道德基础，主要因为诺齐克的政治哲学与洛克的《政府论》存在着千丝万缕的联系，但是诺齐克并没有完全继承洛克的学说，甚至在许多关键问题上背离了洛克的原义。不同于自然权利理论，后两个道德论证却是诺齐克明确提出的对个人权利神圣不可侵犯性的辩护。

在大量对诺齐克自由至上主义研究的国内外文献中，经常可以看到学者们用"洛克式权利"（Lockean rights）或"洛克式自由至上主义权利"（Lockean libertarian rights）称呼诺齐克的个人权利，或者干脆认为诺齐克所主张的个人权利就是洛克的自然权利。诺齐克虽然没有明确支持他的个人权利理论来源于洛克的自然权利学说，但是有两个证据可以表明诺齐克有意无意地将他理解的个人权利等同为洛克式的自然权利。第一，个人权利的内容与自然权利的内容相差无几，而且诺齐克解释性理论的起点就是洛克自然状态中的个人，这些个人拥有生命权、自由权和财产权等自然权利。第二，洛克也承认个人拥有自我—所有权——"每个人对他自己的人身享有一种所有权，除他以外任何人都没有这种权利。他的身体所从事的劳动和他的双手所进行的工作，我们可以说，是正当地属于他的"[1]。仅从字面上看，洛克所理解的自我—所有权与诺齐克的理解几乎没有区别。

---

① ［英］约翰·洛克：《政府论》（下篇），第18页。

除此之外，诺齐克在持有正义论中阐释获取正义原则时，也是通过改造洛克的获取理论提出自己对于占有无主物的限制条款。正因为诺齐克多次引用洛克的观点，才令众多学者把他理解的个人权利等同为洛克式的自然权利，并且把洛克的自然权利理论看作诺齐克为个人权利不可侵犯性所引援的重要论证。

诺齐克在批评功利主义和权利的功利主义时指出，它们都允许为了某种可欲的目的侵犯无辜者的权利，而自由至上主义视个人权利为"边界约束"，它彻底禁止用某些特定方式利用他人，这些方式既包括谋害或监禁他人，也包括国家强迫某些人援助另一些人。"边界约束"并不是我们的行为应该力图实现的目标，而是为我们追求目标的方式设定了限制。诺齐克认为权利的"边界约束"既反映了康德主义的根本原则，也反映了人们各别存在的事实。他把康德原则表述为："个人是目的，而不仅仅是手段；没有他们的同意，他们不能被牺牲或被用来达到其他的目的。"[1]对于人们各别存在或者个人分立性（separateness）的事实他解释道："边界约束表达了他人的神圣不可侵犯性……并不存在拥有利益的社会实体……存在的只是个体的人，具有他们自己个别生命的不同的个体的人……以这种方式利用一个人就是没有充分地考虑和尊重这个事实，即他是一个各别的人，他的生命是他拥有的唯一生命。"[2]总而言之，"边界约束"的根本理念就是"个人神圣不可侵犯"，而用来支持这一理念的论证就是康德原则与个人各别存在的事实。

诺齐克为个人权利神圣不可侵犯性提出最具有独创性的辩护是"生活意义论证"。"生活意义论证"源于回答"基于人的什么特性，在关于他们应该如何相互对待或被对待的问题上才存在道德约束"[3]。毋宁说，"生活意义论证"是对"边界约束"根据的进一步阐明。可能诺齐克认识到个人各别存在的事实和康德原则的说服力十分有限，以致"边界约束"仅仅具有形式上的约束，依然缺乏内容上的限制。诺齐克认为这一与

---

① ［美］罗伯特·诺奇克：《无政府、国家和乌托邦》，第 37 页。
② ［美］罗伯特·诺奇克：《无政府、国家和乌托邦》，第 39—40 页。
③ ［美］罗伯特·诺奇克：《无政府、国家和乌托邦》，第 58 页。

"边界约束"相关的特性就是"按照它所选择接受的某种整体观念来调节和指导其生活的能力"①，"一个人按照某种整体计划塑造其生活，就是以一种方式来赋予他的生活以意义；一个人只有拥有如此塑造其生活的能力，才能够拥有富有意义的生活或者为富有意义的生活而努力奋斗"②。诺齐克认为"生活意义论证"有效地补充了个人各别存在的事实与康德原则的局限性，因为动物也是各别存在的，却不能够产生人们不应以某些特定方式利用它们的道德要求，例如某些人奉行"对动物的功利主义和对人的康德主义"，因为它们欠缺只有人类才拥有的赋予其生活意义的特性；康德原则要求始终把人当作目的的实质内容就是尊重和捍卫个人自由地塑造其人生的权利；由于只有个人才有权利塑造其生活，而国家必须保障个人的权利，这就禁止国家以某些特定方式干预个人的生活。简而言之，个人的神圣不可侵犯性集中体现在个人塑造其生活的权利的不可侵犯性。诺齐克并没有详细阐释这一论证，他自己也认识到"生活意义论证"是"捉摸不定的、非常难以把握的观念"③，这就导致了它所认可的权利超出了不受干涉的消极权利的范围，即"生活意义论证"隐含了对诺齐克反对的积极权利的默许。

第二节　洛克的自然权利学说不支持诺齐克式个人权利④

罗尔斯在讲解洛克的自然法和自然权利学说时说："今天，许多观点都被称为'洛克式的'，但它们与洛克实际上并没有多少关系。一些提出各种形式的财产权，但却不提供洛克提供的那种依据的观点——如诺奇克《无政府、国家与乌托邦》一书的观点——也常常被说成是'洛克式的'。"⑤诺齐克在《无政府、国家和乌托邦》中，除了在仅有的几处使用过"自然权

---

① ［美］罗伯特·诺奇克：《无政府、国家和乌托邦》，第60页。
② ［美］罗伯特·诺奇克：《无政府、国家和乌托邦》，第61页。
③ ［美］罗伯特·诺奇克：《无政府、国家和乌托邦》，第61页。
④ 本节部分内容发表于《论诺齐克"个人权利"理论对洛克"自然权利"学说的背叛》，《内蒙古大学学报》（哲学社会科学版）2016年第4期。
⑤ ［美］约翰·罗尔斯：《政治哲学史讲义》，第121—122页。

利"和"洛克式权利"之外①，通篇只使用"权利"或"个人权利"。尽管诺齐克所主张的个人权利与洛克的自然权利在内容上几乎一样，但诺齐克由个人权利推论出的是最低限度的国家，而不是洛克所设想的有限政府，而且诺齐克在解释国家起源时，用"看不见的手的解释"取代了洛克的社会契约论。如果诺齐克完全继承了洛克的自然权利学说，同样以自然权利为根基的道德哲学为何会推导出差异如此之大的政治哲学？诺齐克所捍卫的不可侵犯的个人权利真的是洛克所理解的自然权利吗？诺齐克能够堂而皇之地借用洛克的自然权利学说充当个人权利之不可侵犯性的道德基础吗？要回答以上问题，我们首先需要回到洛克的文本中探寻他对自然权利的阐释。

一　洛克论自然法与自然权利

在解释洛克的自然权利理论之前，有必要先确定洛克如何处理上帝、自然法与个人的关系。不重视洛克政治作品中的宗教预设就无法准确理解洛克的政治思想，当然也不能准确把握自然法与自然权利的关系，因为"洛克的政治思想的一个根本性预设并不是将人当作孤立的个体，而是从人与他人以及上帝的各种关系中来观察人"②。从洛克的根本预设来看，上帝与人的关系构成了一种"制造物模式"（workmanship model），即所有人都是全知全能的上帝的创造物，上帝则是众人的造物主，人们依靠上帝得以产生与繁衍。"制造物模式"是詹姆斯·塔利用来解释洛克的自然法与自然权利思想的分析工具，并视之为联结《政府论》和《人类理解论》的共同主题，"制造物模式"不仅解释了人类对上帝的单向依存关系，而且也解释了人类与上帝如何沟通的问题。洛克在《人类理解论》中说："神法是罪孽和职责的尺度——第一种神法就是指上帝给人类行动所建立的那些法律而言。这种法律有时是为自然的光亮所发布的，有时是为默示的呼声所发布的。"③在这里，神法就是上帝的意志，"自然的光亮"指人类理

---

① 参见［美］罗伯特·诺奇克《无政府、国家和乌托邦》，第68、270页。
② ［英］詹姆斯·塔利：《论财产权：约翰·洛克和他的对手》，王涛译，商务印书馆2014年版，第20页。
③ ［英］洛克：《人类理解论》（上册），关文运译，商务印书馆1959年版，第355页。

性，"默示的呼声"就是上帝的启示，而"为自然的光亮所发布的"神法就是自然法，即通过人类理性所把握住的上帝意志，人类通过掌握并遵守自然法而实现对上帝的服从。

按照"制造物模式"来理解自然法与自然权利的关系就如同制造者与制造物的关系，自然法相当于制造者，自然权利相当于制造物——自然法规范自然权利，自然权利服从自然法；并且这也是一种单向的依存关系，因此自然权利不仅不能违背自然法，而且不能独立于自然法①。洛克说："因为基于根本的自然法，人应该尽量地保存自己……"②这条自然法就是"制造物模式"的体现："尽量地保存自己"是根本的自然法，它不是源于人们有保存自己的自然欲望，而是保存自己的自然欲望与上帝要求人们保存自己的自然义务相一致，"尽量地保存自己"由于是上帝颁布的自然法而成为众人必须履行并在任何情况下都不能放弃的自然义务——"假若我们不只是考虑到我们自身的利益和保存，而从一个更宏大的视角出发，即在神造的事物秩序里反思我们的构造和位置，自我保存同样具有基础地位，因为我们不得不承认我们负有保存我们自身的义务"③。

洛克将自然法的内容概括为两个方面：首先，"人们既然都是平等和独立的，任何人就不得侵害他人的生命、健康、自由或财产"④；其次，"当他保存自身不成问题时，他就应该尽其所能保存其余的人类，而除非为了惩罚一个罪犯，不应该夺去或损害另一个人的生命以及一切有助于保存另一个人的生命、自由、健康、肢体或物品的事物"⑤。自然法赋予人类的自

---

① 由于自然法是上帝颁布的体现上帝意志并能为人类理性知晓的律法，自然法并不是被动的、僵死的条文，它也分享了上帝的神圣性，所以说自然法制造了自然权利就类似于说上帝制造了自然权利。

② [英]约翰·洛克：《政府论》（下篇），第11页。笔者根据拉斯莱特版重译这一段话是因为中译者把"*Man being to be preserved*"（原文为斜体）翻译为"人应该尽量地保卫自己"，尽管在原文第16小节中讨论当人受到威胁时应当有保卫自己不受毁灭的权利是恰当的，但是"preserve"的含义远大于"保卫"，尤其当人们在自然状态中获取保存生命的必需品而言，译为"保存"更恰当。

③ [澳]斯蒂芬·巴克勒：《自然法与财产权理论：从格劳秀斯到休谟》，周清林译，法律出版社2014年版，第134页。

④ [英]约翰·洛克：《政府论》（下篇），第4页。

⑤ [英]约翰·洛克：《政府论》（下篇），第5页。

然义务不仅仅是保存自己，而且是在自我保存不成问题的情况下也担负起保存他人的责任。由于根本的自然法即人类应该得到保存，所以人类被赋予了各种有助于实现自我保存的自然权利——"人类对于万物的'财产权'是基于他所具有的可以利用那些为他生存所必须，或对他的生存有用处之物的权利"①。因此自然权利以上帝与人类关系的"制造物模式"为神学根据，并以履行自我保存和保存他人的自然义务为道德前提，自然权利始终处在自然法限定的框架内，人们必须在自然法所规定的范围内使用自然权利。

自然权利是由自然法规定的，并且可以从自然法中推导出来。从根本的自然法即人类应当被保存推出的一项自然权利是生存权或生命权；由自然法的两项基本内容，即不仅保存自己也保存他人，推出的一项自然权利是为了保存人类而合理行动的自由权；由这两项自然权利推出的一项自然权利是人们必须对实现保存自己和保存他人这两项权利的手段拥有权利，即财产权，因为"既然上帝吩咐人类生育繁衍，他自己就应该给予全体人类以一种利用食物、衣服和其他生活必需品的权利"②。同时，洛克也考虑到在极端条件下人们无法实现自我保存时，在困境中的人们被给予使用"仁爱"原则的权利，"正如正义给予每个人以享受他的正直勤劳的成果和他的祖先传给他的正当所有物的权利一样，'仁爱'也给予每个人在没有其他办法维持生命的情况下以分取他人丰富财物中的一部分，使其免于极端贫困的权利"③。通过这三项自然权利以及"仁爱"原则，洛克构筑起了人们实现自我保存的安全保障，即人们通过使用自然权利而履行自然义务。

上述第三种自然权利，即人们占有上帝赐予的世界万物的权利引起了饱受争议的"洛克论财产权"问题。根据塔利的解读，洛克区分了两种财产权利，一种是私有权利；另一种是共有权利，而第三项自然权利是共有权利却不是私有权利。他借用麦克弗森对排他性权利（exclusive right）和

---

① ［英］约翰·洛克：《政府论》（上篇），翟菊农、叶启芳译，商务印书馆 1982 年版，第 74 页。

② ［英］约翰·洛克：《政府论》（上篇），第 34 页。

③ ［英］约翰·洛克：《政府论》（上篇），第 34—35 页。

包容性权利（inclusive right）的区分进一步阐释了洛克的两种财产权理论。"私有权利可以被称为一项排他性权利，因为所有者的此种权利将他人从这项权利的所指中排除了出去，而且将他人从权利所有者对权利客体拥有的任何具体的道德或法律力量中排除了出去。共有财产可以被称为包容性权利，因为它不将他人从对权利客体的使用以及权利所有者对所享有的权利客体拥有的其他具体的道德或法律力量中'排除'出去，也不将其仅限于某些人。"① 通过对排他性权利和包容性权利的区分，可以清楚地看到人们对世界万物的所有权是一种包容性权利，每个人都拥有使用上帝提供给人类的世界万物的权利，并且这种每个人对世界万物的使用权利也不相互妨碍，因为上帝既要求人们实现自我保存，又给他们供给了充足的资源。由自然法推导出来的三项自然权利都是包容性权利，尤其需要注意的是，这种包容性权利来源于保存自己和他人的自然义务，包容性权利的使用以履行自然法规定的义务为前提，因此包括人的生命在内的包容性财产权是不能让渡和自愿放弃的。但是，洛克的"财产权"概念实际有两种含义，一种是指向共有物的"向物权"（a right to）；另一种是指向具体事物的"对物权"（a property in）② 。前者是一种潜在形式的财产权，即包容性所有权；后者是一种现实的具体财产权，即排他性所有权。个人只有将包容性所有权转变为排他性所有权，才能实现保存自己的自然义务。

从包容性所有权向排他性所有权转变所要解决的就是如何将共有物正当地划归个人使用这一关键问题。洛克同样运用了"制造物模式"来解释这个问题：个人通过运用自己的人格（person），将人格注入某种共有物中并使之发生一定的改变，从而使其脱离共有状态而成为他的排他性财产，这个过程正是对上帝创造人类过程的模仿。一个人的人格就是他的劳动、躯体以及对它们的运用，尽管人的身体是上帝的财产，但是他的人格以及对人格的运用却是他的排他性财产，这完全是由其意志和理性所引起的。正是从这个意义上说，个人通过对其人格的运用改变了共有物的状态，并确立排他性所有权的过程是对上帝制造万物的模仿——上帝对他的制造物

---

① ［英］詹姆斯·塔利：《论财产权：约翰·洛克和他的对手》，第85页。
② ［英］詹姆斯·塔利：《论财产权：约翰·洛克和他的对手》，第93—94页。

拥有财产权，人们也对他们的制造物拥有财产权。

在确立了由劳动实现共有物从包容性所有权到排他性所有权转变后，就是要回答这类排他性所有权的界限问题。正如诺齐克所意识到的——"洛克把对无主物的所有权看做是由某个人把他的劳动同无主物相混合而产生的。这引起了许多问题。劳动所与之相混合的东西的界限在哪里？"[①]但是诺齐克接下来对洛克的质疑只能证明他误解了洛克，因为诺齐克完全抛开了自然法而谈劳动确立的排他性所有权，而按照洛克的理解——"同一自然法，以这种方式给我们财产权，同时也对这种财产加以限制"[②]。尽管诺齐克意识到了洛克为排他性所有权设定了一个限制条款[③]，但是他也忽视了其他自然法所规定的限制条款，而这些限制条款是作为一个整体发挥作用的，排他性所有权的获得不得违反任何一条限制条款。自然法所规定的限制排他性所有权的条款共有以下三条：（1）充足条款："留有足够的同样好的东西给其他人所共有"[④]；（2）腐坏条款："谁能在一件东西败坏之前尽量用它来供生活所需，谁就可以在那个限度内以他的劳动在这件东西上确定他的财产权"[⑤]；（3）劳动能力限制条款："财产的幅度是自然根据人类的劳动和生活所需的范围而很好地规定的。没有任何人的劳动能够开拓一切土地或把一切土地划归私用"[⑥]。由于这三项限制条款共同发挥作用，排他性所有权就不是一种一经建立便恒久不变的权利，比如，当一项已经确立的财产权的客体被浪费或者不被所有者利用时，这项财产权就会随之消解，其所指向的客体就恢复为共有状态。必须再一次强调，排他性所有权实现的前提是履行保存自己与他人的自然义务，因此任何有悖于这条根本自然法的排他性所有权都是不正当和不被承认的。在自然法框架中理解的排他性所有权很容易就能回应诺齐克的责难。例如，私人宇航员在火星上清扫一块地方就只能在这一块区域建立所有权，而不能扩展到火星乃至宇

---

① ［美］罗伯特·诺奇克：《无政府、国家和乌托邦》，第 208 页。

② ［英］约翰·洛克：《政府论》（下篇），第 20 页。

③ ［美］罗伯特·诺奇克：《无政府、国家和乌托邦》，第 210 页。

④ ［英］约翰·洛克：《政府论》（下篇），第 18 页。

⑤ ［英］约翰·洛克：《政府论》（下篇），第 20 页。

⑥ ［英］约翰·洛克：《政府论》（下篇），第 22 页。

宙，否则将违反劳动能力限制条款。再如，把番茄汁倒入大海并不能构成对番茄汁分子扩散所及海域的财产权，因为这显然不符合保存自己和他人的自然法要求，这一行为没有给任何人带来益处，反而浪费了番茄汁并丧失了对它的所有权。

二　诺齐克式个人权利理论背离了洛克的自然权利学说

通过上文对诺齐克个人权利根本特征的概括和对洛克自然权利学说的梳理，可以清楚地看出两者的根本分歧在于：诺齐克坚定地断言个人拥有完全的自我—所有权，并且以此确定了判断国家制度正义与否的至上原则就是看个人权利是否遭受了侵犯；而洛克则把个人归为上帝的财产，个人享有的自然权利归根到底是代表上帝意志的自然法所授予的，自然权利的使用必须在自然法许可的范围内，判断个人行为同政府正义与否的准则也是看其是否遵守了自然法。诺齐克主张政治哲学唯一关心的是不得发生对个人权利的侵犯，对个人权利的关注超过了其他一切道德价值。因而，诺齐克所理解的个人权利更接近施特劳斯所诠释的洛克自然权利——"通过将重心由自然义务或责任转移到自然权利，个人、自我成为了道德世界的中心和源泉，因为人——不同于人的目的——成为了那一中心和源泉"①。然而，在洛克的自然权利思想中，他始终是在自然法的框架下讨论自然权利，即自然权利不仅来源于自然法依赖于自然法，自然权利也不得违反自然法。

弗吉尼亚·赫尔德尖锐地指出诺齐克的真正哲学始祖并不是洛克，而是罗伯特·菲尔默，即洛克在《政府论》（上篇）中猛烈批判的菲尔默爵士。她认为许多学者把洛克视作资本主义经济剥削的辩护者是不对的，"假如今天洛克还活着，可以确定他会是罗伯特·诺齐克的政治哲学的反对者，而不是朋友，他将贯彻他对自由和平等的观点，而不是像诺齐克一样，为了他的财产观点而牺牲它们"②。她从以下几个方面比较了诺齐克的

---

① ［美］列奥·施特劳斯：《自然权利与历史》，彭刚译，生活·读书·新知三联书店2003年版，第253页。

② Virginia Held, "John Locke on Robert Nozick", *Social Research*, Vol.43, No.1, 1976, p. 170.

个人权利理论与洛克的自然权利学说之间的巨大分歧。

首先，在对政治权力的理解上，她认为诺齐克的经济权力观与菲尔默的政治权力观非常相似，两者都认为最重要的是初始资格和正当的转移。菲尔默认为政治权力最初来源于上帝把大地交给亚当，随后政治权力又在亚当和他的子子孙孙中传递。对于诺齐克而言，自由至上主义唯一关心的是权利的来源和历史。但是，"与菲尔默相对，洛克争辩道人类个体的权利生而自由平等：在缺乏政府的自然状态中，人们发现发现他们自己是自由平等的，并且正当的政治权力必须以他们的同意为基础，而**不是**历史资格"①。诺齐克和菲尔默则认为人们生而具有不同的权利，有些人碰巧拥有好运和权力，他们对于这些好运和权力也是有资格的；有些人生来贫困和没有权力，他们也没有资格抱怨。

其次，在对私有财产权的理解上，赫尔德申明洛克明确地置个人的生存权高于遗赠权与继承权。"为了生存而需要的权利对于洛克而言是一项根本权利：对这一权利的一种表达是占有大地的果实，另一种是人类利用和食用其他动物的权利，并且这些权利是上帝赐予人类的**共有**（in common）权利。"②但是，诺齐克却完全忽略了人们的生存权利。"对于诺齐克而言，我们所能做的一切就是**尝试**生存下去，即使经济权力不可避免地被那些意愿并且能够阻止我们生存下去的人掌握着，并且我们将不得不既与自然障碍抗争，还要和保卫着地球与已经被完全占有的工业经济的我们同胞的武器抗争。"③换而言之，赫尔德认为在诺齐克的个人权利理论中，他并不承认每个人都享有实质的生存权，因为他并不承认每个人都拥有占有必要的生活资料的权利。对于那些非常缺乏生活资料以维持生存的人而言，诺齐克建议他们听天由命。

最后，赫尔德指出洛克反复强调要用自然法限制经济权力和私有财产权。赫尔德强调在洛克的政治哲学中，建立政府是为了保护人们的生命、自由和财产，三者的重要性也按照生命、自由、财产的次序排列，并

---

① Virginia Held, "John Locke on Robert Nozick", p. 170.

② Virginia Held, "John Locke on Robert Nozick", pp. 171–172.

③ Virginia Held, "John Locke on Robert Nozick", p. 172.

且应该限制经济力量的滥用。然而在诺齐克的自然状态、最低限度国家甚
至乌托邦中，"如果你付不起保护性机构的保护费，你的生命和自由没有
丝毫价值，并且他事实上设想经济权力的使用没有任何限制，无论什么方
式，只要经济资格的继承者认为是适当的"①。赫尔德强调洛克主张上帝授
予人们在极端情况下援引"仁爱原则"，即从其他物资充裕的人那里正当
地获取维持生命的资源的权利。"'仁爱'也给予每个人在没有其他办法维
持生命的情况下以分取他人丰富财物中的一部分，使其免于极端贫困的权
利。"②"仁爱原则"赐予个人的在极端情况下向资源充足者要求维持生命
必需品的权利是诺齐克坚决抵制的一种积极权利，却是洛克施加给私有财
产权的一条必要的限制条款。赫尔德认为"仁爱原则"显然超出了诺齐克
理解的洛克对私有财产权施加的限制条款的范围。诺齐克理解的洛克式限
制条款仅仅意味着对无主物的占有不能导致其他人的处境比占有发生时恶
化，但是那些处在极端贫困中的人却没有向物资充盈者要求援助的权利。
洛克却相信："任何有财产的人如果不肯从他的丰富财物中给予他的兄弟以
救济，任他饥饿而死，这将永远是一宗罪恶……"③赫尔德指出，尽管诺齐
克承认充足条款对私有财产权的限制，但是他明显忽略了洛克提出的其他
限制条款，如"仁爱原则"。即便诺齐克意识到了充足条款，他也仅仅把
充足条款适用于对无主物的初始占有发生的时刻，却没有考虑初始占有发
生后对其他人处境变化的长远影响，"但是洛克式限制条款反对使其他人
处境恶化，如果把它视作对占有的严格道德限制，它应当发挥长期的限制
作用，而不能仅仅被应用于占有发生时"④。

　　理查德·阿内逊认为诺齐克版本的洛克式限制条款还忽略了洛克对私
有财产权施加的"不浪费原则"，即："谁能在一件东西败坏之前尽量用它来
供生活所需，谁就可以在那个限度内以他的劳动在这件东西上确定他的财产
权。"⑤阿内逊认为根据诺齐克对洛克式限制条款的理解，只要对无主物的占

①　Virginia Held, "John Locke on Robert Nozick", *Social Research*, Vol.43, No.1, 1976, p. 173.
②　［英］约翰·洛克：《政府论》（上篇），第35页。
③　［英］约翰·洛克：《政府论》（上篇），第34页。
④　Virginia Held, "John Locke on Robert Nozick", *Social Research*, Vol.43, No.1, 1976, p. 175.
⑤　［英］约翰·洛克：《政府论》（下篇），第20页。

有没有使其他人的处境恶化，那么占有者就可以随心所欲地使用他占有的资源，"自我—所有权和它的补偿原则对私人占有的证成并不考虑占有的个体是否在土地中掺入了她的劳动，也不考虑她在占有后对那块土地的使用是否浪费和无效率"①。他举例，一个人占有某块土地的初衷就是不受他人干扰地欣赏它的自然景观，他对这块土地的占有显然没有恶化其他人的处境。他喜欢看到地里的草莓自然而然地生长和凋零，而不希望摘取它们以食用。他对土地的这种占有和使用的方式由于没有直接造成其他人的处境恶化，因而满足了诺齐克版本的限制条款。但是根据洛克给私有财产权施加的"不浪费原则"，这个人对土地的使用方式显然不满足"不浪费原则"，因此他没有权利占有这块土地而要使它恢复共有状态。"在无主土地上劳动是占有它的唯一正当的方式，并且任由一个人占有的土地浪费就导致他对这块土地的所有权丧失的洛克观点与自我—所有权的应用是矛盾的。"②

杰里米·沃尔德伦称他受惠于赫尔德对洛克的"仁爱原则"的强调，使他得以进一步探讨洛克和诺齐克对"洛克式限制条款"的不同理解。沃尔德伦指出："仁爱原则要求在每一种经济体下的财产所有者放弃对一部分剩余占有物的控制，以此使它们可以用于满足穷困者的紧迫需要，当若非如此后者便无法生存之时。"③与赫尔德仅仅指出"仁爱原则"是洛克给私有财产权施加的一条限制条款不同，沃尔德伦希望论证为什么洛克要给私有财产权施加这一限制条款。因为说那些陷于极端贫困中的人有权利向他的同胞们索取维持生存的资源，无异于说他们对于后者的私有财产拥有某种使用权，但是这与洛克关于私有财产权的"劳动掺入说"相矛盾，因为那些极端贫困的人对物资充足者的财物的权利并不是通过劳动所获取的。"我曾经认为洛克在《政府论》（下篇）中提出了对私有财产权论证的两种不相容的方式：一种是以资格为基础，源于个人对他的人格和劳动的排他性权利，还有一种以广义

---

① Richard Arneson, "Lockean Self-Ownership:Towards a Demolition", *Political Studies*, Vol.39, March 1991, p. 43.

② Richard Arneson, "Lockean Self-Ownership: Towards a Demolition", *Political Studies*, Vol.39, March 1991, p. 43.

③ Jeremy Waldron, "Nozick and Locke,Filling the Space of Rights", Paul, Ellen Frankel, Fred D. Miller, Jr., and Jeffery Paul, eds., *Natural Rights Liberalism: from Locke to Nozick*, Cambridge: Cambridge University Press, 2005, p. 89.

的人类需要的观念和为了人类的繁荣所必然发生的东西为基础。"[1] 沃尔德伦认为"仁爱原则"就属于第二种为私有财产权论证的方式。这两种对私有财产权的论证方式是完全对立或不相容的吗?沃尔德伦通过把两种私有财产权的论证方式诉诸根本自然法的方式将两者统一起来。

沃尔德伦说:"我不再把劳动掺入说看作一种独立的论证是有道理的,它对仁爱原则或其他限制条款的修正没有那么多敌意。我认为劳动理论是在劳动在上帝为他所创造的人类生存的总体计划中的重要意义的背景下发生作用。"[2] 把劳动理论置于上帝造人并使其生存繁衍的总体计划之下,劳动就不是对世界万物偶然做的事情,也不是一种贪得无厌的存在,或为了满足自我利益的放纵,劳动是人被创造后紧接着发生的自然而然的必然环节。换言之,在上帝造人的背景下解释劳动的必要性是因为人们为了生存必然从事劳动并改变无主物的状态,以使它们满足人类生存的需要,沃尔德伦认为只有这样理解劳动为私有财产权的辩护才能回到诺齐克的责问——"把我拥有的东西与我并不拥有的东西混合在一起,为什么不是我失去了我所拥有的东西,而是我得到了我并不拥有的东西?"[3] 对这一问题的任何解释都必须把劳动的意义与自我保存的需要联系起来,同样,"仁爱原则"所辩护的私有财产权也要与自我保存的需要联系起来。

沃尔德伦说:"我认为把《政府论》(上篇)的仁爱学说引入到《政府论》(下篇)的财产理论的实质是围绕着洛克式自然法的前提。"[4] 根据洛克的说法,自然法的基本原则就是尽可能多地保存人类——"正因为每一个人必须保存自己……所以基于同样理由,当他保存自身不成问题时,他就

---

① Jeremy Waldron, "Nozick and Locke, Filling the Space of Rights", Paul, Ellen Frankel, Fred D. Miller, Jr., and Jeffery Paul, eds., *Natural Rights Liberalism: from Locke to Nozick*, Cambridge: Cambridge University Press, 2005, p. 94.

② Jeremy Waldron, "Nozick and Locke, Filling the Space of Rights", Paul, Ellen Frankel, Fred D. Miller, Jr., and Jeffery Paul, eds., *Natural Rights Liberalism: from Locke to Nozick*, Cambridge: Cambridge University Press, 2005, p. 94.

③ [美] 罗伯特·诺奇克:《无政府、国家和乌托邦》,第 209 页。

④ Jeremy Waldron, "Nozick and Locke, Filling the Space of Rights", Paul, Ellen Frankel, Fred D. Miller, Jr., and Jeffery Paul, eds., *Natural Rights Liberalism: from Locke to Nozick*, Cambridge: Cambridge University Press, 2005, p. 95.

应该尽其所能保存其余的人类"①。沃尔德伦认为洛克并没有解释清楚这种尽可能多地保存他人的责任为什么是一项积极责任而不是一项消极责任，洛克并不要求为了促进更多人得以保存就可以强迫富人去做任何事，洛克的意思不是说富人要把他的剩余物资主动提供给穷人，而是说当穷人为了保存自己需要拿走他的某些财物时只要不阻挠他们就够了。洛克实际上认为濒临饿死的极端需要压倒了对没有经过同意的占有的不正当性的抱怨，"仁爱原则"对私有财产权的限制就是出于对生存需要的满足。沃尔德伦认为："洛克坚信人类生存和繁荣（当然还有人口的繁衍与兴盛）是经济生活的基本道德命令……没有权利可以和这个信念相冲突，并且支持财产资格和占有的整个论证都取决于这些首要的原则。"②

沃尔德伦发现诺齐克所谓的洛克式限制条款和洛克的"仁爱原则"差别巨大。洛克认为每个人都有保存自己的权利，并且"仁爱原则"授予那些处在极端困境中的人向物资充足的人索取必需的生活资料的权利。"诺齐克版本的限制条款仅仅尊重不要降低某种幸福（well-being）基准线的要求。"③这种幸福基准线是根据占有发生时的物质条件被定义的。而且，诺齐克的要求不是达到或维持这一幸福基准，而是仅仅要求占有发生后这一基准不降低。"如果一个人的幸福是由于其他原因而降低了，洛克式的限制条款并不产生恢复它的要求。"④换言之，诺齐克版本的限制条款根本没有反映自然法的根本律令，即自我保存原则和尽可能多地保存他人原则，洛克认为任何权利包括私有产权都不能违背这些根本原则，但诺齐克却完全无视它们对私有财产权的限制。沃尔德伦强调，对于诺齐克的持有正义原则以及建立在持有正义原则基础上的市场经济中的私有财产权体系而言，

① ［英］约翰·洛克：《政府论》（下篇），第5页。

② Jeremy Waldron, "Nozick and Locke,Filling the Space of Rights", Paul, Ellen Frankel, Fred D. Miller, Jr., and Jeffery Paul, eds., *Natural Rights Liberalism: from Locke to Nozick*, Cambridge: Cambridge University Press, 2005, p. 97.

③ Jeremy Waldron, "Nozick and Locke,Filling the Space of Rights", Paul, Ellen Frankel, Fred D. Miller, Jr., and Jeffery Paul, eds., *Natural Rights Liberalism: from Locke to Nozick*, Cambridge: Cambridge University Press, 2005, p.100.

④ Jeremy Waldron, "Nozick and Locke,Filling the Space of Rights", Paul, Ellen Frankel, Fred D. Miller, Jr., and Jeffery Paul, eds., *Natural Rights Liberalism: from Locke to Nozick*, Cambridge: Cambridge University Press, 2005, p. 100.

如果不考虑洛克对私有财产权的那些限制条款（包括"仁爱原则"），持有正义的任何原则在道德上都是站不住脚的，"因为它包含了对没有得到他们同意的人单边强加的责任（虽然是消极责任）。没有人情愿说被强加的这些责任能够在完全不考虑那些被排除出资源获取过程的人的利益或需要的情况下被证成"[①]。不仅在初始占有发生时，诺齐克没有考虑其他受影响方的自我保存权利是否能够被满足，而且在私有财产的后续转让中，诺齐克也没有考虑到他们的自我保存权利是否能够被满足。

根据赫尔德、沃尔德伦和阿内逊的分析，诺齐克版本的限制条款和洛克的限制条款之间存在巨大分歧，即洛克给私有财产权施加了诺齐克并不承认的"仁爱原则"和"不浪费原则"，这些原则赋予人们在极端贫困的条件下向其他资源充足的人索取维持生存所必需的物质资源的权利，而后者不能阻碍前者使用他们的权利。"仁爱原则"和"不浪费原则"对私有财产权的限制是对根本的自然法，即自我保存原则和尽可能多地保存他人的原则的反映，私有财产权不能违背根本的自然法。简言之，洛克始终是在自然法的框架下讨论私有财产权的正当性。诺齐克尽管也承认私有财产权应当受到限制，但是他仅仅承认"充足条款"而不承认"仁爱原则"和"不浪费原则"，而且对"充足条款"的改造使它对私有财产权的限制力远远小于洛克提出的"充足条款"。诺齐克之所以弱化了"充足条款"的约束力，并不承认"仁爱原则"赋予极端贫困的人的积极权利，恰恰是因为他完全抛弃了洛克对自然法的信仰，他既不认可人是上帝的创造物，也不认可体现上帝意志的自然法，他所坚持唯一的和最高的道德价值就是个人权利，并且仅仅是不受干涉和侵害的消极权利。

当洛克的"仁爱"原则需要被执行时，那些自我保存不成问题并尚有余裕的个人不能拒绝那些身处困境的人的要求，"仁爱"原则似乎与前者的私有财产权发生了冲突。但是，既然人们享有私有财产的权利源于自然法的授予，"仁爱"原则恰恰是根本自然法的内在要求，所以保存他人的

[①] Jeremy Waldron, "Nozick and Locke, Filling the Space of Rights", Paul, Ellen Frankel, Fred D. Miller, Jr., and Jeffery Paul, eds., *Natural Rights Liberalism: from Locke to Nozick*, Cambridge: Cambridge University Press, 2005, p. 100.

自然义务优先于享受私有财产的自然权利，自然法从根本上保证了在两者发生矛盾时，私有财产权对"仁爱"原则的让步，毋宁说是对自然法的让步。但是由于诺齐克既不承认自然法对私有财产权的约束，也不承认任何积极权利，所以必然会导致某些个人的自我保存权利无论在自然状态中，还是在从自然状态向最低限度国家转变的各个阶段中都得不到保障。

第三节　边界约束观违背了康德的定言命令

诺齐克认为对个人权利的"边界约束"观点反映了康德主义的根本原则："个人是目的，而不仅仅是手段；没有他们的同意，他们不能被牺牲或被用来达到其他的目的。"[①]但正如科恩的批评，诺齐克实际上篡改了康德的原文，康德的第二条定言命令表述如下："你要如此行动，即无论是你的人格中的人性，还是其他任何一个人的人格中的人性，你在任何时候都同时当做目的，绝不仅仅当做手段来使用。"[②]诺齐克把这条定言命令概括为"个人是目的，而不仅仅是手段"的同时，又给它增加了一条"同意原则"——"没有他们的同意，他们不能被牺牲或被用来达到其他的目的"。笔者将使用不同于科恩的反驳方法[③]，揭穿边界约束观与康德原则之间的区别：诺齐克所谓的"把人当作目的而不仅仅是手段"意味着禁止干涉人们的自我—所有权，而康德所谓的"把任何一个人格中的人性当作目的"意味着尊重人的道德本性。

一　康德论"把人当作目的而不仅仅是手段"的定言命令

要掌握康德第二条定言命令的原义，必须将它放回到康德道德形而上学的整体背景中去理解。我们始终要记住，康德是在道德形而上学的层面探讨道德法则，而不是在政治哲学的层面，这无疑是康德与诺齐克（包括

---

① ［美］罗伯特·诺齐克：《无政府、国家和乌托邦》，第 37 页。

② ［德］康德：《道德形而上学的奠基》（注释本），李秋零译注，中国人民大学出版社 2013 年版，第 49—50 页。

③ 关于科恩如何分析诺齐克对康德原则的误解，参见段忠桥《基于社会主义立场对自由至上主义的批判——科恩对诺奇克"自我–所有权"命题的反驳》，《中国社会科学》2013 年第 11 期。

罗尔斯）最大的区别。在康德哲学中，道德与政治是两个完全不同的领域，受不同性质的法则支配——道德领域服从自律法则，政治领域服从他律法则。"德性和德性义务都完全地被排斥在法权的领地之外。法权只与如下义务有关，不论个体是否愿意，他人都可以强迫个体去履行这项义务……在如此区分德性与法权的过程中，康德发现了将法与政治的领域限定在特定有限行动领域之中的方法。"[①] 康德之所以要从道德形而上学的层面探讨道德法则，是因为"只要缺乏正确地判断道德的那条导线和最高的规范，道德本身就依然会受到各种各样的败坏"[②]。败坏道德的东西就是经验世界的各种主观动机、偏好、利益等因素，康德所要探寻的道德法则是摆脱了一切经验偶然性的纯粹法则。因而，只有在道德形而上学之中，才有可能存在这种摆脱了任何经验偶然性的普遍有效的法则。与此形成对比，诺齐克自我—所有权原则的适用和罗尔斯正义原则的选择都依赖于一定的经验或常识，即便罗尔斯使用的道德人格概念以康德的人格概念为形而上学基础，但是诺齐克与罗尔斯所确立的政治法则都是可以被国家强制履行的他律法则，而不是康德追寻的自律法则——国家制定的他律法则不能干涉有理性存在者的自律法则。

康德提出了"意志"（Wille）与"任性"（Willkühr）的区分——"法则来自意志，准则来自任性。任性在人里面是一种自由的任性；仅仅与法则相关的意志，既不能被称为自由的也不能被称为不自由的，因为它与行动无关，而是直接与为行动准则立法（因此是实践理性本身）有关，因此也是绝对必然的，甚至是不能够被强制的。所以，只有任性才能被称做自由的"[③]。从这段论述中，我们可以发现意志如何制定法则并执行法则的机理：意志制定法则，任意执行法则。"任意服从意志的限制，并且明显地符合或背离意志的规定而行动。"[④] 这里的意志更确切地说是"纯粹意志"，它等同于实践理性本身，即自己立法自己遵守的自律意志。任性则是每个理

---

① ［美］莱斯利·阿瑟·马尔霍兰：《康德的权利体系》，赵明、黄涛译，商务印书馆2011年版，第177页。
② ［德］康德：《道德形而上学的奠基》（注释本），第4页。
③ ［德］康德：《道德形而上学的奠基》（注释本），第24页。
④ ［美］莱斯利·阿瑟·马尔霍兰：《康德的权利体系》，第124页。

性存在者拥有的被经验动机或偏好沾染了的意志。任性虽然依然拥有服从法则的能力，却并不像"纯粹意志"一样必然服从道德法则，而是有可能选择服从主观的准则。因此，要使任性与纯粹意志一致，就必须把任性所服从的主观准则提升为普遍有效的道德法则，于是康德提出了三条定言命令，它们的作用就是阐明主观准则如何通过严格的限制程序升华为普遍法则。

康德的定言命令及其三个变形公式如下：

定言命令："要只按照你同时能够愿意它成为一个普遍法则的那个准则去行动"[①]。

普遍性公式："要这样行动，就好像你的行为的准则应当通过你的意志成为普遍的自然法则似的"[②]。

质料公式："你要如此行动，即无论是你的人格中的人性，还是其他任何一个人的人格中的人性，你在任何时候都同时当做目的，绝不仅仅当做手段来使用"[③]。

自律公式："每一个理性存在者的意志都是一个普遍立法的意志"[④]。

康德的定言命令结构遵循了《纯粹理性批判》中的范畴三分法，即三个公式分别对应于范畴表中的"单一性""复多性"和"完备性"，它们虽然是三个不同规定性的公式，但毋宁说是从三个不同角度对意志的审视。根据康德的解释，这三个公式的不同角度并非客观实践的差异，而是主观视角的区别，"是为了（根据某种类比）使理性的一个理念更接近直观，并由此更接近情感"[⑤]。在普遍性公式中，是以法则服从者的身份看待法则；在质料公式中，是以每一个理性存在者人格的观点看待法则；在自律公式中，是以立法者的观点看待法则。笔者认为，三个定言命令的公式之所以从不同视角阐发道德法则，根源于康德对"纯粹意志"与"任性"的区

① ［德］康德：《道德形而上学的奠基》（注释本），第40页。
② ［德］康德：《道德形而上学的奠基》（注释本），第40页。
③ ［德］康德：《道德形而上学的奠基》（注释本），第49—50页。
④ ［德］康德：《道德形而上学的奠基》（注释本），第52页。
⑤ ［德］康德：《道德形而上学的奠基》（注释本），第58页。

分：在普遍性公式中，呈现的是"纯粹意志"的消极面向，此时它只是作为法则的被动服从者；在质料公式中，呈现的是"任性"的选择能力，它需要克服所有经验障碍的束缚和诱惑，而仅仅从人格的视角选择服从道德法则；在自律公式中，呈现的是"纯粹意志"的积极面向，此时它已经不再是法则的被动服从者，而是法则的主动制定者。定言命令结构不仅静态地展现了道德法则的不同规定性，而且动态地勾勒了主观任性升华为"纯粹意志"的过程。

从定言命令的总公式到"普遍公式"，康德增加了"自然法则似的"一个规定，强调道德法则与自然法则在结果的普遍性和必然性上非常相似，以突出定言命令的强制性，即它对所有的理性存在者都是普遍有效的。但是，从总公式到质料公式，康德希望找到一个问题的答案，这个问题就是："对于一切理性存在者来说，在任何时候都按照它们自己能够愿意其充当普遍法则的这样一些准则来判断行为，这是一个必然的法则吗？如果它是这样一个法则的话，它就必须（完全先天地）已经与一个一般而言理性存在者的概念结合在一起。"[①]康德认识到每个理性存在者并不是从"纯粹意志"出发，坚定地、自始至终地服从道德法则，而是从任性出发选择行为的准则，如果要保证理性的存在者时时都能按照道德法则的要求使自己的主观准则上升为普遍法则，就必须从任性中发掘出它能够总是服从道德法则的根据。由于行为者总是出于一定目的做出某种行为，每个不同行为者的主观目的也各不相同，所以能够对所有理性存在者产生普遍约束的客观目的只能是一切目的之最高目的，并且是一切目的之最高限制，它不能是被意志设定的客体，而只能是设定客体的意志主体。简言之，第二条定言命令是要解决任性服从道德法则的动因问题[②]。

康德认为这种对一切理性存在者都普遍有效的客观目的只能是设定目的的意志本身，而不是意志所意欲的对象；因此必然是自身就是目的而不能仅仅是手段的人格。与手段对应的是无理性的存在者，它们只能被用作

---

①　［德］康德：《道德形而上学的奠基》（注释本），第46—47页。

②　康德称："欲求的主观根据是动机，意欲的客观根据则动因；因此，就有依据动机的主观目的和取决于对每一个理性存在者都有效的动因的客观目的之间的区别。"见《道德形而上学的奠基》（注释本），第47—48页。

实现某种目的的手段而只有相对的价值；与目的对应的是理性的存在者，它们的本性凸显了不能仅仅被用作手段的绝对价值。这种自身作为目的的意志落在每个理性存在者身上就是他们的人性（Menschheit），或者说是他们有理性的本性。康德通过四种不同性质的义务进一步阐发了这条定言命令。康德列举了对自己的完全义务——"不要自杀"，对他人的完全义务——"不要骗人"，对自己的不完全义务——"要发展自己的能力"，对他人的不完全义务——"要帮助他人"。康德在解释普遍性公式时，主要从逻辑一致性的角度申明如果违背以上四种义务，就会导致行为者奉行的准则不能成为普遍的法则。在解释质料公式时，康德意在从对待人性的角度分析对这些义务的违背将导致的后果。例如，在"不要自杀"的例子中，一个心灰意冷意欲自杀的人，必须自问自杀与把他自己的人性当作目的是否一致。很显然，如果一个人事事顺利，他就心安理得地享受生命带来的愉悦，而遭受苦难时就选择结束生命以逃避痛苦，这显然是把自己的人性仅仅当作趋利避害的手段。在"不要骗人"的例子中，欺骗者显然有意识地践踏被骗者的财产权而把他当作手段。在"发展自己能力"和"帮助他人"的例子中，虽然拒绝履行这两种不完全义务并不与自己的人性相悖，却不能与促进自己的人性及他人的人性相容。因为自身作为目的的人性是一个对所有理性存在者都普遍有效的客观目的，它不仅仅被某一特定行为者所欲求，而且被所有行为者欲求；虽然每个行为者的任性并不相同，但是他们的人性是一致的，因此定言命令要求把自己的人性与他人的人性一视同仁，所以我们既有促进自己人性的义务，也有促进他人人性的义务。由此可见，康德不仅要求不能把自己的人性与他人的人性当作手段，还要把促进自己的人性与他人的人性当作目的；前者是一种消极的义务，后者是一种积极的义务。

康德所理解的"人性"不是人们行为所设定的特殊目的，而是为所有目的设定限制的法则，"因此，这一原则必须源自纯粹的理性"[1]。康德认为，一切实践法则的根据在于形式的普遍性与目的的客观性，客观

---

① ［德］康德：《道德形而上学的奠基》（注释本），第52页。

目的就是每个理性存在者的人性，即纯粹理性的立法功能，所以每一个理性存在者所订立的法则就是普遍的道德法则，"每一个理性存在者的意志都是一个普遍立法的意志"①。这就是康德将普遍公式与质料公式联结起来得到的"一切准则的完备性规定"，即自律公式。正如上文所述，三条定言命令是按照范畴表的三分法联结起来的，但不要仅仅因此就认为自律公式是一个派生的公式，正如康德在《纯粹理性批判》中所言："因为第一个范畴和第二个范畴为了产生第三个概念结合起来，需要知性的一个特殊行动，这个行动与在第一个概念和第二个概念那里实施的行动不是一回事。"②自律公式的"特殊行动"就是确立了人性的尊严。自律公式揭示了意志服从法则的特殊方式：意志既服从法则也订立法则，它服从的是自己订立的法则；意志不仅仅是守法者，而且是立法者。康德认为，前两条定言命令只是"被假定"为定言的，并没有解释义务的根据，即没有从立法的角度阐明义务的来源，只有自律公式做到了这点——"正是由于普遍立法的理念，它不以任何兴趣为根据，并因此而在一切可能的命令式中，惟有它能够是无条件的"③。当每一个理性存在者都从把自己视为普遍立法者的角度看待自己的行为时，他们就因为遵守共同的法则而结合为一个"目的王国"。康德认为，在目的王国中，一切东西要么有价格，要么有尊严，而"道德和能够具有道德的人性是惟一具有尊严的"④。之所以道德和人性能够超越一切相对价值，是因为理性存在者凭借他的人性才能够成为目的自身，只有这样才能参与立法并成为目的王国的一员；而规定一切价值的立法实践本身必然具有一种无与伦比的价值和尊严，所以，"自律就是人的本性和任何有理性的本性的尊严的根据"⑤。简言之，由于立法具有至高无上的价值和尊严，人的本性恰恰自己立法自己守法，这种自律的人性就因参与立法而享有

---

① ［德］康德:《道德形而上学的奠基》（注释本），第52页。
② ［德］康德:《纯粹理性批判》（注释本），李秋零译注，中国人民大学出版社2011年版，第96页。
③ ［德］康德:《道德形而上学的奠基》（注释本），第53页。
④ ［德］康德:《道德形而上学的奠基》（注释本），第56页。
⑤ ［德］康德:《道德形而上学的奠基》（注释本），第58页。

了至高的尊严。

康德认为三个定言命令公式虽然内容各不相同，但是每一个公式都能在自身内与其他两个公式联系起来。因此，将质料公式与自律公式联合起来，能够更加准确地把握"把人当作目的而不仅仅是手段"的含义。由于自律公式揭示了人性尊严的根据，即它是自己立法并且仅仅由于这个缘故而服从法则，于是就超越了自然法则的束缚而获得了自由，毋宁说，人性的尊严就在于通过自己立法而实现了自由。能够将自己的准则上升为普遍法则的意志无非就是每个理性存在者的人性，同时，这一人性又作为客观目的自身而存在，所以，"把人当作目的而不仅仅是手段"就意味着"把人性当作目的"，即应当尊重和促进人性的立法能力，不仅尊重和促进自己的立法能力，同时也要尊重和促进一切理性存在者的立法能力。

二 "边界约束"原则与康德原则相矛盾

乍看起来，诺齐克倡导的"边界约束"与定言命令的质料公式在形式与功能上都十分相似：在形式上，二者都是具有普遍约束力的戒律；在功能上，二者都禁止某些特定的行为。但是，二者的道德根据却大相径庭——"边界约束"源于个人权利，尤其是自我—所有权的不可侵犯性；康德的第二条定言命令却源于人性立法的尊严。由于两者道德根源不同，就导致了它们对"把人当作目的而不仅仅是手段"的不同理解："边界约束"仅仅要求尊重个人的自我—所有权，这是一种不干涉他人运用其自我—所有权的消极义务；康德却要求人们履行捍卫与促进自己的人性与其他所有理性存在者的人性的积极义务。

首先，"边界约束"与康德定言命令具有不同的形而上学根据。诺齐克认为"边界约束"反映了康德的定言命令，如果这一主张能够成立，就意味着诺齐克对"把人当作目的而不仅仅是手段"的理解与康德的理解具有相同或相近的含义（且不论诺齐克给康德原则增加了"同意原则"所造成的变化）。但是经过上文的分析，康德把"目的"定义为理性的立法能力，它是人格的一种能力，完全不同于经验世界中的个体。使拥有绝对价值的人格与只有相对价值的事物区别开的关键是理性的立法能力，人格不能被用作手段的根据在于自律的人性。诺齐克所谓的"把人当作目的而不仅仅是手段"指不能未经他人同意而利用他实现某种目的，个人不能被用作手段的根据是个人拥有不容侵犯的自我—所有权，而不是其理性能力。"边界约束"原则并不依赖任何道德形而上学，因为自我—所有权并不是某种摆脱偶然经验或主观偏好的立法能力，而是人们在现实生活中运用自己躯体与各种才能的具体权利。

其次，两种"把人当作目的而不仅仅是手段"原则产生的义务性质不同。通过考察诺齐克如何回应康德所举得四个义务的例子，能够更加清晰地看出两者的区别。在"不可自杀"的例子中，由于诺齐克赋予了个人自杀的权利，而且自杀一般并不会侵犯他人的自我—所有权，所以诺齐克显然不会认可这一义务。在"不可骗人"的例子中，由于欺骗者故意侵犯被骗者的财产权，这无疑触犯了"边界约束"而遭到诺齐克的禁止。在"发展自己能力"的例子中，由于是否发展自己的能力以及发展哪一种能力完全由个人决定，这是受他的自我—所有权保障的自由，因此，诺齐克并不承认这一义务。在"帮助他人"的例子中，诺齐克由于只承认不受侵犯的消极权利，所以此类义务也被他拒绝了。综上所述，只有当某种行为侵犯了其他人的权利（包括自我—所有权）时，诺齐克才会认可个人有杜绝这类行为的义务；当行为不导致权利侵犯时，诺齐克就把是否实施这些行为交由个人决定，并且他从根本上取消了人们相互帮助的积极义务。康德和诺齐克之所以对这四种义务持有截然不同的态度，根源于两者对"把人当作目的而不仅仅是手段"的不同理解：康德要求理性存在者要积极促进自己与其他理性存在者的人性，而诺齐克仅仅禁止不经他人同意干涉他的权利。康德要求理性存在者履行促进他人人性的义务时，并不以他人的同意为前提，因为道德法则是无条件的、客观的、普遍有效的强制性律令。而"同意原则"却是"边界约束"不可或缺的要件，因为即便援助者提供的援助符合被援助者的利益，假如没有后者的明确同意或类似于同意的暗示，依然构成了对其自我—所有权的侵犯。

最后，罗尔斯的道德人格与康德的定言命令更加一致。不仅仅诺齐克，罗尔斯也认为他的正义原则反映了康德"把人当作目的而不仅仅是手段"的要求，毋宁说，诺齐克的"边界约束"观点受到罗尔斯的启发。罗尔斯认为"两个正义原则给了康德的人是目的的观念以一种更强有力的和更有特色的解释"[1]。当然，罗尔斯并不是从道德形而上学的角度解释定言命令，而是用契约论和建构程序重新阐发了康德法则。罗尔斯对康德原则的程序性解释与康德的原义差别很大，在此说它们二者更加一致仅仅是相较于诺齐克提供的"边界约束"解释而言，因为不同于"把人当作目的"仅仅理解为不干涉个人的自我—所有权，罗尔斯与康德都是从道德人格的角度对它进行规定。罗尔斯与康德的差异在于，原初状态中的人拥有两种道德能力，一种是形成正义感的能力；另一种是形成善观念的能力，这两种能力的运用产生了人们对于自尊和相互尊敬的要求。罗尔斯是从自由而平等的道德人格要求公平对待的角度解释"人是目的而不仅仅是手段"，原初状态中的代表人虽然被剥夺了众多影响他们拣选出正义原则的经验性因素，但是他们的两种道德能力并非摆脱了任何经验知识的纯粹理性。康德的道德人格是从自律的立法能力角度解释"人是目的而不仅仅是手段"，康德强调的立法能力是摆脱了一切经验因素的纯粹理性，"在道德中，一个绝对善的意志的真正的、崇高无价的价值正是在于：行为的原则摆脱了惟有经验才能提供的偶然根据的一切影响"[2]。

综上所述，由于诺齐克将"把人当作目的而不仅仅是手段"仅仅理解为不能干涉个人的自我—所有权，而康德要求"不仅促进自己的人性也促进所有理性存在者的人性"，就导致了诺齐克并不会承认康德所主张的积极义务，从而背离了康德主义原则的道德要求。因此，"边界约束"原则与康德的第二条定言命令并不存在必然的联系，接受康德的定言命令并不意味着承认诺齐克的"边界约束"原则和自我—所有权原则。

---

① ［美］约翰·罗尔斯：《正义论》，第 181 页。
② ［德］康德：《道德形而上学的奠基》（注释本），第 46 页。

第四节　"生活意义论证"与消极的个人权利相矛盾 [①]

笔者在上文指出，诺齐克认为"边界约束"原则反映了个人各别存在的事实与康德"把人当作目的而不仅仅是手段"的道德律令。通过第三节对康德定言命令的分析，我们得出它不仅不能用来支持"边界约束"观点，而且康德原则要求人们履行的积极义务是诺齐克根本不会接受的。既然诺齐克不能求助于康德的定言命令，那么，个人各别存在的事实能够用来支持"边界约束"原则吗？笔者认为也不能。诺齐克实际上意识到仅仅用个人各别存在这一事实并不足以支撑起"边界约束"论证，因为人们可以自然而然地反问动物也是各别存在的，为什么不能禁止人们猎杀它们？人与动物之间的哪些区别可以允许为了人的利益牺牲动物，却不允许一个人为了其他人的利益而被牺牲？如果在动物、人、其他星系存在物之间存在一种由低到高的等级序列，处在较低等级的生物可以为了较高等级生物的利益而牺牲吗？显然，这些疑问都会承认个人各别存在的事实，却都得不出个人权利神圣不可侵犯的道德判断。于是，诺齐克提出"生活意义论证"以明确是人的哪种特性授予他们不能为了其他人的利益而被牺牲的权利。

一　"生活意义论证"与"边界约束"原则

诺齐克始终是在个人与国家的对立关系中探讨"边界约束"的根据，但是"边界约束"的适用对象不仅仅是国家，也包括每个分立的个人，"边界约束"同样限制了个人之间应该如何相互对待或被对待。因此，诺齐克认为必须从每个个人都具有的特殊属性上寻找他们不容侵犯的根据——"正是这些特性使其他人在如何对待他的问题上受到了约束，所以一个人的特性本身必须就是有价值的特性" [②]。诺齐克认为对同道德约束相关的个人特性是什么的传统解答都不令人满意，如自我意识、运用抽象概念的理

---

① 本节部分内容发表于《基于自由平等主义的立场反驳自由至上主义——发展内格尔对诺齐克的批判》，《上海交通大学学报》（哲学社会科学版）2016 年第 5 期。

② ［美］罗伯特·诺奇克：《无政府、国家和乌托邦》，第 58 页。

性能力、遵守道德原则的道德主体性等，他认为它们之中的任何一种都不足以建立起与"边界约束"的必然联系。于是诺齐克提出了一种"按照它所选择接受的某种整体观念来调节和指导其生活的能力"[①]，这种能力不仅能把以上三种特性关联起来，而且以它们为基础。诺齐克认为："这样一种整体观念，连同指导我们会按照它来行事，对于我们为自己提出某种目标和成为某种存在，是非常重要的。"[②]诺齐克认为个人拥有按照某种整体观念无障碍地塑造其人生的能力是个人实现其人生计划的必要条件——"一个人按照某种整体计划塑造其生活，就是以一种方式来赋予他的生活以意义；一个人只有拥有如此塑造其生活的能力，才能够拥有富有意义的生活或者为富有意义的生活而努力奋斗"[③]。

"生活意义论证"的思路是这样的：因为有意义的生活对于个人具有至高无上的价值，并且有意义的生活需要以某种整体观念或计划为指导，因此个人应当拥有按照这种观念塑造其人生的能力，并且国家和其他个人不能侵犯个人塑造其人生的能力，于是，个人按照某种整体性观念塑造其有意义人生的权利就构成了"边界约束"的道德根据。同时，诺齐克的"生活意义论证"与自我—所有权原则是一致的，因为个人塑造其有意义人生的能力恰恰就是自我—所有权中的一项基本能力，所以，"生活意义论证"不仅可以用来解释"边界约束"的根据，而且可以用来为自我—所有权的不可侵犯性作辩护[④]。简言之，个人权利神圣不可侵犯根源于个人塑造其有意义生活的不可侵犯性。

"生活意义论证"能够补充个人分立性的事实与康德原则为个人权利不容侵犯性辩护的局限。后者无法解释为什么动物也是各别存在的，却不

---

① ［美］罗伯特·诺奇克：《无政府、国家和乌托邦》，第60页。
② ［美］罗伯特·诺奇克：《无政府、国家和乌托邦》，第60页。
③ ［美］罗伯特·诺奇克：《无政府、国家和乌托邦》，第61页。
④ 诺齐克并没有深入探讨从"生活意义"的角度为个人权利作论证，却启发了其他学者，如洛伦·洛马斯基，他把诺齐克的"有意义生活"概念进一步改造为"筹划"（project），他不仅意识到有必要说明作为不同的筹划——追求者的个人为什么要相互尊重各自的筹划，并且应用博弈论的方法推演出了理性的个人相互尊重彼此不同的筹划是理性的自觉选择。参见 Loren E. Lomasky, *Persons, Rights and Moral Community*, New York: Oxford University Press, 1987。此外，也有学者从筹划对于人生重要性的角度为财产权作论证，参见约翰·T. 桑德斯《筹划与财产》，载大卫·施密茨编《罗伯特·诺齐克》，第39—68页。

能产生人们不应以某些特定方式利用它们的道德要求，前者告诉我们正是由于动物欠缺只有人类才拥有的赋予其生活意义的特性，所以无法向人类提出不能为了人类的利益而利用它们的要求。康德原则的实质内容也可以补充为把人当作目的就是尊重和捍卫个人赋予其生活意义的权利。虽然"生活意义论证"在一定程度上弥补了关于"边界约束"其他论证的不足，但是，"生活意义论证"真能证明"边界约束"式的个人权利与有意义生活的必然联系吗？拥有诺齐克式个人权利是享受有意义人生的必要条件，还是充分条件？

托马斯·内格尔认为诺齐克的"生活意义论证"不仅字面意思非常模糊，而且也错误地仅仅关注人们的某些特性，实际上，诺齐克感兴趣的权利并不是使某些坏事不发生在人们身上的权利，也不是人们被提供某些好机会的权利，而是不被刻意对待或以某种方式被利用、不被以某种行为故意干涉的权利。内格尔认为："权利拥有者与行为者之间的关系，而不是权利拥有者和他的生活的内在本质，必须进入对权利的分析和对权利基础的说明中。"① 内格尔认为"生活意义论证"只关注权利对于个人的内在意义，有悖于对权利的"边界约束"理解，因为"边界约束"式的权利需要关注不同权利主体之间的关系。"生活意义论证"果真不能用来从人际互动的角度解释权利的不可侵犯性吗？并非如此。正因为按照他的意愿或计划塑造自己的人生如此重要，才需要排除其他人对他的生活的任意干涉，并且对这种权利的承认对于每个人都具有同样的意义，因为人们可以从借鉴其他人塑造生活的方式中受益。即便如内格尔所说，真正使诺齐克感兴趣的权利是不被刻意对待或以某种方式干涉的权利，这种权利的根据依然在于它们对个人的内在重要性。诺齐克始终是从权利对于个人生活的内在意义角度论证权利的不可侵犯性。所以，"生活意义论证"的失败并不在于它忽视了从人际互动的角度考察权利的价值，而是承认权利对于个人生活至关重要并不意味着只能接受诺齐克式的消极权利。"生活意义论证"恰恰从权利对个人内在重要性的角度默许了个人享有某些积极权利的资格，于

---

① Thomas Nagel, "Libertarianism without Foundations", *The Yale Law Journal*, Vol.85, No.1, 1975, pp.143-144.

是，和诺齐克所捍卫的消极权利与积极权利不相容的根本主张相矛盾。

二 "生活意义论证"默许个人享有积极权利

诺齐克提出"生活意义论证"，力图在自由至上主义的个人权利与有意义人生之间建构起必然联系，而为了实现这一目的，他必须论证拥有自由至上主义的权利是实现有意义人生的必要条件。但是，自由至上主义承认的只是不受侵犯的消极权利和不侵犯他人权利的消极义务，他断然拒绝了接受他人援助的积极权利和帮助他人的积极义务，更加严峻的是，诺齐克必须论证实现有意义的生活并不要求个人享有积极权利。我们发现，"生活意义论证"不仅无法用来支持过有意义的人生需且只需不受侵犯的消极权利，反而隐含了对积极权利的默许。

一方面，即便承认"生活意义论证"有说服力也不等于只接受诺齐克式的消极权利。"生活意义论证"是否有效所依赖的一个根本前提就是有意义的人生对于每一个人都至关重要。诺齐克的这一前提如同他的许多观点一样，都十分符合人们的道德直觉。即便每个人对"有意义的人生"有千差万别的理解，但是几乎没有人会否认自己愿意接受一种从自己的观点看都毫无意义的人生。但是，纵使我们认可在某种长期计划下过有意义的人生无比重要，但这并不等于承认拥有诺齐克式的个人权利是实现有意义人生的唯一途径。乔纳森·沃尔夫质问道："并不清楚诺齐克是否希望声称一个人只有拥有自由至上主义的权利，才有可能塑造其人生，或者并不那么强硬，拥有自由至上主义的权利是一个人塑造其人生的最好机会。"[1]如果诺齐克接受了较弱的解释，沃尔夫认为这依然会导致两种理解："我们的意思是'过有意义生活的最好机会'，还是'过最有意义生活的机会'？"[2]诺齐克显然不会同意后一种解释，即拥有自由至上主义的权利是享受最有意义生活的机会，这无疑预设了对各种生活方式及生活观念的排序，这种解

---

[1] Jonathan Wolff, *Robert Nozick: Property, Justice and the Minimal State*, Cambridge: Polity Press, 1991, p.29.

[2] Jonathan Wolff, *Robert Nozick:Property, Justice and the Minimal State*, Cambridge: Polity Press, 1991, p.32.

释显然与诺齐克的乌托邦理论相冲突。乌托邦理论根本不会同意对关于什么是最有意义的人生这一问题的不同诠释进行排序，不仅国家在个人的人生观问题上应当严格保持中立，而且怀有不同人生观的个人也不允许把自己的人生观强加给其他人。诺齐克如果接受拥有自由至上主义权利是"过有意义生活的最好机会"这种解释，沃尔夫又认为这种解释与塞缪尔·谢弗勒对它的理解相容，而后者认为拥有某些积极权利是"过有意义生活的最好机会"的必要前提。

另一方面，"生活意义论证"的模糊性默许了人们拥有积极权利。正如哈特所言："有意义的生活不只需要保护免于刻意限制的自由，而且它的实现也需要各种机会和资源，这确实是一个古老的洞见。除了少数拥有特权和好运的人以外，一个人塑造生活的能力和享受有意义的人生只能通过对社会和经济资源的积极分配才能建立起来。它并非由消极权利的结构自动保障的。"[1]设想生活在繁华都市中的乞讨者，锦衣玉食者对他们的处境无动于衷，这些可怜的乞讨者即便享有不受干涉的消极权利，但是他们丝毫无法奢望有机会塑造有意义的人生，他们连最基本的生存需要都满足不了。正如诺齐克所举的患有严重健忘症的人，如果他没有接受药物治疗的积极权利，他的病情就得不到缓解和治愈；如果对他的病情不加干涉，他不但过不上有意义的生活，甚至完全形成不了对"有意义人生"的观念。塞缪尔·谢弗勒强调："对于我们的目的，重要的是诺齐克相信权利的道德基础与过有意义生活的能力有关……就过有意义生活的宝贵的能力是权利的基础而言，大概就是建议这些权利授予人们的道德保护和保证可以被理解为人们唯恐失去的实际过有意义生活的能力。"[2]谢弗勒认为要过有意义的生活不能仅靠诺齐克所承认的免于干涉的消极权利，还应当包括某些积极权利，"每个人都有自然权利拥有一份由每一项可分配的益品构成的充足份额，拥有这一份额是人们有理性的机会实现体面而满意生活的必要条

---

[1] H.L.A. Hart, "Between Utility and Rights", *Columbia Law Review*, Vol.79, No.5, 1979, pp. 835–836.

[2] Samuel Scheffler, "Natural Rights, Equality, and the Minimal State", *Canadian Journal of Philosophy*, Vol.6, No.1, 1976, pp. 69–70.

件"①。他把这种重新诠释的自然权利视为对自由至上主义权利的取代,"它单独就能确保满足人们有理性的机会享受有意义人生所需的全部必要的物质条件"②。戴尔·默里(Dale F. Murray)也认为:"就有价值的能力是过有意义的人生而言,即建议权利提供给一个人的道德保护只能被理解为一个人过有意义人生的实际能力。"③他把诺齐克的自由(freedom)概念解释为自主(autonomy),并且认为诺齐克在对国家起源的"看不见的手的解释"中赋予独立者的赔偿权(compensatory rights)就是某种积极权利,从而推导出自主的实现以及要求医疗救助等积极权利的赔偿权与诺齐克的自由至上主义能够相容。简言之,如果承认个人权利的道德基础在于过有意义人生的重要能力,就不能不关注对这种能力的保护和发展,所以,人们享有某些克服阻碍他们过上有意义生活的各种障碍的积极权利,就是"生活意义论证"的题中之义。

综上所述,"生活意义论证"不仅不能用来为拥有诺齐克式个人权利是实现有意义人生的充要条件辩护,反倒可以用来支持人们应该享有诺齐克所反对的积极权利。诺齐克如果继续坚持"生活意义论证",其尴尬的后果就不仅仅是削弱了自由至上主义的道德基础,而是使自由至上主义滑向了他所批判的自由主义的平等主义一方,因为恰恰是罗尔斯等人主张的自由主义的平等主义坚信人们享有某些在特定条件下获得援助和补偿的积极权利。

通过对诺齐克为个人权利之不可侵犯性提供的各个道德论证的分析,我们发现这些论证无一能够被用来支持消极的、"边界约束"式的和至上的个人权利。诺齐克无意诉诸洛克的自然权利传统来为其个人权利做辩护,因为个人权利理论捍卫的是绝对的自我—所有权,而不是洛克所承认的有限的自我—所有权,而且个人权利理论中没有为洛克的"仁爱"原则

---

① Samuel Scheffler, "Natural Rights, Equality, and the Minimal State", *Canadian Journal of Philosophy*, Vol.6, No.1, 1976, p. 64.

② Samuel Scheffler, "Natural Rights, Equality, and the Minimal State", *Canadian Journal of Philosophy*, Vol.6, No.1, 1976, p. 70.

③ Dale F. Murray, *Nozick, Autonomy and Compensation*, New York: Continuum International Publishing Group, 2007, p. 98.

和尽可能保存他人的自然义务留有任何空间。从康德的定言命令也无法推论出"边界约束"式的自由至上主义个人权利，因为康德所理解的"把人当作目的"要求尊重和促进所有人的理性，诺齐克所理解的"把人当作目的"仅仅意味着不要干涉他人的各种消极权利；而且康德要求尊重和促进所有人的理性就给所有人施加了相应的积极义务，诺齐克坚决抵制这种未经个人自愿同意的义务。"生活意义论证"是诺齐克独创的为个人权利不可侵犯性进行辩护的论证，但是由于他没有也不能给"有意义的人生"进行清楚界定，反而使得"生活意义论证"可以用来为人们应该获得援助或补偿的积极权利提供辩护。总而言之，既然诺齐克为个人权利之不可侵犯性所设置的三种论证都不成功，甚至这些论证可以用来支持个人享有诺齐克所反对的某些积极权利，那么最低限度国家的道德基础在建立之初就已经出现了动摇。

第二章　辨析"看不见的手的解释"的双重使命

　　《无政府、国家和乌托邦》的前两部分以不容侵犯的个人权利为道德基础，从正反两个方面为最低限度国家的正当性作辩护：第一部分通过"看不见的手的解释"阐明最低限度国家在产生过程中没有侵犯任何人的权利，为它提供正面辩护；第二部分通过揭露比最低限度国家功能更多的国家会侵犯个人权利，为它提供反面辩护[①]。国内外学界对诺齐克政治哲学的研究主要聚焦于他在第二部分对"作为公平的正义"的批判和他提出的持有正义论，却对他借助"看不见的手的解释"为最低限度国家之正当性的辩护并未予以足够重视[②]。

　　笔者认为，诺齐克并非仅仅利用"看不见的手的解释"阐述最低限度国家的产生过程，而且依据它为最低限度国家的正当性作辩护。但诺齐克的论证导致"看不见的手的解释"无法完成这两项使命。作为对国家起源的解释机制，"看不见的手的解释"中涉及两个关键转变，即从竞争的保护性机构向支配的保护性机构的转变和从超低限度国家向最低限度国家的

[①]　本书所使用的"正当性"（legitimacy）指的是某政治权威的统治在道德上被认为是合适的或经得起辩护，诺齐克也是在此意义上使用它。由于本书主要分析"看不见的手的解释"论证中的缺点，所以并不展开对"正当性"概念的梳理。关于"正当性"概念的详细讨论，参见周濂《政治正当性的四重根》，《学海》2007 年第 2 期。许纪霖等：《政治正当性的古今中西对话》，《政治思想史》2012 年第 1 期。

[②]　大卫·米勒认为人们容易忽视《无政府、国家和乌托邦》第一部分的论证有两个理由，一方面由于这个论证是针对个人主义的无政府主义者；另一方面由于诺齐克的推理过于复杂。参见［英］大卫·米勒《政治权威的辩护》，载大卫·施密茨编《罗伯特·诺齐克》，第 13-14 页。

转变，它们并非像诺齐克设想的一样会必然发生。如果它们没有出现，那么，最低限度国家也不会产生。作为对国家正当性的辩护，一方面，"看不见的手的解释"由于其路径—依赖性（path-dependence）缺陷，容易导致人们失去对这一过程最终结果的控制，从而无法证明最低限度国家的产生相比于自然状态是一种改善。另一方面，诺齐克对支配的保护性机构禁止独立者强行正义和超低限度国家为独立者提供赔偿的论证，也不能证明这两个步骤没有造成对独立者权利的侵犯。既无法证明最低限度国家比自然状态更优越，也无法证明最低限度国家产生过程中没有涉及权利侵犯，因此，"看不见的手的解释"就无法为最低限度国家的正当性提供有效辩护。

第一节　"看不见的手的解释"的双重使命

"看不见的手的解释"指："某种总体的模式或计划，并非像人们认为的那样是通过个人或群体之实现它们的成功努力而产生出来的，相反，而是通过这样一个过程产生并得以维持的，即这个过程没有对这个总体模式或计划进行任何'构想'。"①诺齐克认为国家的产生类似于市场和货币体系的产生，是人们为了保护自己的利益和权利自发行动的结果。诺齐克对最低限度国家起源的"看不见的手的解释"可以概括如下：（1）一群生活在洛克式自然状态中的人，为了保护自己的权利不受侵犯并惩罚侵犯者，自愿组成了保护性社团；（2）因为互助式保护社团存在各种不便，于是出现了各种专门出售保护服务的保护性机构；（3）由于劳动分工、市场压力、规模经济等因素，在某地域内各种竞争的保护性机构中最终产生一个支配的保护性机构；（4）当支配的保护性机构垄断了辖区内的暴力并禁止独立者强行权利时，它转变为超低限度国家；（5）当超低限度国家遵守"赔偿"原则为独立者提供最基本保护服务时，它转变为最低限度国家。

笔者认为，诺齐克为"看不见的手的解释"赋予了双重使命，即它不仅是对最低限度国家如何产生的解释，更是对其正当性的辩护。如果我

---

① ［美］罗伯特·诺奇克：《无政府、国家和乌托邦》，第22页。

们仅仅把"看不见的手的解释"当作对最低限度国家如何产生的推测，那么就低估了诺齐克构想它的意图，他要向所有人证明有且只有最低限度的国家是道德上唯一可接受的和正当的国家形式。从《无政府、国家和乌托邦》第一部分的完整论述就能看出，诺齐克在第二章已经完成了对支配的保护性机构如何产生的描述，却在第三章至第六章花了大量篇幅探讨从支配的保护性机构向最低限度国家转变的各个步骤是否正当，以及判断它们是否正当的根据与原则，这样写作的目的就是证明从支配的保护性机构向最低限度国家转变的过程是正当的。

沃尔夫指出不能把诺齐克对国家产生过程的描述看作对国家正当性的证明，因为"解释为什么某个事件发生本身并不等于证明它正当"[①]。他认为诺齐克实际上主张，只有表明国家不仅在产生过程中没有涉及道德上不允许的步骤且它的产生是一种进步，才实现了对国家正当性的证明，并且这两个方面缺一不可。

为了强调诺齐克"看不见的手的解释"具有为最低限度国家正当性辩护的功能，大卫·米勒区分了两种版本的"看不见的手的解释"：其一是纯粹解释性的版本，比如个体驾驶员只考虑如何最快捷抵达目的地却忽视其他驾驶员的偏好而导致的交通堵塞；其二是具有辩护功能的版本。他进而提出具有辩护功能的"看不见的手的解释"必需满足两个条件：第一，经过"看不见的手"的过程出现的结果相比于早先存在的状态是一种改善；第二，"看不见的手"所调节的行为本身是合乎道德的[②]。米勒设想的这两个条件实际上与沃尔夫的理解是一致的。虽然米勒认为诺齐克把全部注意力几乎都集中在第二个条件上，即阐明最低限度的国家如何从无政府状态中经过合乎道德的方式产生，但诺齐克的以下论述表明"看不见的手的解释"确实符合米勒所提出的两个条件——"如果人们能够表明，国家甚至将会比这种最好的无政府状态更加优越，是在现实中能够期望的最好的东西，或者在其产生过程中没有涉及任何道德上不允许的步骤，或者如果它

---

① ［英］乔纳森·沃尔夫:《诺齐克》，第54页。
② 参见［英］大卫·米勒:《政治权威的辩护》，载大卫·施密茨编《罗伯特·诺齐克》第18—19页。

已经产生那也是一种改善，那么这就为国家的存在提供了一种理论基础，就为国家提供了正当的辩护"①。当诺齐克能够证明最低限度国家相比于最好的无政府状态是一种改善时，它满足了第一个条件；当诺齐克能够证明最低限度的国家在产生过程中没有涉及任何道德上不允许的步骤时，它满足了第二个条件。如果"看不见的手的解释"满足了以上两个条件，那么诺齐克就为它的正当性提供了成功的辩护。

综上所述，诺齐克对国家之起源的"看不见的手的解释"不仅包括对国家如何从自然状态中逐渐产生的各个步骤的描述，而且包括他对以上各个步骤是否合乎道德的论证。诺齐克主张道德哲学为政治哲学设定了边界，根据他在第三章中对边界约束的讨论，个人权利为国家的功能和行为划定了界限。由于个人权利是诺齐克诉诸的最高道德价值，并且他声称"我们将论证，第一个转变，从私人的保护机构制度到一种超低限度的国家，将通过一种看不见的手的过程以道德上可允许的方式发生，而没有侵犯任何人的权利"②，因此，所谓"道德上可允许的"或"合乎道德的"指的就是没有侵犯个人权利。简言之，诺齐克为最低限度国家正当性提供的辩护就是：证明从互助式保护性社团向最低限度国家转变的每一步骤都没有侵犯任何人的权利。为了全面审查对最低限度国家的"看不见的手的解释"，我们首先分析在国家产生的过程中，诺齐克所设想的各个步骤是否必然出现，然后探讨诺齐克为各个步骤正当性的辩护是否站得住脚。

第二节　两个非必然出现的关键转变

诺齐克叙述的国家起源故事涉及两个关键性转变，第一个转变是从竞争的保护性机构转变为支配的保护性机构；第二个转变是从超低限度国家转变为最低限度国家。笔者认为这两个转变并非必然出现，如果它们没有出现，最低限度的国家就不会产生，"看不见的手的解释"也就失败了。

---

① ［美］罗伯特·诺奇克:《无政府、国家和乌托邦》，第5页。
② ［美］罗伯特·诺奇克:《无政府、国家和乌托邦》，第63页。

一 支配的保护性机构未必出现

先看诺齐克对第一个转变的论述。他假设在一个既定地域内，可能同时存在几个专业的保护性机构，当它们各自的委托人之间发生冲突，而它们无法就如何处理这些冲突达成共识时，一般会发生三种情况。第一种情况，由于每个保护性机构的实力不同，实力最强的机构会赢得这场较量；失败一方的委托人会转身加入获胜的机构中。第二种情况，保护性机构在冲突中胜出的概率与距其势力中心的距离成反比，于是人们会选择加入其居住地附近的保护性机构。第三种情况，有两个势均力敌的保护性机构，谁都不能在冲突中占据明显优势，于是它们通过建立第三方法庭的方式结成统一的联盟。通过对这三种情况的考察，诺齐克断言：一个地域内的几乎所有居民都处在唯一的支配性保护机构之下。结果真得像他所预料的那样吗？

诺齐克想当然地认为对于保护性机构而言，越多的人购买它的保护服务，它的竞争力就越强。所以他把委托人的数量看作影响保护性机构竞争实力的唯一因素，而忽略了保护性机构的运营成本和利润对其规模的限制。对于一个委托人数量庞大的保护性机构而言，要有足够多的专业人员时刻监视每个委托人的权利保障状况，以及随时对侵犯其委托人权利的人进行惩罚与索赔，它的运营成本必然十分巨大。如果不能通过有效的措施维持一定的利润，这个机构即便招揽了该地域内绝大多数的人口，也很难维持下去。假设在某个地区内存在两个保护性机构，A 以实惠的价格招揽了当地 60% 的人口，但 A 的委托人主要由中低收入者构成，A 的年利润总额为 3000 万元。机构 B 提供的服务由于更加全面并且定价较高，所以 B 的委托人主要是当地中高收入人群，它虽然只吸引了当地 10% 的人口，但是 B 的年利润却高达 5000 万元。在 A 和 B 的竞争中，A 虽然吸纳了更多的委托人，但没有足够的实力战胜 B；B 也没有兴趣吞并 A，因为 A 的大部分委托人都支付不起 B 的保护费用。而且 A 和 B 的委托人有可能都不希望他们所在的保护性机构吞并其对手，从而出现一个垄断性的保护机构。沃尔夫注意到："假如诺齐克是对的并且会出现一个支配性机构，那么有什么东西能保证它不会利用它的垄断地位收取不合理的服务费……尽管人们在某种意义上通过他们个人的自由选择达到了支配性机构，但他们在后来也可以有充足的理由对这些选择感到后悔。"[1]

　　为了证明支配的保护性机构必然出现，诺齐克强调保护性服务与其他商品存在本质区别："不像其他在相互比较中被估价的物品，拥有最大竞争力的保护服务之间是无法和平共处的；这种服务的本性不仅使不同的机构为招揽委托人而相互竞争，而且使它们之间陷入激烈冲突。"[2] 保护服务的本性是什么？诺齐克没有解释。我们可以假设保护性服务与其他商品相比，例如智能手机，它满足的是人们正常生活中最基本的需要。由于保护性服务是每个人都需要的商品，其巨大的利润前景就成为各个保护性机构竞相招揽委托人的强大动力。如果各个保护性机构能够像第三种情况中通过和平谈判的方式解决争端，或者协定使用同样的程序处理纠纷和索取赔偿，或者委托第三方仲裁争端，即便它们的实力并非势均力敌，也可以和平共存。就像巴德设想得那样："一种替代物和更可能的选项是我们以一种稳定的局面结束，其中各个不同的保护性社团彼此和平地竞争……不同的机构执行不同的规则，提供不同的服务，收取不同的费用，取悦不同的客户群，依据不同的组织原则运行，并且在其他许多方面存在差异。"[3] 即便保护性服务与人们的切身利益紧密相关，每个人都希望他的权利得到更加有效的保障，但是具有不同收入和不同性格的人选择保护性机构时，最终结果取决于他们愿意为保护性服务支付多少，以及他们对于垄断性机构可能造成的后果的担忧。莫斯在质疑支配的保护性机构必然出现时，也发现了许多被诺齐克忽视的因素。除了上文提到的委托人对昂贵保险费用的担忧外，委托人对加入某保护性社团边际成本和边际收益的考量也会影响他们选择是否加入该社团从而制约它规模的扩张，以致它不会发展为某地域内支配的保护性机构。并且，随着距离某保护性社团管辖区的核心越远，提供保险服务的成本越高，那些生活在该区域边界附近的人们因为要负担

---

①　[英]乔纳森·沃尔夫：《诺齐克》，第62—63页。

②　[美]罗伯特·诺奇克：《无政府、国家和乌托邦》，第20页。

③　Ralf M. Bader, *Robert Nozick*, New York: The Continuum International Publishing Group Inc., 2010, p.81.

更昂贵的保险费用，他们可能选择加入其他更近的保护性社团或远遁荒野。莫斯还注意到，诺齐克低估了逃票者（free rider）现象对支配的保护性机构正常运营的威胁。因为缺乏客观标准去审查独立者是真心拒绝加入保护性社团还是为了免费享受保护服务而假扮独立者，那么就会有越来越多的人冒充独立者来骗取免费的保护服务。最终支配的保护性机构要么入不敷出而崩溃，要么为了维持运转不得不向其仅剩的委托人征收高额费用。[①]由于诺齐克仅仅假设人们是理性自利的，但没有掌握人们的性格（是否合群）、偏好（乐于冒险还是趋于保守）等心理特征的复杂性和多样化，所以不能断言人们会一致选择加入规模最大的保护性机构并使其自然而然地转变为支配的保护性机构。简言之，诺齐克夸大了保护性机构之间的竞争程度，而低估了人们心理动机的复杂性，所以，在一定地域内并不必然出现唯一的支配性保护机构。

二　超低限度国家未必转变为最低限度国家

再看第二个转变。如果说人们从最初加入互助的保护性社团到加入专业化保护性机构，再到最终加入支配的保护性机构是受看不见的手调控，那么从超低限度国家到最低限度国家的转变也符合"看不见的手的解释"吗？当诺齐克试图把超低限度国家向最低限度国家的转变纳入这个过程时，他就违背了"看不见的手的解释"的根本特征，因为这一转变的实现依赖于超低限度国家委托人的明确意图。超低限度国家的委托人必须有充分的道德义务感才会心甘情愿为遭受损失的独立者提供赔偿，他们事实上却不必这么做。诺齐克承认支配的保护性机构事实上对使用强制力的垄断地位给它带来了垄断强制力的权利——"它的力量（strength）使它成为唯一能够采取越界行为来强行某种特殊权利的主体……权利的本性就是这样，即一旦一种支配性的权力出现了，它实际上就会单独实行这种权利……如果有的地方可以使用某种**事实上的**（de

---

① 参见 Laurence S. Moss, "Optimal Jurisdictions and the Economic Theory of the State: Or, Anarchy and One-World Government Are Only Corner Solutions", *The American Journal of Economics and Sociology,* Vol.69, No. 1, Jan. 2010, pp.325-329。

facto）垄断权观念，正是这里……"[①]它为什么不能凭借其垄断地位拒绝为独立者提供赔偿呢？诺齐克实际上承认从超低限度国家向最低限度国家的转变仅具有道德上的可能性——"我们将论证，从道德上讲，从一种超低限度的国家到一种最低限度的国家的转变一定会发生……超低限度的国家的运营者在道德上有义务制造出最低限度的国家"[②]。超低限度国家未必实现向最低限度国家的转变，因为前者的委托人缺乏充分的动机去促成这一转变。诺齐克不能仅仅凭借以下假设，即"一般来说，人们会做在道德上要求他们去做的事情"[③]，就证明超低限度国家的成员事实上会促成它向最低限度国家的转变。如果人们真像他假设得一样做道德上要求他们做的事情，反而最初的互助式保护社团就不会出现。

更加关键的是，超低限度国家向最低限度国家的转变并不符合"看不见的手的解释"的特征。海尔伍德指出："向最低限度国家的转变与以前的转变不同，因为它包含对一个道德要求——独立者应当被赔偿——的明确接受，而之前的步骤建立在理性自利的基础之上。"[④]在互助式保护社团向支配的保护性机构转变的过程中，支配的保护性机构的产生并不是其委托人有意识造成的，而是市场竞争的无意识结果。在超低限度国家向最低限度国家的转变过程中，起决定作用的是超低限度国家委托人是否愿意为独立者提供赔偿的自觉选择——如果他们决定提供赔偿，最低限度国家就会产生；如果他们决定不赔偿，故事就终止在超低限度国家。最低限度国家的产生是超低限度国家委托人有意识行为的结果，因此，志在排除参与者明确设计意图的"看不见的手的解释"不能用来解释从超低限度国家向最低限度国家的转变。

总之，在诺齐克描述的国家产生过程中，他一方面忽视了阻碍支配的保护性机构出现的各种复杂因素，比如运营成本、规模效益、委托人对垄断的恐惧等；另一方面又高估了超低限度国家成员赔偿独立者的道德义务

---

① ［美］罗伯特·诺奇克：《无政府、国家和乌托邦》，第130页。
② ［美］罗伯特·诺奇克：《无政府、国家和乌托邦》，第63页。
③ ［美］罗伯特·诺奇克：《无政府、国家和乌托邦》，第141页。
④ Simon A. Hailwood, *Exploring Nozick: beyond Anarchy, State and Utopia*, Brookfield: Ashgate Publishing Ltd., 1996, p.18.

感，从而导致这两个关键性转变并不一定出现。无论哪个转变没有发生，"看不见的手的解释"都将丧失其对国家起源的解释力。

第三节 "禁止"独立者强行正义的前提不成立

一 "看不见的手的解释"的路径—依赖性缺陷

接下来我们考察诺齐克对最低限度国家正当性的论证。如上文所示，要证明最低限度国家的正当性，诺齐克不仅要证明国家可以通过不侵犯个人权利的方式产生，而且要证明最低限度国家中人们的生活境况相对于自然状态是一种改善，两者缺一不可。正如米勒注意到的，诺齐克几乎把注意力都放在第一种证明上，却忽视了第二种证明。诺齐克似乎假设由于专业的保护性机构能够更加有效地保障权利不受侵犯，因此人们加入保护性机构是有利的。但这种假设并不成立，因为经由"看不见的手的解释"机制产生的总体模式或计划不依赖于参与者的意图，人们通过一系列自发行为产生的最终结果可能与他们的意图完全相悖。极有可能，人们最终发现支配的保护性机构获得对强制力的垄断后就不顾他们的实际支付能力漫天要价，或者任意缩减服务内容，他们却因丧失了与支配的保护性机构讨价还价的地位别无选择。米勒把"看不见的手的解释"这种令人担忧的特征称为"路径—依赖性"，即"诺齐克的看不见的手使得结果是依赖路径的，在以下这种意义上，即那个最终成为支配性的保护性社团可能最初在吸引委托人方面是最为成功的，但却可能不是多数人所喜爱的……其他委托人可能转向机构 A，但不是因为喜欢它的组织和它所运用的程序，而是简单地因为成为一个市镇最大的机构的委托人所具有的便利"[①]。米勒认为，要克服支配的保护性机构的路径—依赖性，要么在各保护机构之间保留竞争市场，从而刺激它们高效地服务其委托人，要么允许委托人自下而上地监管或控制支配的保护性机构。与这两个方案相比，诺齐克设想的完全不受其委托人监管的支配性保护机构都更糟糕。由此可见，由于忽视了"看不

---

① ［英］大卫·米勒：《政治权威的辩护》，载大卫·施密茨编《罗伯特·诺齐克》，第22—23页。

见的手的解释"的路径—依赖性特征，诺齐克无法保证人们在最低限度国家中的生活境况一定优于自然状态，从而导致他对最低限度国家正当性的辩护大打折扣。

除了路径—依赖性这个特征从总体上削弱了"看不见的手的解释"的辩护力，诺齐克对最低限度国家产生过程中各步骤不涉及权利侵犯的论证也并非无懈可击。沃尔夫把"看不见的手的解释"分成两个阶段：第一个阶段是从自然状态转向支配的保护性机构，第二个阶段是从支配的保护性机构转变为最低限度国家。他认为诺齐克第一个阶段的任务是证明这种转变的优越性（上文我们已经证明诺齐克完全忽视了这个任务），第二个阶段的任务则是证明为什么最低限度国家能够合乎道德的要求独立者服从[1]。诺齐克预料到"看不见的手的解释"可能遭到个人主义的无政府主义者的两方面指控："当国家在其领土内垄断了强力的使用权并且惩罚违反了其垄断权的那些人的时候，当国家通过强迫一些人为另外一些人购买保护服务从而为每一个人都提供保护的时候，它违反了关于个人应该如何被对待的道德边界约束。"[2] 为了回应以上两个批评，他通过"禁止"和"赔偿"两个步骤为从支配的保护性机构向最低限度国家转变的正当性提供辩护。

二 "禁止"侵犯了独立者的权利

诺齐克虽然一方面断言不允许未经个人同意侵犯他的权利，但是另一方面又允许支配的保护性机构禁止独立者行使惩罚侵犯者并向他们索取赔偿的权利，因此，诺齐克必须向个人主义的无政府主义者证明，支配的保护性机构禁止独立者实施其惩罚权是正当的。诺齐克声明"出自普遍恐惧的论证证明了禁止这些越界行为的正当性"[3]。他假设，独立者在报复、惩罚侵犯者和向他们索取赔偿时，往往容易高估自己被侵犯的程度，或者错误地惩罚无辜者，抑或索取过高的赔偿。可见，支配的保护性机构禁止独立者强行正义是正当的，必须满足两个前提：第一，独立者强行正义的行

---

① 参见［英］乔纳森·沃尔夫《诺齐克》，第56页。
② ［美］罗伯特·诺奇克：《无政府、国家和乌托邦》，第62页。
③ ［美］罗伯特·诺奇克：《无政府、国家和乌托邦》，第84页。

为风险极高；第二，他们用来惩罚和索赔的程序极不可靠。通过分析，我们发现诺齐克对这两个前提的假设太武断了，并没有充分的证据能够证明独立者的行为会符合它们。

海尔伍德提醒我们注意诺齐克对独立者的界定极具误导性。他同沃尔夫一样把诺齐克所假设的独立者称作"约翰·韦恩型"（John Wayne types），他们是坚定的个人主义者、渴望自食其力者、骄傲自大的一贯正确者、正义的审判者和执行者，等等。海尔伍德强调约翰·韦恩型独立者"不仅仅是持不同意见者，而且是危险者"①。但是，他指出自然状态中的独立者并不都是约翰·韦恩型，他们拒绝加入保护性机构可能是因为他们支付不起保险费用，可能因为他们并不喜欢他们能负担起的保护机构，也可能是因为他们想把钱用来购买其他商品②。如果独立者不是或者绝大多数不是诺齐克所设定的约翰·韦恩型，他们即便不加入支配的保护性机构，也不会使它的委托人暴露于被侵犯的高度风险中，支配的保护性机构就没有禁止他们强行正义的理由。

虽然诺齐克把独立者界定为高度危险的约翰·韦恩型人格过于狭隘，但只要独立者的行为存在造成普遍恐惧的可能，诺齐克便可以诉诸"程序性权利"和"越界的认识论原则"，为支配的保护性机构禁止他们使用极不可靠的程序惩罚其委托人辩护。诺齐克引入"程序性权利"来证明支配的保护性机构禁止独立者强行正义是为了保护其委托人的程序性权利，即"每一个人都有权利要求按照一种已知危险最小的确认犯罪程序来确定他是否有罪，也就是说，按照无辜者被判有罪的最低概率的程序来确定他是否有罪"③。程序性权利规定，当一个人要接受一项程序的审查以确定他是否侵犯了其他人权利时，所使用的程序必须对所有人而言都是最公平可靠的程序。"禁止"之所以正当，是因为独立者用来报复、惩罚和索赔的程序具有高度风险或者不确定是否具有高风险，而为了保护委托人的程序性权利，独立者被支配的保护性机构禁止使用他们的惩罚权和索赔权。

---

① Simon A. Hailwood, *Exploring Nozick: beyond Anarchy, State and Utopia*, Brookfield: Ashgate Publishing Ltd., 1996, p.20.
② 参见 Simon A. Hailwood, *Exploring Nozick: beyond Anarchy, State and Utopia*, p.20。
③ ［美］罗伯特·诺奇克：《无政府、国家和乌托邦》，第 114 页。

在对程序性权利的阐释中，诺齐克面临的主要挑战是如何确定程序性权利与自然权利的优先性。独立者被禁止使用的惩罚权和索赔权属于自然权利，但自然法没有规定程序性权利是一种自然权利。在独立者行使惩罚和索赔的自然权利与支配的保护性机构委托人的程序性权利之间，诺齐克用支配的保护性机构委托人的程序性权利压倒了独立者的惩罚权利。但是，诺齐克没有证明为什么两者发生冲突时，独立者的惩罚权利（自然权利）要为支配的保护性机构委托人的程序性权利让步，而是断定支配的保护性机构凭借其事实上对强制力的垄断权，禁止独立者把任何它认为不可靠和不公平的程序施加于它的委托人。诺齐克实际上依据"看不见的手的解释"来证明支配的保护性机构获得的事实性垄断权的正当性，即它是在市场竞争中自然而然获得的。但根据前文的论证，"看不见的手的解释"阐释支配的保护性机构的垄断权如何获得是一回事，证明它是否正当又是另一回事。在这场权利冲突中，由于并没有产生新的权利（支配的保护性机构用来压倒独立者自然权利的程序性权利来自其委托人的转让），所以冲突双方依然是支配的保护性机构委托人的程序性权利和独立者的自然权利。由于诺齐克主张信仰自然权利传统的人们也认为他们拥有程序性权利，而自由至上主义赋予这些权利以同等程度的绝对不可侵犯性，那么，支配的保护性机构委托人的程序性权利与独立者的自然权利同样都是不可侵犯的。这两种权利既然同样神圣不可侵犯，诺齐克又明确拒绝权利的功利主义，那么，他实际上根本无法处理两者之间的冲突。所以，海尔伍德强调诺齐克无法处理不同个人权利之间的冲突[①]，沃尔夫也抱怨由于诺齐克的自由至上主义所诉诸的唯一政治价值就是权利，因此它无法用来解决涉及权利冲突的政治问题[②]。

或许认识到程序性权利论证的局限性，诺齐克又提出了"越界的认识论原则"——"如果某个人知道从事行为 A 会侵犯 Q 的权利，除非条件 C 得到满足，那么他若处于最佳的查明位置（the best feasible position）但

[①]　参见 Simon A. Hailwood, *Exploring Nozick: beyond Anarchy, State and Utopia*, Brookfield: Ashgate Publishing Ltd., 1996, p.22。

[②]　参见［英］乔纳森·沃尔夫《诺齐克》，第 73 页。

仍没有查明 C 是否得到了满足则不可以做 A"[1]。一个人如果处在最佳的查明位置，依然无法确定嫌疑人是否侵犯了他的权利，那么他就不能惩罚嫌疑人。换言之，只要独立者不能确保他的行为满足"越界的认识论原则"，那么支配的保护性机构就能正当地禁止他强行正义。沃尔夫认为"越界的认识论原则"存在一个重要缺陷，即我们很难给出什么是"最佳查明位置"的标准[2]。例如，当我开车的时候，我就承担着侵犯他人权利的风险，无论是撞到行人还是其他汽车，即便我尽力安全地驾驶以避免撞到他们，甚至雇佣多人在我的汽车周围通过各种方式警告周围的人，我依然不知道何谓不造成事故的最佳方式。"越界的认识论原则"的有效性依赖于对"最佳的查明位置"的确定，既然任何人都很难给出对"最佳的查明位置"的准确判断，那么支配的保护性机构以独立者无法确定"最佳的查明位置"为理由取缔其强行正义的权利就是不公正的。

诺齐克承认不论是支配的保护性机构的委托人还是独立者都拥有程序性权利，但是在确定程序的可靠性与公平性方面，只有支配的保护性机构有力量确定它的程序是最可靠的和最公平的。换言之，相比于独立者，只有它能确定自己总是处在"最佳的查明位置"。诺齐克断言："既然支配的保护性机构断定它自己的程序是既可靠又公平的，而且确信人们也是普遍这样认为的，所以它不会允许任何人抵制它们，也就是说，它将惩罚任何抵制它们的人。"[3]诺齐克的观点如果要成立，必须假设存在一套被用来审查各种程序是否可靠公正的客观标准。既然每个人都拥有不被不可靠程序审查的程序性权利，那么这套标准必须被所有人知晓，而且他们可以对照这套标准来检查自己应用的程序是否与它相符。诺齐克规定："保护性社团会公布一个它认为是公平的和可靠的程序名单（或许也会公布一个它认为是不公平的和不可靠的程序名单）……既然一个社团的委托人期望它会尽其所能地阻止使用不可靠的程序，所以这个保护性社团将会不断更新它的名单，将所有公众熟知的程序都包括在内。"[4]如果独立者能够根据公布出

---

[1] ［美］罗伯特·诺奇克：《无政府、国家和乌托邦》，第 127 页。

[2] 参见［英］乔纳森·沃尔夫《诺齐克》，第 71 页。

[3] ［美］罗伯特·诺奇克：《无政府、国家和乌托邦》，第 129 页。

[4] ［美］罗伯特·诺奇克：《无政府、国家和乌托邦》，第 122 页。

来的可靠程序清单检查自己应用的程序是否公平可靠，那么他们就能够完善或者改变自己的程序，停止使用不可靠的程序，于是，他们给支配的保护性机构委托人造成的风险就会大大降低。当发生风险的概率很低，或者独立者使用的程序与支配的保护性机构使用的程序相同时，支持后者禁止独立者强行正义的理由就不存在了。

综上所述，诺齐克用来论证支配的保护性机构禁止独立者强行正义的各种假设均存在重要缺陷。首先，独立者如果并非咄咄逼人的约翰·韦恩型人格，他们不加入支配的保护性机构也不会使后者的委托人置于被侵犯的高风险中。其次，诺齐克没有证明在支配的保护性机构委托人的程序性权利和独立者的自然权利发生冲突时，为什么后者要屈服于前者。最后，由于独立者可以依据支配的保护性机构公布的程序清单检查自己采用的惩罚与索赔程序，即便他们无法保证自己满足"越界的认识论原则"，也可以使用可靠的程序来保卫自己的权利。支配的保护性机构就不能以独立者使用不可靠的程序为理由禁止他们强行正义了。

第四节　"赔偿"无法弥补独立者的损失

个人主义的无政府主义者可能指责最低限度国家要求其委托人为独立者购买保险的这种再分配行为侵犯了他们的财产权，如果这项指责成立，那么，最低限度国家必然因为侵犯其委托人的财产权而丧失正当性。诺齐克则通过阐释最低限度国家委托人为独立者购买保护服务是基于"赔偿原则"证明其不构成对他们财产权的侵犯。诺齐克称，根据自然法，"受害方及其代理者可以从侵害者那里获得'与他所遭受的伤害相称的赔偿'"[1]。因此，他主张超低限度的国家需要为被禁止行使惩罚与索赔权的独立者提供适当的赔偿。诺齐克用"赔偿原则"证明超低限度国家的委托人从它禁止独立者行使惩罚权中获得了益处并给后者造成了损失，因此，他们为独立者提供的赔偿就不具有再分配的性质，他们的财产权因此也没有遭受侵

---

① ［美］罗伯特·诺奇克:《无政府、国家和乌托邦》，第11页。

犯，所以从超低限度国家向最低限度国家的转变也是正当的，没有侵犯任何人的权利。笔者从以下三个角度审视"赔偿原则"论证的缺陷。

首先，"赔偿原则"成立的前提是独立者的某些权利受到了损害。独立者的哪些权利受到了侵犯呢？如果支配的保护性机构有权利禁止独立者强行正义，它为什么还要给独立者提供赔偿？诺齐克预料到了这种反驳，"如果你有权利，那么你无需为你有权利对这些人做的事情而赔偿他们；如果你没有权利，那么与其为你无权去做的禁止行为制定一种赔偿政策，你应该干脆就停止这样做"①。他认为这种两难推理并没有力度，因为存在这样的情况使"赔偿原则"成立——"你有权利去禁止一个行为，但仅当你对禁止去做的那些给予赔偿"②。于是，诺齐克就把"赔偿原则"要求的满足转换为禁止独立者强行正义的前提，即只有当支配的保护性机构满足了"赔偿原则"，它才拥有禁止独立者强行正义的权利。但诺齐克的策略并不成功，因为支配的保护性机构禁止独立者强行正义的权利是一种事实性权利，它来自其垄断地位和力量，而不是来自其履行了"赔偿原则"要求的道德责任。支配的保护性机构完全可以凭借其垄断强制力的事实性权利拒绝为独立者提供赔偿，从而停留在超低限度国家的阶段。诺齐克在支配的保护性机构禁止独立者强行正义的事件中采纳了他所反对的"权利的功利主义"，米勒强调："那些支配性机构的委托人所赢得的便利足以压倒自愿的独立者所遭受的不便。一个如此类型的论证将会直接违反反功利主义的律令……"③当诺齐克允许为了支配的保护性机构委托人的权利而禁止独立者使用惩罚权时，无论独立者得到的赔偿是否与其损失相称，这种禁止都与自由至上主义的根本信条相悖。

其次，应当从独立者的角度衡量赔偿是否充足，诺齐克却从支配的保护性机构的立场决定赔偿方式。诺齐克指出，"如果一个人 Y 对另一个人 X 做了一件事 A，与若 Y 没有做 A 则 X 没有得到赔偿的状况相比，X 得

---

① ［美］罗伯特·诺奇克：《无政府、国家和乌托邦》，第 99 页。
② ［美］罗伯特·诺奇克：《无政府、国家和乌托邦》，第 99 页。
③ 大卫·施密茨编：《罗伯特·诺齐克》，宋宽锋、庄振华译，复旦大学出版社 2013 年版，第 21 页。

到了赔偿而没有变得更糟,那么就是 Y 的行为对 X 进行了赔偿"[①]。赔偿原则要求 Y 对 X 的适当赔偿必须使 X 的状况处于同样高的无差别曲线（an indifference curve）上。诺齐克暗示衡量 X 处境变化的无差别曲线以效用为参数，Y 提供给 X 的适当赔偿必须使 A 发生后 X 的效用没有降低。可见，诺齐克明确主张要从被侵犯者 X 的角度考虑 Y 的赔偿数额。但在超低限度国家向最低限度国家的转变中，诺齐克却站在了侵权者一方："毫无疑问，赔偿独立者费用最低的办法是为他们提供保护服务……与其让他们在面对权利被侵犯时毫无保护（因为他们不得惩罚任何这样做的委托人），然后再试图对他们因权利被侵犯（以及处于一种被暴露的毫无保护的境况）所造成的损失给予事后的赔偿，这样做的费用更少。"[②]他完全没有顾及独立者对于赔偿数额和赔偿方式的多样化要求：独立者们的偏好可能十分不同，有的人认为充足的赔偿应当是超低限度国家的委托人享受的最高等级服务，有的可能仅仅满足于最低程度的免于人身攻击和财产侵夺的保护。但诺齐克仅仅从超低限度国家的角度出发，采取了对它而言成本最低的赔偿方式。超低限度国家花费最少的赔偿方式足以弥补独立者的损失吗？超低限度国家提供的保护服务能够使独立者的效用保持在禁止前的水平上吗？

在探讨赔偿数额时，诺齐克区分了"充分赔偿"和"市场赔偿"——"充分赔偿是这样的数额，即它是足够的，但却不能使得到赔偿的人在事后说他很高兴，对所发生的事情不感到遗憾；市场赔偿则是这样的数额，即在征得他的同意的事先谈判中所确定的数额"[③]。诺齐克认为"市场赔偿"的数额很难事先确定，因为人们在侵害过程中产生的恐惧和他事先预料的恐惧是非常不同的；而且只有在侵害发生前双方就赔偿数额进行实际谈判才能确定其数额，但"或者事先的同意是做不到的，或者为此进行协商的代价过于高昂"[④]，故而超低限度国家提供的保护服务只是一种"充分赔偿"。诺齐克曾讽刺道："只要给予充分赔偿就允许越界，这以一种不公平

---

① ［美］罗伯特·诺奇克:《无政府、国家和乌托邦》，第 68 页。
② ［美］罗伯特·诺奇克:《无政府、国家和乌托邦》，第 131 页。
③ ［美］罗伯特·诺奇克:《无政府、国家和乌托邦》，第 81 页。
④ ［美］罗伯特·诺奇克:《无政府、国家和乌托邦》，第 86 页。

的和武断的方式'解决了'如何分配自愿交换之利益的问题。"① 超低限度国家赔偿独立者的方式恰恰就是这种"不公平的和武断的"充分赔偿。尽管超低限度国家在禁止独立者强行正义之前，与独立者就赔偿额度进行谈判存在诸多困难，但是并不能因为存在困难就拒绝向独立者提供市场赔偿，而只给他们提供超低限度国家认为代价最低的赔偿。由于超低限度国家占据使用强制力的垄断地位和绝对优势，独立者要么不情愿地接受它提供的最低程度保护服务，要么放弃这些仅有的保护服务而自生自灭。与他们所获得的最低程度保护服务相比，独立者失去的是他们最珍视的生活方式。

最后，诺齐克虽然认为赔偿的非—再分配性使它并不构成对超低限度国家成员财产权的侵犯，但他实际上默认权利在一定条件下应当受到限制。诺齐克从主张任何个人权利都神圣不可侵犯到允许权利受限的妥协，为通向最低限度的征税国家（minimal taxing state）敞开了大门②。马克主张人们所享有的道德权利就是用来保护他们追求主体—相关价值的特权，维护人们的这些道德权利恰恰需要支配的保护性机构提供的保护服务。马克强调保护服务并非那些笔记本电脑、珍馐佳肴之类通过自愿交易就能被生产出来的商品，它们具有公益产品（public goods）一样的非排他性，即它们无法把那些不付费却从它们生产中获益的人排除出去。如果存在大量的逃票者，那么保护服务就无法仅依靠自愿付费的委托人生产出来。由于保护服务对于人们追求主体—相关价值至关重要，因此，为了保障保护服务被源源不断地顺利生产出来，不仅支配的保护性机构的委托人要缴纳保护服务的费用，而且独立者也应当付费，"因为被干涉的主体获得的收益恰好补偿了她因非—恐惧的干涉付出的代价"③。马克为支配的保护性机构向包

---

① ［美］罗伯特·诺奇克：《无政府、国家和乌托邦》，第 76 页。

② 费边·文特概括了两种削弱（attenuate）权利的方式。一种是埃里克·马克和茱蒂丝·汤姆森的主张，即权利并非绝对不可侵犯，有时会被其他的道德考量压倒。或者说，一个人不能侵犯（violate）权利，但可以获准干涉（infringe）权利，即对权利持有者提供相应的赔偿。另一种是洛伦·洛马斯基的主张，即对权利进行有条件地规定，这些有条件的权利虽然在某些情况下并不适用，但当它们适用时却是绝对不容侵犯的。参见 Fabian Wendt, "Political Authority and the Minimal State", *Social Theory and Practice,* Vol.42, No.1, Jan. 2016, pp.101–102.

③ Eric Mack, "Nozickian Arguments for the More-than-Minimal State", Ralf M. Bader and John Meadowcroft, eds., *The Cambridge Companion to Nozick's Anarchy, State, and Utopia,* Cambridge: Cambridge University Press, 2011, pp.107–108.

括独立者在内的其辖区内所有人征税的正当性辩护的依据在于，保护性服务对于捍卫每个人追求其主体—相关价值的权利是必不可少的。文特进一步主张，如果马克的论证成功，它不仅能证明国家垄断暴力的使用和征税在道德上是可以允许的，而且为决定权利在何时以怎样的方式被限制或干涉提供了标准[①]。以保护性服务对捍卫个人权利的必要性为依据，马克和文特发展了诺齐克在"赔偿原则"中隐含的限制权利的思想，但是他们对税收正当性的论证却通向了对最低限度征税国家的支持，这是诺齐克断然不能接受的。总之，如果诺齐克坚持强硬的自由至上主义立场，那么他就无法解决权利冲突的困境；如果他接受削弱权利的立场，那么他将付出承认税收正当性的沉重代价。

我们应当承认，作为一种对国家可能产生方式的阐释，诺齐克企图运用"看不见的手"机制解释国家如何从自然状态中一步步产生的尝试富有创造性和启发性。但在最低限度国家产生的过程中，无论是从竞争的保护性机构向支配的保护性机构的转变，还是从超低限度国家向最低限度国家的转变，都不必然发生；而且第二个转变因为依赖超低限度国家委托人的有意识选择，与"看不见的手的解释"强调结果不依赖参与者意图的根本特征相悖。作为一种对国家正当性的辩护，他抛开社会契约传统和同意理论，企图证明国家能够以不侵犯任何个人权利的方式产生，但由于忽视了"看不见的手的解释"的路径—依赖性特征，而无法证明人们生活在不受自下而上监控的最低限度国家中必定比自然状态优越。虽然诺齐克竭力证明最低限度国家在产生过程中不会侵犯任何人的权利，但无论是支配的保护性机构对独立者惩罚权利的禁止，还是超低限度国家为独立者正常生活遭受损失提供的赔偿，都可能涉及对独立者权利的侵犯，所以不能断言最低限度国家能够以正当的合乎道德的方式产生。

---

① 参见 Fabian Wendt, "Political Authority and the Minimal State", *Social Theory and Practice*, Vol.42, No.1, Jan. 2016, pp.107–109。

第三章　重审个人权利的不可侵犯性

　　诺齐克宣称:"个人拥有权利,而且有一些事情是任何人或任何群体都不能对他们做的(否则就会侵犯他们的权利)。这些权利是如此重要和广泛,以致它们提出了国家及其官员能够做什么的问题,如果有这类问题的话。"[1] 他认为这些个人权利是神圣不可侵犯的,它们为个人和国家的行为确立了边界约束,"边界约束表达了他人的神圣不可侵犯性"[2]。诺齐克虽然承认个人拥有众多具体权利,但是在他把它们无差别地统称为个人权利时,也赋予了他们无差别的不可侵犯性。夸张点说,诺齐克认为个人的自我—所有权与其选择冰淇淋口味的权利同样都是神圣不可侵犯的。自由主义的平等主义者认为,把各项个人权利都无差别地宣布为绝对不可侵犯不仅违反道德直觉,而且诺齐克对此也没有提供充分论证。实际上,不同的个人权利因其对个人生命和生活的重要性而不同,某些相对不重要的权利能够为了他人相对重要的权利或其他非个人权利的因素而被正当地干涉或限制,这种对不同个人之间权利重要性的权衡并不是诺齐克完全否定的"权利的功利主义"。

---

　　① [美]罗伯特·诺奇克:《无政府、国家和乌托邦》,第1页。
　　② [美]罗伯特·诺奇克:《无政府、国家和乌托邦》,第39页。

第一节　个人权利不拒斥对行为后果的权衡 [①]

一　个人权利是一组重要性不同的权利集合

内格尔认为各种具体的个人权利的重要性不同，并不能断言所有的个人权利在任何情境下都是神圣不可侵犯的。诺齐克拒绝为了任何目的而侵犯个人的任何一项权利，无论是为了做善事还是阻止恶行。内格尔申辩道："但是即便为了促进某种非常值得向往的结果而杀害或者致残某个无辜者是不允许的，受到保护的权利并不都具有同样的重要性。一个人应当被保护以免遭受侵害的事情是按照重要性（gravity）排序的：杀害、损伤、疼痛、物理强力、对许多不同种类自由的剥夺（活动、集会与行为）、对财产的破坏、对财产的强占；或者任意以上某一事情的威胁（它们在重要性上是变化的）。" [②] 比如，为了阻止某件极为恶劣的事情，不允许杀害无辜的人是有道理的，但是阻碍拿走他的某些财产用来制止恶行就没有道理了。内格尔声明："即便在自然状态中，这些权利在重要性方面也不同，并且有些权利并不是绝对的。" [③]

基于以上分析，内格尔认为个人权利一方面限制了对有价值目的的追求；另一方面在某些时候，如果被追求的目的足够重要，也能够压倒个人权利。"为了在了解个人权利的本质上取得进展，唯一的方式就是研究它们的起源和它们彼此间以及它们与那些被它们施加了限制的被追求的价值之间的关系。" [④] 于是，内格尔转向对诺齐克为其个人权利概念提供的道德论证的考察。内格尔认为诺齐克对个人权利道德基础的论证来自这一段话："并不存在拥有利益的社会实体，这种社会实体能够为了自己的利益而

---

① 本节部分内容发表于《基于自由平等主义的立场反驳自由至上主义——发展内格尔对诺齐克的批判》，《上海交通大学学报》（哲学社会科学版）2016 年第 5 期。

② Thomas Nagel, "Libertarianism without Foundations", *The Yale Law Journal*, Vol.85, No.1, 1975, p. 141.

③ Thomas Nagel, "Libertarianism without Foundations", *The Yale Law Journal*, Vol.85, No.1, 1975, p. 142.

④ Thomas Nagel, "Libertarianism without Foundations", *The Yale Law Journal*, Vol.85, No.1, 1975, p. 142.

承受某些牺牲。存在的只是个体的人，具有他们自己个别生命的不同的个体的人……以这种方式利用一个人就是没有充分地考虑和尊重这个事实，即他是一个各别的人，他的生命是他拥有的唯一的生命……"[①] 诺齐克将不容侵犯的个人权利诉诸每个人的生命是他所拥有的唯一生命这一事实，内格尔认为从这一事实判断并不能推衍出诺齐克所主张的价值判断，即不能为了某个人或某些人的利益利用其他人。

内格尔认为个人各别存在的事实不能阻碍人际间的利益得失比较，进行人际间的补偿并不需要诉诸社会实体这个概念。他主张所有人都会相信十个人获得一份利益比一个人独占那份利益要好，一个人受到伤害比十个人都受到相同的伤害要好，一个人获得较大的利益比另一个人获得较小的利益要好。"每个人的生命是他唯一拥有的生命"这一事实并不妨碍我们得出上述判断。内格尔进一步分析，如果在以上诸种备选项中选择一种方式，它并不涉及侵犯任何权利或资格，而仅仅涉及重新分配有限的时间或资源，那么我们就会认为这个选择比其他备选项更好。因此，当不涉及权利侵害时，个人之间的分立性并不阻碍人际间的得失权衡。

内格尔认为："权利拥有者与行为者之间的关系，必须进入对权利的分析和对权利基础的说明中，而不是权利拥有者和他的生活的内在本质。"[②] 内格尔指出，对权利之道德基础的解释应当集中在行为者和他被约束不能以某些方式对待的其他人的关系上，并且应当探寻这些约束和受它们所限制的被追求的目的之间的相互关系。内格尔总结道："不论在个人生活中还是在社会中，没有理由去设想每一项权利的力量是绝对的或者近似绝对的，例如，永远不能被后果考虑所压倒。不被故意杀害、折磨、刑讯或监禁的权利十分强大并足以限制对任何目标的追求。对自由行动、财产使用、缔结契约的更有限的约束显然远没有那么严重，并因此提出了较弱的限制。"[③]

从内格尔对诺齐克个人权利概念的批判中，可以清楚地看到他们各自

---

① ［美］罗伯特·诺奇克：《无政府、国家和乌托邦》，第39—40页。
② Thomas Nagel, "Libertarianism without Foundations", *The Yale Law Journal,* Vol.85, No.1, 1975, pp. 143–144.
③ Thomas Nagel, "Libertarianism without Foundations", *The Yale Law Journal,* Vol.85, No.1, 1975, pp. 144–145.

理解的个人权利概念十分不同：在内格尔看来，个人权利是由各种具体权利构成的集合，每种权利对于个人的重要性并不相同；在诺齐克看来，个人权利是一个抽象整体，他非但没有区分各种权利的相对重要性，而且笼统地认为个人权利神圣不可侵犯，从而赋予每一项权利以同等的权重。在内格尔看来，为了保障或促进其他人相对更重要的权利允许适当干涉或限制某个人相对不重要的权利，关键在于目标的可欲性与权利受损程度的比较。换言之，如果结果非常值得期待而且对相关个人的权利造成的损害也足以忍受，那么这种程度对权利的干涉或限制就是正当的。

二　个人权利不排斥非幸福主义的后果权衡

诺齐克在阐释对个人权利的边界约束理解时，强烈抨击了另一种与权利的边界约束观相对立的权利观念，即"权利的功利主义"（utilitarianism of rights）。诺齐克指出："功利主义没有对权利及其不可侵犯性给予适当的重视；相反，它将它们置于次要的地位。"[1] 根据功利主义的政治哲学，正义是根据什么东西能够产生最大的善来解释的，而善的最大化是功利主义所设定的最终目标。"权利的功利主义"所追求的最终目标是将侵犯权利的总量降到最低。诺齐克指责"权利的功利主义"没有对权利的不可侵犯性给予适当重视，就是说"权利的功利主义"为了实现把权利侵犯的总量降到最低的目标，允许牺牲某些人的权利，例如它允许为了阻止一群恶徒对某个城镇的暴行而把触怒了他们的某个无辜者交给他们处置。诺齐克认为个人权利的不可侵犯性并不是行为所应当力图实现的目标，而是对所有行为的边界约束，他断然拒绝为了任何目标牺牲任何个人的任何权利。边界约束原则不仅反对"权利的功利主义"，而且反对自由主义的平等主义，因为在诺齐克看来，后者为了实现平等主义的分配目标也允许侵犯某些人的权利，尤其是他们的财产所有权。

阿马蒂亚·森批评诺齐克的个人权利观在涉及权利的多边依赖（multilateral interdependences）道德困境时，无法指导我们如何做出恰当

---

[1]　［美］罗伯特·诺奇克：《无政府、国家和乌托邦》，第34页。

的行为选择。在这样的道德困境中，对行为的后果权衡不可避免。例如，为了阻止 A 被 B 强奸，唯一可行的方法就是 C 开着他从 D 那里抢来的轿车（考虑到当时 C 别无选择）快速赶到事发地点并阻止 B 得逞。在这个情境中，尽管 C 偷了 D 的轿车，但是 C 成功阻止 A 被 B 强奸，C 对 D 的汽车所有权造成的损害远小于 B 强奸 A 对 A 造成的损害，因此 C 的行为就获得了证成。森认为，如果我们坚持诺齐克的边界约束原则而禁止 C 侵犯 D 对轿车的所有权，就会导致 A 被 B 强奸，显然 A 不被 B 强奸的权利重要性压倒了 D 对自己轿车免于偷窃的权利。

为了进一步展示诺齐克个人权利观的局限，森构想了一个更加复杂的案例，以此展示面对同样的多边依赖道德困境时，幸福主义[1]的后果评价、诺齐克的边界约束原则和非幸福主义后果评价的后果分析（a consequential analysis with nonwelfarist evaluation of consequences）分别给出的不同指令。假设阿里是一个成功商人，但是他遭受了一伙无业游民的仇视，他们计划在阿里将要单独去的某个隐蔽地点暴揍他一顿。阿里的一位朋友唐娜恰巧知晓了袭击者们的计划，却不知道阿里要去哪里。她知道唯一能通知阿里的方式是拿到阿里留给查尔斯的字条，而这张字条却放在查尔斯的房间里。唐娜却无论如何也联系不上查尔斯，除非她闯入查尔斯的房间才能拿到那张字条。她应该如何选择？森提供了这样一个基于阿里与袭击者在袭击是否成功的不同事态下双方的效用变化表，并以此分析唐娜所面临的不同行为方案[2]：

事态	阿里的效用	每个袭击者的效用（共 10 个袭击者）	效用总量	效用最小值	效用间的不平等
袭击未遂	15	5	65	5	较多
袭击成功	10	6	70	6	较少

---

[1] "welfare" 常被国内学者翻译为 "福利"，相应地，"welfarism" 也被翻译为 "福利主义"，笔者在此遵循中国人民大学段忠桥教授把 "welfare" 翻译为 "幸福"、把 "welfarism" 翻译为 "幸福主义" 的用法，具体原因参见段忠桥《为社会主义平等主义辩护——G.A. 科恩的政治哲学追求》，第 179 页注①。

[2] 参见 Amartya Sen, "Rights and Agency", *Philosophy & Public Affairs*, Vol.11, No.1, 1982, p. 8.

　　通过这个效用变化表可以看到：如果袭击发生，阿里遭受的损失远比单个袭击者增加的效用要大，但是袭击者们得到的效用总和要超过阿里损失的效用；但从效用的变化来看，无论如何，袭击成功后阿里的效用依然比单个袭击者高。从幸福主义的理论来看，无疑袭击成功后的效用总量更大，所以唐娜不应该闯入查尔斯的房间而任由阿里被袭击。但是，幸福主义的效用标准与唐娜的道德信念发生了强烈冲突，她认为作为朋友有义务警告阿里。森认为，唐娜在当下事态中面临的问题不是建议袭击者如何行为，况且她也做不到，而是她闯入查尔斯的房间能不能得到道德证成。

　　再看诺齐克会怎么指导她选择，唐娜将发现诺齐克的边界约束原则不能给她任何有效建议。尽管边界约束禁止袭击者故意损伤阿里的身体，同时它也禁止查尔斯对房间的所有权和隐私权被唐娜侵犯，两种权利都被诺齐克视作不容侵犯，诺齐克断然拒绝对它们的重要性进行比较衡量。因此，诺齐克会告诉唐娜必须尊重查尔斯的财产权和隐私权，她只能任由阿里遭受袭击之后由警察去制裁袭击者，却不能在未得到查尔斯同意的情况下进入他的房间取走字条并警告阿里躲避袭击。

　　唐娜从幸福主义和诺齐克那里都得不到与她的道德信念相符的规范指令，她只有从非幸福主义后果评价的后果分析那里寻找进入查尔斯房间的正当理据。非幸福主义后果评价的后果分析与幸福主义的后果评价和自由至上主义的边界约束原则相比有两个优点：其一，它是非幸福主义的后果评价，在对事态的评价中不仅仅关注效用总量最大化；其二，它是非义务论的后果分析，它允许在事态的评价中衡量各方权利的相对重要性，从而做出能达到最可欲事态的行为判断。在非幸福主义后果评价的后果分析中，权利不再被当作行为的边界约束，而是被纳入事态的评价中，为了实现更可欲的事态，为了较重要的权利可以有条件地干涉较不重要的权利。森认为，既然各种权利对于个人的重要性是不同的，那么，个人财产权就应当为了实现更加可欲的目的或事态受到必要限制。因此，非幸福主义的后果分析会建议唐娜进入查尔斯的房间拿到字条以挽救阿里被恶意袭击。

　　从内格尔和森对诺齐克个人权利观的批评可以看出，他们都主张个人权利是由众多具体权利构成的集合，这些权利对于个人的不同价值目标具有不同的道德权重，并不能像诺齐克一样把各项权利都看作在任何情境下都是无差别不容侵犯的。他们不仅指出不同的权利具有不同的权重，而且试图寻找人们应当基于哪些理由去解决权利冲突的困境。

第二节　不存在绝对排他性的财产所有权

诺齐克的自由至上主义与自由主义的平等主义在捍卫个人的人身权利、政治权利、良心及信仰自由的权利、择业及迁居自由的权利等基本权利方面并没有重要分歧，并且他们都认为这些基本权利不能因国家利益或社会利益的理由而被侵犯。两者的主要分歧在于对财产所有权的理解不同：诺齐克认为财产所有权与其他基本权利一样都是神圣不可侵犯的；自由主义的平等主义则没有赋予财产所有权与其他基本权利同等的道德地位并对财产所有权提出了各种限制。笔者将在本节分析罗尔斯等自由主义的平等主义者对诺齐克式财产所有权观念的反驳，他们的论证主要体现在对诺齐克式绝对排他性财产所有权观念的批评和对基本自由权优先于财产所有权的阐释。

一　私有财产权必须接受正义原则的规范

诺齐克式私有财产权具有以下三个特征：首先，私有财产权类似于某种自然权利，它是个人与生俱来的权利；其次，私有财产权的正当性取决于是否满足持有正义原则，而不受国家法律制度和公共利益的限制；第三，只要个人对其财产拥有正当的所有权，就可以如其所愿地积累、转让、赠送他的财产。罗尔斯也承认个人拥有私有财产权，他在《正义论》中就把"保障个人财产的权利"列入正义第一原则，在《作为公平的正义：正义新论》中，更加明确表述——"在各种基本权利中，有一种是持有和拥有个人财产的独占使用权"[1]。因此，罗尔斯不仅没有否认个人拥有私有财产的权利，而且通过把私有财产权列入正义第一原则保障的基本自由权体系的方式，要求这一权利应当被平等地分配，即承认每一个公民都拥有私有

---

[1]　［美］约翰·罗尔斯：《作为公平的正义：正义新论》，第138—139页。

财产权。可见，罗尔斯在个人是否享有私有财产权这方面同诺齐克的分歧并不大。罗尔斯并不许诺个人可以不受限制地任意使用、放弃、赠送他们的财产，而是主张财产所有权要接受正义原则和相关法律制度的规范与约束，突出地体现在人们的收入和财富要依据符合正义原则的税收制度被课税。自由主义的平等主义者相信"所有权与财产权的概念是根据这一制度背景被定义的；这些权利是形式的和第二位的观念，它们的内容由这样那样的财产规则所规定"①。既然持有正义论和"作为公平的正义"都承认个人拥有私有财产权，为什么它们又会在财产所有权的理解上相互对立？实际上，私有财产权和财产所有权是两个性质和内容都不同的概念，而且财产所有权的概念可以被不同的财产所有权观念所诠释。

先看私有财产权概念与财产所有权概念的区分。私有财产权（the right to private property）概念与私有财产所有权（the ownership of private property）概念处于不同的概念等级，前者蕴含了后者，后者是前者的次级概念。沃尔德伦区分了财产制度（property scheme）的概念与私有财产的概念。财产制度是指管理人们获取物质资源的一系列规则。由于在一定时空范围内，物质资源相对于人们需要的满足而言是稀缺的，于是就产生了在人们之间分配这些有限资源的配给（allocation）问题②，财产制度就是被制定出来以理性和平的方式解决何人何时出于何种目的获取某些资源的配给问题。一般而言，财产制度包括私有财产制、集体财产制（collective property）和公共财产制（common property）及它们三者的混合形式。在私有财产制中，解决配置问题的管理规则围绕这

---

① Samuel Freeman, "Illiberal Libertarians: Why Libertarianism Is Not a Liberal View", *Philosophy and Public Affairs*, Vol.30, No.2, 2001, p.129.

② 罗尔斯区分了分配正义（distributive justice）与配给正义（allocative justice）的不同，他认为："分配正义的问题永远是这样：基本结构的制度作为一种统一的制度体系应该如何加以规范，以使一种公平的、有效的和富有生产力的社会合作体系能够得以持续维持、世代相继？与其相对照的是另外一个问题，即如何将一批既定的商品在众多个人中间进行分配或配给，而我们知道这些人具有不同的需要、欲望和偏爱，但他们生产这些商品时，没有进行任何形式的合作。这第二种问题是配给正义的问题。"参见［美］约翰·罗尔斯《作为公平的正义：正义新论》，第64页。但是，此处笔者仍然沿用沃尔德伦的术语，用"配给"描述不同财产制度执行的类似的分配资源的作用，而不是凸显罗尔斯式"分配正义"对"社会合作"理念的强调。

样的理念被制定，即资源总体而言是可以分离的客体，它们被分成不同的份额，并且每一份被授予某一特殊的个体。沃尔德伦把这一理念称为"组织理念"（the organizing idea），即在私有财产制中，原则上每份资源属于某一个体。为了更加生动形象地表述"组织理念"，他说："想象一下，一个社会中可供使用的物质资源已经被分成独立的小份（把每一份称为一个客体），并且每一客体上被贴上了这个社会中一个成员的名字。"[①] 这种"人名/客体"的一一对应关系表明，在私有财产制中，与某一客体相连的个人有权决定他如何使用这一客体，并且他的决定被社会公认为具有最终裁决力。沃尔德伦认为这种"人名/客体"的对应关系就是"所有权"概念的形象表达，并且这种一一对应的相连关系只适合于私有财产制度，因为只有在私有财产制中，财产所有者才能是个人，他才拥有如何使用资源的最终决定权利，在集体财产制和公共财产制中个人都没有这种权利。

再看财产所有权概念与财产所有权观念的区分。罗尔斯对正义的概念（concept）和正义的观念（conception）进行了区分："在这些预备性的评论中，我把意味着在竞争要求之间的一种恰当平衡的正义概念与正义观念区别开来，后者是把决定这种平衡的有关考虑统一起来的一系列原则……我认为，正义的概念就是由它的原则在分配权利和义务、决定社会利益的适当划分方面的作用所确定的。而一种正义的观念则是对这种作用的一个解释。"[②] 罗尔斯把他提出的"作为公平的正义"看作一种特殊的正义观念。罗尔斯的"概念—观念"区分意在表明正义的概念是由正义的作用规定的，正义的作用就是在公民之间恰当分配社会合作所产生的权利与义务、利益与负担；正义的观念则是实现正义作用的一系列规范原则。简而言之，正义的观念是对正义概念的具体解释。实际上，罗尔斯在这里已经用分配正义替换了正义，他所谓的正义的概念和正义的观念之间的区别就是分配正义概念和分配正义观念之间的区别。沃尔德伦也利用罗尔斯的"概念—观念"区分解释不同分配正义观念之间关于财产所有权问题的争论。他认

---

① Jeremy Waldron, *The Right to Private Property*, Oxford: Clarendon Press, 1988, p.38.
② ［美］约翰·罗尔斯:《正义论》，第10页。

为，既然存在着正义概念和正义观念的区分，同理，也存在着私有财产权概念和私有财产权观念的区分，存在着财产所有权概念和财产所有权观念的区分。财产所有权概念就是表达特殊个人与特定份额资源之间对应关系的"组织理念"，并且与这一资源对应的个人所作如何使用这份资源的决定被社会承认拥有最终效力。财产所有权观念则是具体法律系统规定的个人对某些资源的各种权利、自由、豁免权和对其他人的相应责任。与正义的概念和正义的观念的关系类似，财产所有权的概念是由财产所有权解决资源配置问题的作用决定的，财产所有权的观念则是不同国家法律体制对财产所有权概念的具体解释。沃尔德伦发现，不仅在一对简单的财产所有权关系中存在着诸种法律关系变更的不稳定性，而且在不同国家财产法体系中对所有者的具体权利的规定也不尽相同——"在美国，一个所有者可以根据他的意愿把他的财产留给几乎任何人。但是在英国一个所有者就没有这么大的自由；在新西兰，它甚至被成文法限制得更严重"①。虽然各个国家的财产法制度都存在执行相似作用或功能的财产所有权法规，但是它们对财产所有权的具体规定又各不相同甚至差别巨大：存在类似功能的所有权法规是因为任何国家和社会都需要一定的规则来处理资源配置问题；不同国家和社会对财产所有权的具体规定不同是因为它们对财产所有权的规定纳入了对它们各自国家历史文化、法律传统、社会经济发展水平、人口数量及素质、地缘政治和国际形势等各种具体因素的考虑。因此，不难理解为什么自由主义的平等主义与自由至上主义虽然都承认个人拥有私有财产权和财产所有权，却在个人拥有何种形式的财产所有权问题上存在重大分歧。他们持有不同的财产所有权观念，与他们各自主张的正义原则息息相关。

无论对于诺齐克而言还是对于罗尔斯而言，财产所有权在本质上都是一种个人权利，因此，考察他们对于正义原则与个人权利之间关系的理解，就能知晓他们对正义原则与财产所有权之间关系的观点。根据罗尔斯的观点，正义原则优先于权利和资格，正义原则从根本上限定了权利与资

---

① Jeremy Waldron, *The Right to Private Property*, Oxford: Clarendon Press, 1988, p.29.

格的内容。人们首先在无知之幕后选择出正义原则，然后召开立宪会议并以正义第一原则为标准制定出能够确保每个公民平等地享有基本自由权的宪法，随后在正义第一原则和宪法的约束下，于立法阶段根据正义第二原则制定各项法律条款和经济政策。这些法律条款和经济政策规定了包括私有财产权和财产所有权在内的各项具体权利，所以，"脱离现存的制度，关于我们能够合法期望的东西，或者关于我们对其拥有资格的东西，不存在任何先验的、独立的理念"①。根据诺齐克的观点，权利或资格优先于正义原则，不是正义原则规范人们的权利或资格，而是正义原则要根据不可侵犯的权利或资格被制定。

在持有正义论中，诺齐克声明人们的财产所有权要受到持有正义三原则的约束，任何违反持有正义三原则中任意一条的财产所有权都是不正当的。但是，纵观持有正义论的三个正义原则，即获取正义原则、转让正义原则和矫正正义原则，这三个原则并没有涉及对何为正义的实质性规定，它们仅仅表达了这样一个理念，即"如果一个人根据获取和转让的正义原则或者根据不正义的矫正原则（由头两个原则所规定的），对其持有是有资格的，那么他的持有就是正义的"②。简而言之，正义就意味着个人对其持有是有资格的。但是，资格又是独立于并优先于正义原则的，资格的性质与内容完全不受持有正义原则的约束，更不是持有正义原则所授予的；相反，持有正义原则却要根据资格的持有状态得到说明——如果人们对其持有是有资格的，就是正义的；如果人们对其持有没有资格，就是不正义的。诺齐克对资格的解释是一种典型的回溯定义，即正当的资格源自正当的获取或转让，而正当的转让又源自正当的获取。一项正当的财产所有权始源于正当的初始占有，初始占有的正当性取决于占有是否造成其他人的境况比占有发生前恶化。但是，众多学者已经证明诺齐克给初始占有施加的限制条款远远不足以保证其他非占有者的境况不被恶化。③因此，持有正义的三原则并不能给财产所有权的正当性

①　［美］约翰·罗尔斯：《作为公平的正义：正义新论》，第91页。
②　［美］罗伯特·诺奇克：《无政府、国家和乌托邦》，第183页。
③　科恩雄辩地论证了诺齐克式限制条款的缺陷，由于科恩对诺齐克的反驳并不是本书的研究对象，因此不再赘述。

施加实质性限制。由于诺齐克并没有区分各种不同性质和重要性的权利，而人们对其持有拥有资格就意味着拥有对其持有物的绝对支配权利，即绝对的财产所有权，个人可以根据自己的喜好或意愿不受限制地将自己的房屋、土地、收藏品、股票等财产部分或全部转让给任何他选定的人。然而，在"作为公平的正义"中，个人的财产所有权是由受到正义原则和宪法规范的财产法授予的，所有权以及包含在所有权关系中的各项子权利，如转让权和遗赠权，都受到非个人权利的许多其他道德因素和社会经济发展水平等客观因素的限制，例如，为了促进不动产和生产性资料的广泛分布，罗尔斯主张应当向遗产和捐赠品的接受方征收累进税。

诺齐克频频唤起人们对再分配的厌恶，因为在他看来，再分配意味着政府可以随时夺走一部分本属于个人的财产而用于任何目的。博格声明罗尔斯主义者主张的再分配并不是诺齐克所设想的那种，"它没有设想对根据初始占有和所有权变更规则所出现的土地分配进行特别的纠正和改进的机制。相反，它设想了这些决定土地所有权（的模式）最初是如何产生的规则的特殊内容。没有财产被从某人那里拿走并给予其他人"[1]。在罗尔斯主义的框架内，根本不存在诺齐克式的绝对排他性财产所有权，在任何一项特殊的私有财产权产生之初，它都要受到私有财产权规则的规范与约束，包括所有权的变更规则对财产转让权的限制。权利是由规则界定的，对于罗尔斯主义者而言，并不是允许侵犯诺齐克式的财产所有权，而是在规则制定之初就根本不承认这种绝对的排他性财产所有权。

博格认为通过对以所得税为基金（income-tax-funded）的福利制度的比较可以更加直观地说明诺齐克批评分配正义侵犯了人们财产所有权的谬误。在这种制度的私有财产权规则下，并不存在诺齐克所谓的"再分配"，因为人们只对他们的净收入（net income）拥有资格。在福利制度的私有财产权制度下，分配给人们的就是他们的净收入。诺齐克所批判的那种再分配制度必须以最初分配给人们的是他们的毛收入（gross income）为前提，即人们必须对他们的毛收入有资格。只有所得税作为毛收入的一部分

---

[1]　Thomas Pogge, *Realizing Rawls*, New York: Cornell University Press, 1989, p.17.

时，才能说所得税是被夺走的一部分财产，然而在福利制度的私有财产权体系下，人们对他们的毛收入并没有资格完全支配。

二 基本自由权优先于财产所有权 ①

罗尔斯强调他所捍卫的基本自由权与诺齐克理解的个人权利的根本区别在于：任何一项基本自由权都是不可让渡的（inalienable），而诺齐克认为所有个人权利都是可以让渡的。"基本自由权，事实上是不可让渡的，并因此不能通过由公民达成的任何协议将之放弃或做限制，当然也不能因共享的集体性的偏好而侵犯这些自由权……不过，被诺齐克视为根本性的那种权利，与'作为公平的正义'中的平等的基本自由权是不同的。因此，我想在诺齐克的观点中，这些基本自由权并不是不可让渡的。然而在'作为公平的正义'，任何旨在撤销或限制这些自由权的举动，从一开始就是无效的；公民在（撤销或限制这些自由权）这方面的欲望，不具有任何法律效力也不影响这些权利……以此方式，'作为公平的正义'的正义原则将力量赋予原初代表在原初状态中达成的协议，该协议是为了保障人们的最高阶利益而确定下来的。公民们在社会中达成的协议或形成的偏好，被认为是在等级上从属于这些最高阶的利益的，并且这是自由权的优先性的根基。"② 罗尔斯不仅指出了基本自由权与诺齐克的个人权利的根本差别，而且指出基本自由权及其优先性的根据是人们的最高阶利益。所谓的"人们的最高阶利益"是罗尔斯的道德人格观念中的重要概念，罗尔斯也正是通过道德人格观念论证基本自由权的不可让渡性与优先性，并且解释了为什么诺齐克式绝对排他性财产所有权不是受正义原则保障的基本自由权。

在《正义论》第一版中，罗尔斯对基本益品和基本自由权的阐述存在重要缺陷，是哈特的批评促使罗尔斯发现并尝试修正这些缺陷。罗尔斯在《道德理论中的康德式建构主义》（1980）和《基本自由权及其优先性》（1982）两篇文章中针对哈特的批评，重新阐发了对基本自由权及其优先

---

① 本节部分内容发表于《论罗尔斯对诺齐克的反驳——基于道德人格观念的视角》，《武汉理工大学学报》（社会科学版）2020 年第 6 期。

② ［美］约翰·罗尔斯：《罗尔斯论文全集》（上册），第 421 页注释①。

性的证明，并将基本自由权及其优先性建立在自由而平等的道德人格观念之上。以自由平等的道德人格为基本自由权的论证依据是罗尔斯将诺齐克式财产所有权剔除基本自由权体系的根本原因。

罗尔斯在《道德理论中的康德式建构主义》中明确提出了"人的观念"，自此之后，无论是对正义原则的论证还是对基本自由权及其优先性的辩护都以这一"人的观念"为根据。罗尔斯把"人的观念"进一步界定为"自由平等的道德人"，其具体含义如下："我们认为道德人的特征就是拥有两种道德能力以及具有两种相应的最高阶利益来实现和运用这些能力。第一种能力就是有效正义感的能力，即理解、应用和实践（并不仅仅是遵守）正义原则的能力。第二种道德能力是形成、修正和理性地追求一种善观念的能力。相应于这些道德能力，道德人被认为受到去实现与运用这些能力的两种最高阶利益的驱动。把这些利益说成是'最高阶的'，我的意思是，正如道德人的模型观念被定义的那样，这些利益具有最高级的调控性和有效性。这意味着无论任何时候，当涉及与这些利益的实现相关的环境，这些利益主导着人们的慎思和行为。由于原初状态中的各派代表着道德人，他们同样也被这些利益驱使着去确保这些能力的发展和运用。"[1]

罗尔斯区分了两种开列基本自由权清单的方式，一种是历史的方式，通过考察各民主国家宪法所承认和保障的基本权利和自由，并把它们收集起来结成一份清单，但是这种方式不适用于原初状态中的代表人；另一种是分析的方式，它基于"自由和平等的人"的观念，通过思考哪些基本权利和自由能够为自由和平等的人充分发展和运用两种道德能力提供最必要的政治和社会条件来确定基本自由权的种类。基本自由权为人们实现与运用两种道德能力提供了必要的政治和社会条件，即它们是人们实现两种最高阶利益的必要条件。道德人格的"最高阶利益"与原初状态中代表各方的"理性利益"的区别何在？

---

[1]　John Rawls, "Kantian Constructivism in Moral Theory", *The Journal of Philosophy*, Vol.77, No.9, 1980, p.525. 中译文参考［美］约翰·罗尔斯《罗尔斯论文全集》（上册），第352页，译文略有改动。

　　"理性利益"是哈特抨击罗尔斯在《正义论》中论证"基本自由权及其优先性"的软肋，因为"理性利益"取决于不同个人的性格、欲望和偏好，因此不存在一个通用的标准去判定人们能否在基本自由权的优先性问题上达成一致。"理性利益"与人们的主观心理因素相关，而"最高阶利益"与道德人格的理性能力相关，后者是所有自由而平等的公民都享有的利益，它比"理性利益"更具有客观性和普遍性。首先，"最高阶的利益"是根据"自由而平等的人"的观念被规定的，"自由而平等的人"的观念是一种政治观念，它独立于各种形而上学、心灵哲学和心理学，它不依赖于任何整全性的道德、哲学和宗教学说[①]，因此，"最高阶的利益"也是独立于以上各种学说而被界定的，但"理性利益"却难免受到不同个人所持的特殊的整全性学说及心理变化的影响。"最高阶利益"是根据人们成为终身能够参与社会合作的需要（needs）定义的，"并且需要不同于欲求（desires）、愿望（wishes）和喜好（likings）。公民的需要在某种方式上是客观的，欲求却不是；也就是说，公民的需要表达了拥有某种最高阶利益、具有某种社会角色和地位的人的需要"[②]。其次，"最高阶的利益"是每个公民为了参加社会合作事业就必须实现的利益，而每个公民都不能脱离开社会合作事业独存，因此，"最高阶的利益"也是所有平等自由的公民都渴望得到满足的普遍性利益。第三，"最高阶的利益"和"理性利益"相比，在实践中更具有可公度性。罗尔斯认为只要人们拥有两种最低限度的道德能力，就能够被认可为自由而平等的公民，拥有两种道德能力是成为终身参与社会合作的公民的充分条件，所以当人们具备了最低限度的两种道德能力之后就意味着实现了"最高阶利益"，高于此限度之上，人们如何发展他们的道德能力和提高相应的利益及其所达致的程度都超出了正义原则关注的范围。尽管最低限度的道

[①]　学界对于"comprehensive doctrines"的翻译有很多种，如万俊人教授将它译为"完备性学说"，姚大志教授将其译为"统合性学说"，陈肖生博士将其译为"整全性学说"，笔者在书中使用"整全性学说"的译法。这三种译法都不影响对这一概念的理解，它们都能够表达其基本内涵，即这一概念"意味着它涵盖了那些关于人类生活，个人美德和品格中什么是有价值的观念，这些观念意图指导我们的大部分思想和行为（在作为一个整体的生活的限度内）"。参见［美］约翰·罗尔斯《罗尔斯论文全集》（下册），第 479 页注释②。

[②]　［美］约翰·罗尔斯：《罗尔斯论文全集》（上册），第 423 页。

德能力的实现状况取决于不同社会的经济发展水平、历史传统和政治制度，但是在特定社会中，人们是否实现了最低限度的道德能力却依然可以找到相对确定的衡量标准，因此，"最高阶的利益"与"理性利益"在可公度性上相比，更具有可行性。

综上所述，罗尔斯论证基本自由权及其优先性的方法不再是诉诸原初状态中代表人的理性自利，而是诉诸"自由而平等的人"的观念，这种人的观念既是政治哲学的规范性观念，又是从民主社会的公共政治文化、历史传统和基本政治文献中概括出来的，因此具有更加广泛的认识论基础。同时，道德人格的两种"最高阶利益"也是所有公民参与社会合作事业必须实现的客观利益，并非受欲望、性格、情绪等心理因素影响而千变万化的主观利益。罗尔斯把人的观念与社会合作的观念联系起来，由于社会合作预设了拥有两种道德能力的道德人格，个人必须参与社会合作是人们普遍接受的事实，因此，罗尔斯就通过被广泛接受的社会合作观念证成了这种"自由而平等的人"的观念。罗尔斯通过区分原初状态中代表人的"合乎情理的能力"与"理性能力"，并且"合情理性"预设着"理性"，从而保证了代表各派对公平合作条款的重视，而基本自由权及其优先性的确定就归属于合作条款的制定，因此，代表人的两种能力（相应于道德人格的两种能力）就保证了代表人对能够保障他们的两种基本能力的正义原则的偏爱。正义二原则通过对基本自由权的保障被证明最有助于充分实现与发展两种道德能力，并且有助于形成秩序良好的社会，于是，罗尔斯就以道德人格为根据论证了基本自由权的优先性。

基本自由权是道德人格实现和运用两种道德能力的必要条件，基本自由权被选择的标准在于"基本自由及其优先性应该保证所有公民都拥有平等的社会条件，而在我们提到的两种基本情况中，这些社会条件对于他们两种道德能力的全面发展和充分而灵活的运用是及其重要的"[1]。罗尔斯所说的"第一种情况"是指当人们在评价和选择适用于基本结构的正义原则时，"第二种情况"是指人们在形成、修正和追求各种善观念时。基本自

---

① ［美］约翰·罗尔斯：《作为公平的正义：正义新论》，第137页。

由权是罗尔斯所提出的基本益品的子类目，哪些基本益品被列入基本自由权的清单取决于它是否在以上一种或两种基本情况中为充分实现与运用两种道德能力提供了必要条件。罗尔斯开列的基本自由权清单包括"思想自由和良心自；政治自由（例如，政治活动中选举和被选举的权利）、结社自由以及由人的自由和健全（物理的和心理的）所规定的权利和自由；最后，由法治所涵盖的权利和自由"[1]。对照罗尔斯列出的五类基本益品——"基本的权利和自由、在拥有各种各样机会的背景条件下的移居自由和职业选择自由、拥有权威和责任的官职和职位之权力和特权、收入和财富、自尊的社会基础"[2]，不难发现，"收入和财富"这项基本益品不属于基本自由权之列。[3]

我们可以草率地认为罗尔斯把"收入与财富"这项基本益品排除出基本自由权的清单，就认为罗尔斯不承认私有财产权是一项基本自由权吗？首先，基本自由权的最后一项，即"法治所涵盖的权利和自由"，罗尔斯没有对它的内容进行详细论述，但是毫无疑问，各国法律体系中几乎都存在承认与规范私有财产权的相关法律，因此"法治所涵盖的权利和自由"与私有财产权是相容的。其次，罗尔斯在对"收入与财富"这项基本益品的解释中指出："它们被理解为达到众多目标通常所需要的适于各种目的之手段（具有一种交换价值），而无论这些目标是什么。"[4] 既然"收入与财富"是人们实现各种目标都不可缺少的通用手段，那么它们也是实现两种道德能力的必要条件。最后，认为罗尔斯不承认把私有财产权归属于基本自由权，不符合罗尔斯对私有财产权的一贯论述，他在《正义论》中就明确指出正义第一原则保障人们的私有财产权。因此，罗尔斯实际上承认了私有财产权的基本自由权地位。但是，作为基本自由权的私有财产权是根

---

① ［美］约翰·罗尔斯：《作为公平的正义：正义新论》，第58页。

② ［美］约翰·罗尔斯：《作为公平的正义：正义新论》，第74页。

③ "自尊的社会基础"没有被列入基本自由权之中，是由于其作为基本制度组成部分的特殊性质。"自尊的社会基础"包括维护和促进自尊的基本社会制度的某些公共特征和公众期望与尊敬的行为方式，它是一种公民们都需要的基本益品，却不是可以分配的权利。当基本自由权得到了充分保障和实现时，就有利于确立稳固的自尊的社会基础，毋宁说自尊的社会基础是基本自由权的制度背景，而它本身并非基本自由权。

④ ［美］约翰·罗尔斯：《作为公平的正义：正义新论》，第74页。

据"自由而平等的人"的观念被界定的道德权利，并不是诺齐克主张的不受法律制度约束的自然权利。

罗尔斯和诺齐克对"自由"与"权利"两个根本概念的理解不同。罗尔斯并不承认存在某种抽象的自由，诺齐克却不仅把自由视为具有卓越的道德价值，而且把它当作正义理论的主要目的。罗尔斯承认对"自由"的一般性假定，即没有充分的理由不能对人们的行为强加法律或其他方面的限制，但这种假定并没有赋予自由至上主义式的自由任何特殊地位。罗尔斯认为只存在具体的自由和具体的权利，这些自由和权利是由宪法和各种法律制度具体地规定和授予的。诺齐克主张的个人权利是"自然权利"，罗尔斯主张的权利是"道德权利"。虽然诺齐克对"自然权利"的理解不同于洛克，但是他们都认为"自然权利"具有两个根本特征：其一，它们是个人凭借其生而为人的身份所具有的权利；其二，自然权利不同于法律权利与约定俗成的权利，它们独立于特殊的法律体系与传统习俗。罗尔斯主张的道德权利与自然权利有什么根本差别？

德沃金认为罗尔斯对基本自由权的论证也是建立在深层的自然权利之上，"作为公平的正义是建筑在一个自然权利的假设之上的，这个权利就是所有的男人和女人享有平等的关心和尊重的权利"①。但是，罗尔斯并不赞同德沃金的解读。罗尔斯认为德沃金对政治理论的分类过于狭隘②，如果认为"作为公平的正义"仅仅是以自然权利为基础的理论，就容易遗漏掉"作为公平的正义"的许多重要特征。罗尔斯认为"作为公平的正义"是将某些根本性的直觉理念，如自由而平等的道德人的理念、秩序良好社会的理念、社会合作的理念相互联系起来的"以理想为基础的观点"（ideal-based view）③。笔者认为罗尔斯不肯用自然权利诠释基本自由权的另一个理由是，哲学史中的各种自然权利学说都依赖于某种整全性的道德学说或

---

① ［美］罗纳德·德沃金：《认真对待权利》，第 244 页。

② 德沃金将政治理论区分为"以权利为基础""以责任为基础"和"以目标为基础"三种类型。参见［美］罗纳德·德沃金《认真对待权利》，第 230—232 页。

③ 参见 John Rawls, "Justice as Fairness: Political not Metaphysical", *Philosophy & Public Affairs*, Vol.14, No.3, 1985, pp.236-237, note19. 中译文参见［美］约翰·罗尔斯《罗尔斯论文全集》（上册），第 452—453 页注释②。

哲学理论，从而带有鲜明的形而上学色彩，罗尔斯要努力建构独立于各种整全性学说的政治正义观，所以他必须从能够使持有各种不同整全性学说的人们达成一致的公共文化背景和政治传统中为基本自由权寻找根据。因此，罗尔斯所坚持的基本自由权是一组具体的道德权利——它们是具体的权利是因为它们的内容是由宪法和法律具体规定的；它们是道德权利是因为它们的拣选和作用是依据道德人格的观念规定的。

罗尔斯一方面把私有财产权理解为道德权利，所以他承认私有财产权的基本自由权地位，即"它能够赋予人格独立和自尊感以足够的物质基础，而人格独立和自尊感对于道德能力的全面发展和使用是极其重要的"[①]。罗尔斯另一方面又把私有财产权理解为具体的权利，所以他认可的作为基本自由权的私有财产权并不预设任何特殊的财产权形式，而是把对私有财产权和财产所有权具体内容的进一步规定保留到立法阶段去解决。虽然罗尔斯并不承诺任何具体形式的财产权，但是他排除了两种广义理解的财产权形式，即"（1）一般而言在自然资源和生产资料方面的私人财产权，其中包括获取和馈赠的权利；（2）包括参与控制生产资料和自然资源的平等权利在内的财产权，而这些生产资料和自然资源应该为社会而非私人所拥有"[②]。第（1）种对财产权的理解和契约自由权是诺齐克的观点，第（2）种财产权的观念是马克思主义的观点。为什么罗尔斯要把诺齐克式的私有财产权排除出基本自由权？

首先，罗尔斯给出的极为简短的解释就是这两种财产权形式对于道德能力的发展与运用不是必需的。在不同文献谈到这个问题时，罗尔斯都是从这两种被排除的财产权观念对于实现与运用两种道德能力的非必要性方面进行说明，他自己也承认这种论证方式不够充分，罗尔斯坦言"无论如何，它们可能仍然需要加以证明。这依赖于现存的历史条件和社会条件"[③]。其次，罗尔斯目前对基本自由权的讨论都是在选择正义原则的层面展开的，在正义原则层面讨论的基本自由权只涉及其大致的"中心应用范

---

① ［美］约翰·罗尔斯：《作为公平的正义：正义新论》，第139页。
② ［美］约翰·罗尔斯：《作为公平的正义：正义新论》，第139页。
③ ［美］约翰·罗尔斯：《作为公平的正义：正义新论》，第139页。

围"，任何进一步的对基本自由权内容的规定都要在立宪和立法阶段展开。在正义原则的选择阶段，罗尔斯始终坚持单纯依靠哲学学说并不能确定哪一代表方所持的私有财产权观念能够说服另一方，"这意味着，例如生产方式中的私有财产权或者社会所有权和类似问题，并不能在正义第一原则的层面上得到解决，而是取决于一个国家的传统和社会制度，以及它的特殊问题和历史环境"①。尽管罗尔斯认为拥有生产资料和自然资源并不是实现两种道德能力的必要条件，并且个人所持的决定性善观念并不能产生对生产资料的要求，但是他既没有完全取缔个人实际拥有的对某些生产资料的所有权，更没有否定个人渴望通过占有生产资料积累财富的善观念，这体现在"作为公平的正义"所包含的责任分工观点："社会，也就是公民作为一个集合体，要承担的责任就是保障平等的基本自由权、公平的机会平等，以及在其基本框架内为人们提供对基本益品的一种公平分享；而留待（作为个体）的公民们以及各种团体，根据他们（考虑其目前和可预见的处境）可期待的通用手段，承担其相应的修正和调整他们的目的和抱负的责任。"② 因此，那些期望获得更多生产资料和自然资源以实现其终极目的和决定性善观念的个人，只要其生活计划及其实施并不违反正义原则的规定，就可以通过自己努力获得他所期望的生产资料和资源，但是他的这一期望以及对其所持有的决定性善观念的忠诚，无论多么强烈，都不能成为在选择正义原则的层面要求某些生产资料所有权的理由。

---

① John Rawls, *Political Liberalism, Expanded Edition*, New York: Columbia University Press, 2005, p.338.

② ［美］约翰·罗尔斯：《罗尔斯论文全集》（上册），第 420 页。

第四章 实施分配正义不会侵犯自我-所有权

诺齐克认为个人财产权的获得源于自我—所有权的运用，自我—所有权是神圣不可侵犯的；由于自我—所有权是神圣不可侵犯的，诺齐克又进一步推论出使用自我—所有权而获得的私有财产权也是神圣不可侵犯的，并且在如何处置其财产方面，个人也拥有绝对的排他性所有权，只要财产的获取和处置满足持有正义原则。简而言之，诺齐克视为最核心的个人权利是自我—所有权，其他权利的不可侵犯性都源于自我—所有权的不可侵犯性，并且他以自我—所有权为根据，构筑起了批判分配正义论的持有正义论。诺齐克批评分配正义不正义是因为分配正义侵犯了个人的权利，尤其是自我—所有权和财产权。因此，为了有效地击退诺齐克的挑战，自由主义的平等主义者必须阐明他们对待自我—所与权的立场和观点，必须论证贯彻分配正义论并遵循正义原则不会构成对个人自我—所有权的侵犯。

第一节 自我—所有权对社会基本结构的依赖性

虽然诺齐克以自我—所有权不容侵犯为根据强烈批评了罗尔斯的"作为公平的正义"，但是罗尔斯却没有专门撰文反驳诺齐克的自我—所有权原则和命题，只在不同文章和著作中零零散散地通过重申自己观点和纠正诺齐克误解的方式予以回应。罗尔斯对诺齐克的反驳体现在以下两个方面：罗尔斯一方面强调自我—所有权的实现对社会基本结构的依赖；另一方面解释所谓的"天赋共同资产论"并不意味着强制再分配人们的天赋才能。诺齐克与罗尔斯关于自我—所有权以及"天赋共同资产论"的争论，实质在于两者对自我—所有权与天赋能力之间关系的理解不同：诺齐克主张个人拥有绝对的自我—所有权，因此个人对如何使用其天赋能力拥有排他性的决定权，只要不将其天赋能力用来侵犯其他人的权利；罗尔斯则主张个人的自然天赋从道德的观点来看是任意的，这种由自然分配导致的偶然因素是不应得的，人们既不应得因卓越的天赋所创造的较多价值或财富，也不应得他们在社会中的有利地位。与诺齐克和罗尔斯关于天赋的争论相连的另一个关键问题是，人们有没有权利拥有他们运用其天赋能力所获得的财产。由于诺齐克坚持个人对其天赋拥有绝对的自我—所有权，只要运用其天赋占有无主资源时，没有使其他人的处境比占有发生前恶化，那么个人对那些运用天赋所获得的财产也拥有绝对的排他性所有权。罗尔斯既然认为人们对于他们的天赋是不应得的，那么也主张人们不应得他们通过使用天赋所获得的财产，而是应当"把自然才能的分配看作一种共同的资产，一种共享的分配的利益"①。简言之，诺齐克从个人拥有绝对的自我—所有权推论出个人拥有绝对的财产所有权，罗尔斯由于不承认个人对其天赋拥有绝对的所有权，因而也不承认个人拥有绝对的财产所有权。

一　自我—所有权的实现依赖于正义的基本结构

罗尔斯并没有专门论述对自我—所有权的理解，但也委婉地提出了自己的立场。他指出："个人的本性是怎样的：他们是如何成为那种人的？正义理论不能把他们的最终目的、利益、对自己的态度以及他们的生活看作给定的。每个人都会承认社会形式影响着它的成员并在很大程度上决定了他们想成为什么样的人和他们是什么样的人。"②罗尔斯始终把社会基本结构看作正义的主题，其中一个根本理由是，对基本结构进行周期性调整与规范是维持背景正义的必要前提；另一个以基本结构为正义主题的根本理

---

① ［美］约翰·罗尔斯：《正义论》，第102页。
② John Rawls, "The Basic Structure as Subject", *American Philosophical Quarterly*, Vol.14, No.2, 1977, p.160.

由是，它对生活于其下的每个人具有深远而广泛的影响。罗尔斯假定对于一个特定的封闭性社会而言，公民终其一生都生活在某一特定的基本结构之下，从而不可避免地受到它的影响。罗尔斯认为："即使在秩序良好的社会里，我们的人生前景也深受社会偶然性、自然偶然性和幸运偶然性的影响，以及受基本结构（及其不平等）使用这些偶然性来满足社会需要之方式的影响。"[1] 这三种偶然发生的事实无所谓正义或不正义，正义或不正义只关心基本结构如何处理这些偶然发生的事实。

为什么正义要关心基本结构处理这些偶然性事实的方式？因为我们对于未来生活前景是充满希望和信心还是深感失望与无奈，在很大程度上取决于我们所处的社会位置，而这些非选择性的社会位置通常是由以上三种偶然性因素造成的。如果这些不同的社会位置及其所附带的对生活前景的影响是完全无法改变的，那么，那些处在较差社会位置上的个人将从一出生就意识到自己实际上已经被排斥出社会合作事业之外，这与我们关于自由而平等的道德人格的理念与社会合作的理念是完全矛盾的。既然这些偶然性事实的发生不受人为地控制，而且它们所导致的不平等并不能被人为消除，那么人们必须恰当地设计基本结构以利用这些偶然性为所有人的利益服务，尤其是那些对于生活前景拥有最少期望的最少受惠者。所以，"基本结构作为社会和经济体制不仅是一种满足现有愿望和追求的安排，而且也是一种唤起未来愿望和追求的安排"[2]。因此，一个人想成为什么样的人以及如何塑造他的人生都受到了基本结构的重要影响，即便存在着自我—所有权，这种权利也不是无中生有或完全自足的，它的形成和发展都受到社会基本结构的约束和影响，毋宁说个人的自我—所有权以社会基本结构的塑造为前提。诺齐克却认为自我—所有权为国家和社会制度设定了界限，自我—所有权是独立于特定社会的基本结构的前—制度权利，自我—所有权限制了国家的行动范围，而不是相反受国家制度的约束。

罗尔斯一方面强调自我—所有权的形成与发展受到基本结构的深刻而长远的影响，另一方面又指出"各种各样的自然天赋（诸如天然的智力和

---

① ［美］约翰·罗尔斯：《作为公平的正义：正义新论》，第71页。
② ［美］约翰·罗尔斯：《作为公平的正义：正义新论》，第72页。

自然能力）并不是带有不变能量的固定的自然资产"①。我们尽管承认个人的天赋能力具有生理遗传成分，但是它们也仅仅是一些潜能，不能脱离具体的社会条件而自动地实现出来，罗尔斯这句话的潜台词无异于指责诺齐克把人们的自然天赋看作完全自足的，不需要社会条件的滋养和培育。沃尔德伦也强调："脱离任何社会框架，无论它是什么，才能可以仅仅被他的所有者实践出来的观念是没有道理的。并且脱离了规定着一个人与其他人的关系的社会安排与制度，而理解所谓的'收获某人才能的益处'的自然现象的观念也是没有道理的。"② 个人要把作为潜能的自然天赋开发出来，必须在个人所处的具体社会环境和条件所允许的范围内做出选择，即便通过特定培养与训练而实现出来的实际能力也只是有可能实现的众多天赋中的一小部分。罗尔斯认为，影响个人开发与实践其天赋的社会条件，包括鼓励和支持它们开发的社会态度、影响它们早期训练和使用的制度等。

特奥·帕帕约安努进一步发展了罗尔斯的观点，他认为诺齐克忽视了自我—所有权的认识论前提，即自我实现（self-realization）原则，只有在这一原则的具体环境中，人们才能认识到社会与外部资源在实现自我—所有权中的关键作用。他说："诺齐克没有意识到自我—发展（self-development）的具体问题。事实上，除非我的自我和我的才能的成果被发展出来，否则我不能成为它们的所有者。"③ 根据他的理解，天赋与才能的关系类似于潜能与实现的关系。例如，一个人想拥有打篮球的才能，他就必须依靠一定的社会和经济条件，并参加在一定场馆内开展的专业性训练才能把这项意识到的天赋开发成用来赚钱的竞技才能。自我实现需要通过自我发展达到自我认知。"自我发展取决于包括工作在内的目的性行动。这种自我发展优先于自我—所有权。"④ 如果不经过这些有目的有意识的行动，

---

① ［美］约翰·罗尔斯：《作为公平的正义：正义新论》，第 72 页。

② Jeremy Waldron, *The Right to Private Property*, Oxford: Clarendon Press, 1988, p.404.

③ Theo Papaioannou, "Nozick Revisited:The Formation of the Right-Based Dimension of His Political Theory", *International Political Science Review/Revue, International de Science Political,* Vol.29, No.3, 2008, p.263.

④ Theo Papaioannou, "Nozick Revisited:The Formation of the Right-Based Dimension of His Political Theory", *International Political Science Review/Revue, International de Science Political,* Vol.29, No.3, 2008, p.263.

一个人的天赋既不能被他认识到，也不能被他开发出来，更不能说他拥有它们。即便一个人意识到了这些天赋并想把它们发挥出来，它们的开发程度依然取决于社会外部资源的丰裕程度。一个社会如果缺乏满足某人开发他所偏爱的天赋的外部资源，那么它就无法保证他对这些天赋的所有权。即便社会资源足够满足开发他的天赋的需要，某人实际占有与使用多少资源也影响到他的天赋被发掘的程度。因此，排除了对天赋的自我认知、自我发展以及社会物质条件的考虑，既不可能将天赋实现出来，也不能声称个人拥有他的天赋和能力。

沃尔德伦考察了在不同社会基本结构下拥有同样天赋的人，在实践他的天赋与获得相应利益时所受到的不同影响。他举例说，一个能力出众的地质勘探家，他十分擅长从各种岩石的细微痕迹中辨别出可能隐藏在岩石下面的各种矿藏，他穿行于执行不同经济政策和财产制度的各个国家和地区探寻各种有价值的矿藏。当他到达一个所有土地都完全私有化的国家时，他如果要发挥他的勘探才能就必须受雇于那些土地私有者，并在他们的授权和指令下勘探。如果他来到一个社会主义国家，他将以被国家雇佣的领取工资的工人身份工作。虽然他仍能通过发挥他的探矿才能赚取报酬，但是他的工资却不及为土地私有者工作时那么高。在这两种不同的经济制度下，虽然勘探家的自我—所有权和才能都受到了尊敬并得到了施展，但是他施展才能的方式和通过运用才能所获得的报酬却并不相同。可见，并不存在诺齐克所断言的脱离了具体社会基本结构和经济条件，却能够自动呈现出来的天赋能力以及所谓的个人通过运用天赋能力所获得的绝对排他性财产所有权。沃尔德伦总结道："自我—所有权没有授予一个人为了自己的利益而运用自己的才能的任何权利。一切取决于那些才能是什么，并且是否有独立的道德理由支持为才能的开发提供框架的这种社会而不是那种社会。"①

综上所述，罗尔斯等自由主义的平等主义者认为自我—所有权的实现深深依赖于个人所处的特定社会制度和基本结构，以及这些社会制度

---

① Jeremy Waldron, *The Right to Private Property*, Oxford: Clarendon Press, 1988, p.408.

和基本结构中物质资源的丰富程度，根本就不存在诺齐克所谓的脱离了一切社会制度的自发自足的自我—所有权。诺齐克认为，在分配正义的规范下建立的各种制度必然会导致对自我—所有权和财产所有权的侵犯，但是他没有意识到根本不存在脱离了具体社会经济制度的自我—所有权和财产所有权。受分配正义原则规范的基本结构及法律制度和自我—所有权的关系不是侵犯与被侵犯的关系，毋宁说正义的基本结构和法律制度能够为公民的自我—所有权的实现提供最基本的物质保障。而在持有正义论的规范下建立的最低限度国家和诺齐克为之辩护的自由至上主义式资本主义社会中，那些处境最差者仅仅拥有形式上的自我—所有权，他们无法维持正常的健康状态，无法开发他们的天赋，更无法塑造有意义的人生。

二　"天赋共同资产论"不是对天赋的再分配 [①]

在《正义论》中出现过两种把自然天赋理解为"共同资产"的说法，一处是"把自然才能的分配看作一种共同的资产（common asset），一种共享的分配的利益" [②]；另一处是"像我评论过的，两个正义原则等于是这样一种许诺：把自然能力的分配看作一种集体的资产（collective asset），以致较幸运者只有通过帮助那些较不幸者才能使自己获利" [③]。为了弄清罗尔斯是在什么意义上使用"共同资产"，有必要明确 common asset 与 collective asset 的区别。麦克弗森探讨了两者的区别，不同之处是他用的是财产（property）而不是资产（asset），他所说的"集体财产"（corporate property）类似于罗尔斯使用的"集体资产"（collective asset）。根据麦克弗森的理解，"社会或者国家可能宣布某些东西——例如，公共用地、公园、城市道路、高速公路——是供共同使用的。使用它们的权利是个人的一项财产，因为社会中的每个成员对于使用它们都有一项可

---

① 本节部分内容发表于《基于自由平等主义的立场反驳自由至上主义——发展内格尔对诺齐克的批判》，《上海交通大学学报》（哲学社会科学版）2016年第5期。

② ［美］约翰·罗尔斯，《正义论》，第102页。

③ John Rawls, *A Theory of Justice, Revised Edition*, Cambridge: The Belknap Press of Harvard University, 1999, p.156.

强制执行的要求"①。这些公共用地、公园和道路就是共同资产的典型代表。"共同财产是通过确保每个人都不能被排除出使用或从某些东西中获益而被确立的；私有财产是通过确保一个人可以把其他人从使用或从某些东西中获益排除出去而被确立的。作为对个体人的保障，这两种财产都是个人权利。"②个人对共同财产的所有权是一种包容性权利，而对私有财产的所有权是一种排他性权利。"就私有财产而言，权利当然也可以被法人（artificial person）拥有，即被一个公司或者由国家创制或承认的非公司集体拥有，它们拥有与自然人相同的（或相似的）财产权。这样一个集体拥有的财产权是对这一集体拥有合法资格的东西使用和受益的权利，并且将非成员从使用和受益中排斥出去的权利。集体财产就是个人私有财产的一种延伸。"③可见，集体财产所有权也是一种排他性所有权。通过麦克弗森的区分，可以发现：共同财产是非排他性的个人财产，集体财产是排他性的个人财产。在差别原则的语境中，罗尔斯只可能把人们的自然天赋理解为共同资产，而不是集体资产，因为选择正义原则的各方是在无知之幕后面的一个封闭性社会内的所有不同群体的代表，在正义原则选择的过程中，罗尔斯不可能把这个社会中的某些人排除出去，原初状态被这样设计的目的也是当正义原则被选择后，每一个公民都可以从所有公民的天赋才能创造的成果中获益。

根据以上对"共同资产"的解释，罗尔斯所谓的把人们的天赋才能看作共同资产实际上只是一种修辞性表述，他只是通过这一比喻强调每个人都可以从所有人天赋的运用中受益，而不是说每个人都可以任意约束或占有其他人的天赋，更不是企图在个人之间重新强制性分配各种不同的自然天赋。这样理解的共同资产不仅避开了诺齐克的批评，即认为差别原则主张某些人对他人的部分所有权以致侵犯了后者的自我—所有权，而且不会

---

① C. B. Macpherson, *Property: Mainstream and Critical Positions*, Oxford: University of Toronto Press, 1978, p. 4.

② C. B. Macpherson, *Property: Mainstream and Critical Positions*, Oxford: University of Toronto Press, 1978, p. 5.

③ C. B. Macpherson, *Property: Mainstream and Critical Positions*, Oxford: University of Toronto Press, 1978, p. 5.

造成差别原则与正义第一原则相矛盾，即差别原则认为每个人都有权利从所有人的天赋中受益与第一原则对每个人人身自由与完整（物理的和心理的）的保障是相容的。

罗尔斯在《作为公平的正义：正义新论》中重申："被看做共同资产的东西是自然天赋的分配，而不是我们的自然天赋本身。这并不意味着，似乎社会分别拥有每个人的天赋，而将个人一个一个地加以查看。相反，我们天赋的所有权问题根本就不会产生出来；如果它产生出来了，拥有其天赋的也是人们自己：人们心理上和生理上的完整统一是由基本权利和自由加以保证的，而这些基本权利和自由都属于第一正义原则的范围之内……这些差异被看做一种共同的资产，因为当以合适的方式对其加以组织以利用这些差别之优势的时候，它能够使这些才能之间实现巨大的互补。"①罗尔斯以基本自由权中所包括的个人（身体上的和心理上的）完整性的权利肯定了个人对其天赋的所有权，但是这种个人对其天赋的所有权不同于诺齐克主张的个人对其天赋的自我—所有权。罗尔斯所理解的作为自然天赋分配的共同资产并不会与个人对其天赋能力的所有权相冲突，对共同资产的分配是对自然天赋分配结果的再分配，而不是对自然天赋本身的再分配。正如有的地区发生洪灾或旱灾是自然现象而不是人为分配的结果，为该地区的人们提供食品药品援助才是再分配的结果。罗尔斯所谓的使每个人从所有人自然天赋的共同资产中获益类似于受灾地区的人们能够接受其他地区的物资援助，而决不是在各个地区间重新分配自然灾害。

诺齐克在反对"天赋共同资产论"的否定论证时指出——"无论从道德的观点看人们的天资是不是任意的，他们对它们都是有资格的，从而对来自它们的东西也是有资格的"②。罗尔斯在《作为公平的正义：正义新论》中重申了他对"应得"和"资格"概念的解释，他区分了日常使用的三种道德应得观念："首先，严格意义上的道德应得观念，即人的品质作为一个整体的道德价值（以及一个人特有的美德），而这种道德价值是由统合性学说赋予的；以及具体行为的道德价值；第二，合法期望的观念（以及伴随

---

① ［美］约翰·罗尔斯：《作为公平的正义：正义新论》，第 94—95 页。
② ［美］罗伯特·诺奇克：《无政府、国家和乌托邦》，第 271 页。

它的资格观念），这些观念是公平原则的另外一面（《正义论》第48节）；以及第三，由公共规则体制所规定的应得（deservingness）观念，而这种公共规则体制是为了达到某些目的而被设计出来的。"① 罗尔斯所理解的个人拥有及使用他们天赋能力的权利，既受基本结构的影响又受具体的社会经济条件的制约，这种个人对其天赋能力的权利或资格符合罗尔斯的第二种和第三种应得观念，即它们是由满足正义二原则的基本结构和具体的公共规则所规定的合法期望与应得，而不是诺齐克主张的独立于任何具体制度的绝对的自我—所有权，抑或是诺齐克所主张的资格。"作为公平的正义"仅使用第二种和第三种应得观念。诺齐克认为人们对他们天赋的资格是不受正义原则约束的，他们只不过运用他们碰巧得到的天赋罢了，只要他们不利用这些天赋去侵犯其他人的权利，他们对于他们碰巧拥有的天赋就是有资格的。但是根据上一节的论证，诺齐克恰恰忽略了人们的天赋尽管是由于很偶然的因素获得的，但是这种碰巧获得的天赋还仅仅是一些潜能，在个人利用社会资源认识和开发它们之前，它们也仅仅是一些没有被意识到的潜能，个人对他还没有认识和开发出来的潜能并不能说已经拥有它们。在罗尔斯等自由主义的平等主义者看来，无论是天赋潜能的实现与开发，还是个人通过运用天赋才能去创造财富，都离不开社会基本结构和相关制度规则的限制与规范。因此，罗尔斯等人只承认在正义原则规范下建立的各种公共规则所授予的资格，根本不承认诺齐克主张的脱离了正义原则和公共规则的资格。

罗尔斯认为："满足差别原则条件的基本结构为人们提供报酬，不是因为他们在这种分配中占据的位置，而是因为他们培养和锻炼了自己的天赋，并使这些天赋发挥作用，以便既为其他人的善也为自己的善作出贡献。当人们以这种方式来行动的时候，他们就是应得的，正如合法期望观念所要求的那样。"② 因此，差别原则并没有侵犯个人的自我—所有权和运用自我—所有权所获得的财产所有权，而是坚持个人必须在受差别原则规范的公共规则下发展他的天赋和运用他的天赋，才能挣得公共规则所规定

① ［美］约翰·罗尔斯：《作为公平的正义：正义新论》，第91页。
② ［美］约翰·罗尔斯：《作为公平的正义：正义新论》，第93—94页。

的合法期望和资格。人们在满足差别原则的基本结构与各种受公共规则管理的团体内，通过施展其天赋能力而获得收入或报酬，一方面是由于他们个人有明确意图的刻苦努力；另一方面是由于他们培养和使用天赋的方式必须能够为最少受惠者的利益做出贡献，因为这是获得基本结构和特定的公共规则所承认与尊重的各种资格及权利所必须满足的前提。

诺齐克所主张的个人对其天赋能力的自我—所有权是一种独立于任何特殊社会基本结构与制度规则的前—制度权利，而罗尔斯及其他自由主义的平等主义者有力地论证了人们的自我—所有权，包括他们天赋的实现与发展都受到社会基本结构的影响和特定社会经济环境的制约。既不存在诺齐克断言的脱离了具体基本结构与公共规则制约的绝对的自我—所有权，也不存在个人通过运用这种自我—所有权所获得的绝对的排他性财产所有权；并不是诺齐克式的自我—所有权和财产所有权受到了国家再分配职能的侵犯，而是在分配正义论的观念中，人们根本就不拥有诺齐克式的自我—所有权和财产所有权。

博格认为罗尔斯对自然天赋的处理遭受严重批评基于这样一个误解，即他们认为差别原则允许甚至要求把某些人作为增进其他人利益的手段。罗尔斯的某些论述滋生甚至助长了这种误解，例如，罗尔斯声称他的正义观念"是一种可使自然天赋和社会环境中的偶然因素归于无效的正义观"[1]，他宣称差别原则将自然天赋的分配看作"共同资产"或者"集体资产"，他宣布"没有一个人能说他的较高天赋是他应得的"[2]，以及"从一种道德的观点来看，自然天赋的最初资质和早期生活中发展和教养的偶然性是任意的"[3]。博格认为，尽管罗尔斯的这些论述是导致其他学者对他误解的重要因素，包括诺齐克指责差别原则会导致强迫的器官移植和对人们的天赋征收人头税，但是罗尔斯早就清楚地断言："更加优异的自然禀赋并非下面意义上的集体资产：社会应当强迫拥有它们的人为不够幸运的人工作。"[4]并且正义第一原则也表达了对个人对其天赋能力的权利的承认与保

① ［美］约翰·罗尔斯：《正义论》，第15页。
② ［美］约翰·罗尔斯：《正义论》，第102页。
③ ［美］约翰·罗尔斯：《正义论》，第312页。
④ ［美］约翰·罗尔斯：《罗尔斯论文全集》（上册），第260页。

障。博格力图澄清诺齐克等学者对罗尔斯的误解。

博格认为罗尔斯的正义观念是一种广义的后果论，一方面是由于罗尔斯强调要依据某种制度结构可能产生的结果对该结构进行道德评价；另一方面是由于后果论的因素与义务论的因素在罗尔斯的正义观念中是相容的。罗尔斯把义务论或非目的论的正义观界定为："功利主义是一种目的论的理论，而作为公平的正义却不是这样。那么，按定义，后者就是一种义务论的理论，一种不脱离正当来制定善；或者不用最大量地增加善来解释正当的理论……作为公平的正义是上面第二种意义上的义务论。"① 为了把罗尔斯的广义后果论的正义观与功利主义的后果论的正义观区别开，博格指出罗尔斯通过两种方式不把正当解释为善的最大化。首先，功利主义在对不同个体的善进行简单的加总时，它不考虑益品与恶品的分配。与功利主义的标准不同，罗尔斯希望建构一种对分配敏感的标准，根据这一标准，某种制度结构能够允许不平等，仅当这种不平等能够比其他可行的具有平等主义倾向的制度结构更大程度地改善最不利者的处境。其次，罗尔斯认为功利主义标准依赖于一种不恰当的善观念，它把善理解为幸福或者对理性欲望的满足。与之相对，罗尔斯提出了包含在社会基本益品观念中的"善的弱理论"。这种"善的弱理论"不依赖于某种处于支配地位的欲望，而是一种客观的善。罗尔斯的广义后果论的正义观念的义务论特征突出体现在两个方面：一方面由于对最差处境的特别关注保障了少数人的需要和重要利益不被多数人的更大的利益所倾轧；另一方面通过引入"善的弱理论"，罗尔斯的标准致使对社会制度的评价与经验上盛行的欲望与善观念实现了部分地分离。

博格强调罗尔斯的正义观是广义后果论的，"不平等要求被这样安排以便于使社会基本益品的最差代表份额被最大化——罗尔斯的正义观就反映了一种广义的后果论路径。可行的基本结构将依据它们各自趋向于产生的社会基本益品的分配而接受评价，不管这样的分配在何种程度上是确立的还是生成的"②。罗尔斯只关注社会基本益品的分配，并且各种备选基本

---

① ［美］约翰·罗尔斯：《正义论》，第 29 页。
② Thomas Pogge, *Realizing Rawls*, New York: Cornell University Press, 1989, p.43.

结构也是根据能否使社会基本益品的最差代表份额最大化被评价。包括自然天赋在内的自然益品并不受基本结构的规范和分配，因为罗尔斯认为自然的分配并无所谓正义或不正义，正义或不正义意味着制度如何对待自然分配的事实。"罗尔斯只关心受基本结构规范的社会基本益品的分配。"[①] 因此，根本没有理由去解释为什么要由集体来决定个人的天赋如何被使用，或者为什么自然的不平等应该被社会的不平等所补偿。罗尔斯并非不承认天赋较高者拥有权利使用和控制他们的自然天赋，罗尔斯所讨论的是为了激励他们发挥其天赋应该给他们提供什么样的优势。

对"天赋共同资产论"的第二个误解，假设罗尔斯对反映了天赋分配的收入模式的评价被应用于一个正在运行着的经济制度，而这个经济制度的各种规则被认为是理所当然的。罗尔斯的观点被理解为要我们把个人所得中源于自然天赋的那部分抽取出来，这部分收入所得是不应得的，并把它们用于实现各种再分配的目的。诺齐克正是基于这种误解争辩道，有些东西是正当地归某人所有的，即便他获得它时所采用的工具不是应得的，并进而提出了他的"天赋资格论"：

1. 人们对他们的天资是有资格的。

2. 如果人们对某种东西是有资格的，那么他们对来自它的任何东西都是有资格的（通过某种具体的过程）。

3. 人们的持有来自他们的天资。

所以，4. 人们对他们的持有是有资格的。

5. 如果人们对某种东西是有资格的，那么他们就应该拥有它（而且这压倒了关于这个东西可能有的任何平等根据）。[②]

博格对诺齐克的以上论证并无异议，只是责怪诺齐克没有充分解释什么是"通过某种具体的过程"，而这恰恰是罗尔斯所要强调的问题。罗尔斯并不否定人们有资格拥有通过正义的程序或过程所获得任何东西，他所

---

① Thomas Pogge, *Realizing Rawls*, New York: Cornell University Press, 1989, p.64.

② ［美］罗伯特·诺奇克：《无政府、国家和乌托邦》，第271页。

反对的是人们根据他们的天赋就宣称有资格或应得对这些过程加以特殊规定。罗尔斯所讨论的是收入得以产生的制度结构，"他致力于经济资格最深层的基础，因此不能以一种视某些资格—产生程序为理所当然的方式批评他"①。用这种误解的方式指责罗尔斯，就仿佛我们假定已经知道人们有权利或资格得到什么，然后说在罗尔斯的方案下，他们实际得到的比他们有权利或有资格得到的更少。实际上，在规定权利和资格的基础规则被制定和实施之前，人们根本不可能知道他们的各种权利和资格的具体内容，包括他们对于收入的权利和资格。

对罗尔斯关于自然天赋的观点的第三个误解涉及经济制度应该怎样被设计和评价的问题，即如何规定与之相关的"具体的过程"。这种观点质问罗尔斯为什么要求制度结构调节发展和使用自然天赋的回报必须以最大化社会基本益品的最差代表份额为目的。博格认为引起这种误解的原因在于罗尔斯的以下表述："在天赋上占优势者不能仅仅因为他们天分较高而得益，而只能通过抵消训练和教育费用和用他们的天赋帮助较不利者得益"②；"在作为公平的正义中，人们同意相互分享各自的命运"③。为什么天赋较好者要向其他人进行利益补偿？补偿的理据何在？诺齐克就把这种观点表述为罗尔斯给天赋优势者装上了辔头，这种制度结构鼓励把某些人用作给其他人增加利益的手段或工具。

博格认为诺齐克的"辔头论"要成立，必须依靠两个前提："使用人们的工作和努力就是使用他们的天赋，并且使用他们的天赋就是使用他们。"④诺齐克断言的是第二个前提，即利用人们的天赋就是利用他们本人，并且似乎依赖这个前提就足以反对罗尔斯的观点。可是当给人们装上辔头后，人们的天赋就会被用作手段是如此显而易见吗？博格认为"天赋共同资产论"似乎承认了诺齐克对他的批评，即在天赋较好者使用他们的天赋时，它们会被当作促进共同利益的手段。诺齐克可能想象罗尔斯是这样论证的：

① Thomas Pogge, *Realizing Rawls*, New York: Cornell University Press, 1989, p.69.
② ［美］约翰·罗尔斯：《正义论》，第 102 页。
③ ［美］约翰·罗尔斯：《正义论》，第 103 页。
④ Thomas Pogge, *Realizing Rawls*, New York: Cornell University Press, 1989, p.68.

（1）自然天赋可以被看作共同资产。

（2）因此，天赋优越者（或"寄居在"他们中）的天赋和才能可以被用作手段。

（3）因此，天赋优越者的工作和努力可以被用作手段，或被装上辔头。

（4）因此，像 S5 那样的所得税制度可以被制定。[①]

如果罗尔斯的观点真的如上所示，博格指出诺齐克需要表明罗尔斯在（1）或者（2）中如何预设了人们可以被用作手段。但诺齐克的解读是错误的，罗尔斯并没有支持从（1）到（3）的观点。博格重点讨论了观点（3），他认为只要证明罗尔斯没有在任何相关意义上承认它，就能够驳倒那些把（1）和（2）的观点归咎于他的误解。

博格指出，在以上导致诺齐克误解罗尔斯要求把天赋优越者作为提高其他人利益的手段，并且天赋优越者只有在帮助了其他人的前提下才能使自己获益的几处论述中，实际上体现了罗尔斯用语的谨慎。诸如"增加""促进""帮助""给予补偿优势"这些比较性的表述，其隐含所指并不是普通人在天赋优越者从事较少复杂工作时将会拥有较小的份额，而是普通人在其他可供选择的制度中将会拥有较小的份额。"并不是被偏爱的经济制度受到了操纵，以致从事复杂工作的人不得不帮助那些从事简单工作的人。毋宁说罗尔斯的正义标准是一种能够挑选出将（最大程度地）帮助，即提高最低社会地位的经济制度的标准。"[②]这种对以上比较性表述的解读导向了对差别原则的制度间解释。差别原则根据各种备选制度结构所产生的不平等来评价它们，只有那种能最大程度促进最不利者利益的制度结构才会被选择。罗尔斯所持的是一种跨结构的利益观（a notion of

---

① Thomas Pogge, *Realizing Rawls*, New York: Cornell University Press, 1989, p.69, S5。其是博格为了展示可供选择的制度结构与差别原则之间的关系而构想的四种可选结构中的一种，它被认为是符合差别原则的标准的结构。参见 Thomas Pogge, *Realizing Rawls*, New York: Cornell University Press, 1989, pp.66–67。

② Thomas Pogge, Realizing Rawls, New York: Cornell University Press, 1989, p.70.

benefit across schemes），他要从各种制度结构中挑选出那种在其中从事简单工作的普通人的份额被最大化的制度结构。由于罗尔斯关注的是制度间的最少受惠者的利益，那么他并不需要预设被比较的是存在于不同结构中的同一部分人，通过制度结构的比较，被最大化利益的并不是现存制度中最穷的人，而是各个制度中的最少受惠者。最少受惠者的利益比他们所在制度内的所有其他群体的份额都少，它却优于所有其他可供选择的制度中的最差份额。

博格强调对"最大的""增加""促进"等比较性术语作制度间的解释瓦解了诺齐克的"辔头论"。不仅如此，诺齐克的"辔头"比喻所暗示的结构内解释本身也得不到经济学原理的支持。个人对其毛收入是没有资格的，根据经济学理论，"税率会影响毛收入……毛收入代表的并不是我们的劳动力的绝对的市场价格，而是我们的劳动力在某个特殊的制度结构中的市场价格"[1]。随着博格对以上三重误解的澄清，他相信没有理由认为罗尔斯承认观点（3），即天赋优越者的劳动和努力被当作促进其他人利益的手段。既然罗尔斯并不持有观点（3），那么他也不接受诺齐克强加给他的对观点（1）和（2）的承诺，即"每一个人对天资的总体（被看做一种共同基金）都拥有某种资格或要求"[2]。由于罗尔斯不接受观点（1）和（2），他也就不必向诺齐克证明被作为手段来促进其他人利益的仅仅是天赋优越者的个人属性而不是他们本身。

博格强调罗尔斯的正义标准使自然天赋等道德上的偶然因素归于无效，这意味着在合作条款的谈判时，天赋优越者不能凭借其天赋优势要求特别地对待，自然天赋并没有反映内在的道德价值，正是这一点对经济结构为发展和使用天赋所提供的条款施加了限制。罗尔斯要求通过调整经济结构使之适用于天赋的自然分配，被当作共同资产的是自然天赋的分配，而不是自然天赋本身或者在某种制度结构中通过运用天赋所产生的结果。为了更加清楚地阐释"把自然天赋的分配看作共同资产"，博格对比了两家意图不同的旅游公司的策略选择。第一家旅游公司凭借破旧的食宿设施、

---

[1] Thomas Pogge, Realizing Rawls, New York: Cornell University Press, 1989, p.72.

[2] ［美］罗伯特·诺奇克：《无政府、国家和乌托邦》，第 273 页。

不安全的航班、隐性消费等方式来维持运营。这家旅游公司营利的方式就是诺齐克理解的把顾客本身作为赚钱的手段。第二家旅游公司在每年的不同时期给同样的服务规定不同的价格以此来平衡需求。在这个例子中，被用作手段的是顾客的利益和欲望多样化的这个事实。即便两家旅游公司不同运营方式背后的动机都是追求利润的最大化，显然只有第一家旅游公司的做法被看作把顾客当作谋利的手段。博格认为，以上关于选择营利策略的区分类似于对社会制度的选择，罗尔斯的建议类似于第二家旅行公司的策略。罗尔斯根据天赋在人们之间分配不同的事实，调整适用于发展和运用天赋的条款以实现最大程度提高最少受惠者利益的目的，类似于第二家旅游公司根据顾客需求变化的事实，调整服务价格以实现最大化盈利的目标。

第二节　自我—所有权的双层结构

约翰·克利斯特曼通过剖析所有权的结构提出了化解自我—所有权与分配正义目标之间冲突的方案。根据霍诺内对所有权的经典分析，所有权中的各项子级权利包括占有权、使用权、动用资本权、管理权、收入权等[1]。基于霍诺内的分析，通常有两种对所有权结构的理解：一种观点认为所有权是以上各种权利的抽象集合，所有这些权利都必须紧紧地捆在一起才算作所有权；另一种观点认为组成所有权的这些权利可以相互分离，并且这些权利中的每一个都可以为了实现最佳的结果被分别分配或交换。克利斯特曼提出了不同于这两种观点的见解。他认为："所有权不应被视为一个把人与财产联系在一起的权利和权力的大口袋，而应被视为两组在对社会经济政策进行任何评价时都必须分开考虑的权利。我将提出的这种新的理解认为，所有权可涉及对所有物的控制，也可以涉及从交易或出租所有物而获得收入的权利。"[2]他认为所有权结构中的

---

① ［美］约翰·克利斯特曼：《财产的神话——走向平等主义的所有权理论》，张绍宗译，张晓明校，广西师范大学出版社 2004 年版，第 30 页。

② ［美］约翰·克利斯特曼：《财产的神话——走向平等主义的所有权理论》，第 9 页。

控制权和收入权具有不同的功能，分别适用于个人利益和社会利益——"允许人们控制其财产（或分配财物，以便每个人都有财产可以控制）的理由，是与允许人们从财产中获得收益的理由不同的：前者保护我称之为'自主权益'的东西，而后者保护我称之为'收入权益'的东西。相应地，控制权提供保护自主的功能，而收入权提供分配功能"①。克里斯特曼认为影响人们收入权的因素不仅仅是财产所有者本人，还包括自然因素、技术条件、政府的制约等大量客观因素，换言之，个体之间自愿交易行为的顺利实现是以市场机制和国家调节为保障和前提的，因此它们可以为了分配正义的目的对个人的收入权提出适当的要求或限制。同样，对财产所有权的分析也适用于自我—所有权，即个人也不能要求对运用其天赋所获得的财产或收入拥有绝对的排他性所有权，而要服从国家的分配正义目的。

一　控制权和收入权

克利斯特曼解释道，控制权包括对财产的使用权、占有权、管理权、转让权、消费权和修改权；收入权包括对财产的交易权和从交易中获得收入的权利。所谓的"控制"就是某个人对如何使用他的财产具有最终的裁断权，除非这个财产通过某项契约被放弃。控制权是对所拥有财产的独立的不受其他人同意所限制的权力，同时排除了其他人对这些财产的干涉。与此相对，收入权则是通过交易中的契约行为实现的，因此必须把其他人的作用和交易机制的功效考虑进来。简而言之，控制权是主体自我相关的，收入权则是主体间相关的。

克利斯特曼认为区分控制权和收入权的关键方面是它们与资源分配的关系不同。主体对于财产的控制权本质上是一种主体偏好的功能。明确这些权利的本质不需要诉诸资源的分配，或者规范分配流向的政治社会结构。另一方面，收入权则必须依赖这些结构的存在，并且，收入权的价值并非仅仅由主体的偏好决定，而是取决于各种自然因素和主体不能控制的

---

① ［美］约翰·克利斯特曼：《财产的神话——走向平等主义的所有权理论》，第9页。

社会因素。收入权与资源分配之间的联系既有因果层面的成分，也有概念层面的成分。从因果层面来看，影响源自交易行为的收入权的因素，包括潜在的交易伙伴的竞争，其他人的讨价还价能力，以及由市场结构和信息收集机制的效率所创造的盈余。个人的收入权受到这些他不能左右的客观因素的限制，并且承认收入权就意味着接受某种分配模式。概念层面的收入权和分配的关系取决于价格的本质。收入权的实现依赖于是否存在给出合适价格的交易者。此外，市场能够创造盈余，没有市场机制就没有收入权，这是由于市场机制促进了稳定的经济效率、便捷的信息交换和适度的规模经济，这样一种稳定的市场机制和财产体系一旦建立，就意味着社会产品的净增长。

控制权与收入权的另一个主要区别在于收入权的实现是有条件的。没有人有责任为我提供收入，也没有人必须与我进行交易或鼓励其他人与我交易。例如我在某个地区通过出售商品获得了利润，收入权赋予我对这份利润的排他性权利。但是如果居住在这一区域内的其他人都决定搬走，即便我无法再获得交易收入，我也不能够反对他们搬走。收入权并不是一种无条件的权利，它取决于其他人的存在和合作，同样也依赖于是否存在管理交易的稳定的合作规则与机制。控制权却不是如此，我可以按照自己的偏好消费自己的财产，而不用在意我附近的其他人是否消费他们的财产或是否有供他们消费的财产。对于我的财产的控制权仅仅取决于我自己的偏好和计划；而我能否享受收入权则取决于我不能控制的其他人的行为和各种客观因素。

通过对所有权结构中控制权和收入权的区分，克利斯特曼得出结论：所有权中的控制权与主体的自主相关，所有权中的收入权与资源分配相关。我们必须把所有权的这两种层次区别对待，不能笼统地把它们归置到所有权的名下，并进而企图证明这种未加区分的所有权的正当性，要分别为控制权和收入权提出辩护。只有明确了控制权与收入权的区分，就能够理解自我—所有权与分配正义目标之间并不存在不可调和的冲突。

二　自我—所有权与分配正义目标相融合的分配方案

克利斯特曼认为区分了所有权的不同成分——控制权和收入权——就

可以解决自我—所有权与分配正义目标之间的冲突。他认为对财产所有权结构的分析可以完全应用于对自我—所有权的分析。按照诺齐克的理解，自我—所有权不仅包括个人对其身体、天赋和劳动拥有排他性权利，而且对源于运用自我—所有权的财产也同样拥有排他性权利。但是，根据把所有权结构区分为控制所有权和收入所有权，克里斯特曼主张"自我所有权本身也应当被理解为（自身）控制所有权的一种表现，而这种理解将大大舒解人们认为在这个原则与平等主义之间存在的、被设想的'冲突'"[①]。自我—所有权实际上意味着对自己身体、天赋和劳动的控制所有权，而个人通过使用自己身体、天赋和劳动所创造的成果属于收入所有权。为了强调控制所有权和收入所有权的区分在分析自我—所有权结构中的应用，克利斯特曼考察了对妇女流产权的讨论——"流产权据说是由妇女对对她们身体拥有的控制权加以保卫的。因此，是作为控制所有权的自我所有权在那里这样主张的。反对代理母亲职能，是转让权和收入权受到质疑。而在涉及出售身体部分时，与承认那种自我所有权有关的考虑，是与收入所有权所引起的更大分配考虑有联系的"[②]。

一方面，作为控制所有权的自我—所有权是完全由主体的偏好和人生计划决定的，它的使用方式和目的完全由个人决定；另一方面，作为收入所有权的自我—所有权的实现则依赖于社会的经济结构和其他人的合作，它的实现受制于公共分配政策。应用区分控制所有权与收入所有权的方式理解自我—所有权时，就不能声称限制财产或收入所有权就等同于侵犯个体的自我—所有权，因为以分配正义为目标的分配政策所限制的只是人们通过运用身体和天赋所取得财产的收入所有权，并不会干涉人们对其身体和天赋的控制所有权。在克利斯特曼看来，只有当国家或者其他集体乃至他人导致某人失去决定如何使用其身体和才能的控制权时，才意味着某人的自我—所有权受到了侵犯。某人享有占有自己身体和才能的控制权不意味着他也享有通过使用自己的才能在交换中获得利益的权利；限制或干预某人获得这种利益也不意味着阻碍其控制自己的人生。在克利斯特曼看

---

① ［美］约翰·克利斯特曼：《财产的神话——走向平等主义的所有权理论》，第260页。
② ［美］约翰·克利斯特曼：《财产的神话——走向平等主义的所有权理论》，第275页。

来，所有权结构中的控制所有权成分和收入所有权成分是两种互不相干的元素，两者既不彼此产生也不相互蕴含，对其中一方的限制也不必然导致对另一方的阻碍。并且，自我—所有权严格来讲意味着能够完全由个人决断的控制所有权而不是依赖于其他非个人可控因素的收入所有权，自由主义的平等主义的分配政策只是限制个人的收入所有权，而不是侵犯他对自己人身的控制所有权，所以并不会与个人的自我—所有权冲突。

在提出将控制所有权和收入所有权区别对待之后，克利斯特曼提出了他的分配策略。他认为国家一方面要保障人们的控制所有权；另一方面也要限制人们的收入所有权以达到分配正义要求平等分配资源的目的。其做法就是：要对人们生产出来的所有东西征税，但是这种税收政策又不会决定人们生产或不生产什么，只是对他们的收入进行限制，并将所得税收用于帮助那些生活困窘的人以维持他们对自己人生的控制所有权。他认为这项政策既允许天赋较好的人们自由地使用自己的天赋，同时又有助于保障天赋较差的人们的自我—所有权。例如，在一个由 n 个人组成的国家中，某人被给予 1/n 的资源并被允许按照自己的意愿自由生产，尽管其生产出来的产品被课以一定的税款，但是由于社会总资产随着所有人的生产贡献同时也在增长，其被给予的 1/n 的资源数量也会相应地扩大，所以，某人将继续从事生产而不会因为被课税就放弃生产。

尽管诺齐克和克里斯特曼都强调控制所有权意义上的自我—所有权，并且认为国家应当保障每一个公民享有控制所有权意义上的自我—所有权，但是诺齐克由于不承认国家拥有再分配的职能，所以他所主张的自我—所有权只是形式上的自我—所有权，而不是实质上的自我—所有权。那些由于自然或社会偶然因素无法享有对自己人生实际控制所有权的个体，在最低限度国家中只能听天由命。在克里斯特曼的平等主义分配方案中，他通过要求国家保障每个公民行使最低限度的自主能力所需要的一切物质条件——尽管是通过限制收入所有权的方式实现这一目的——从而最大程度和最广范围地保证了每个公民享有实质性的控制所有权意义上的自我—所有权，从而有助于个体自我—所有权的保障与国家分配正义目标的实现。

第五章　反驳诺齐克对差别原则的批评

诺齐克对"作为公平的正义"的批判集中在对差别原则的责难上。一方面，他认为差别原则是一种非常强的模式化最终—状态原则，他从总体上批评模式化分配原则时指出任何一种模式化原则的维持都以对人们日常生活的频繁干扰为代价，并且强调原初状态由于没有包含关于人们的特殊资格的信息，所以得出的差别原则只能是最终—状态原则而不是历史原则。诺齐克批评道："看起来，任何历史原则都不会首先赢得罗尔斯原初状态中当事人的同意。因为人们在无知之幕的后面聚在一起来决定谁得到什么，而任何人对人们可能拥有任何特别资格都一无所知，所以他们对待要分配的任何东西都会像天上掉下来的一样。"[①]另一方面，诺齐克指责差别原则无法通过微观情况的检验，由于正义原则必须是普遍适用于一切情况的原则，因而罗尔斯提出的包括差别原则在内的两个正义原则算不上真正的正义原则。笔者将在这部分考察诺齐克以上对差别原则的两个主要批评及其相关论证是否成立。

第一节　维持模式化原则不侵犯人们的资格

内格尔认为诺齐克之所以批判模式化分配原则的维持以国家不断侵犯个人权利为代价，是因为诺齐克误解了国家权力的两面性，即国家权力一方面可以被用来作恶，例如侵犯公民的隐私权；另一方面也可以被用来行

---

① ［美］罗伯特·诺奇克：《无政府、国家和乌托邦》，第238页。

善，例如提供健全的医疗保障体系。诺齐克实际上妄图利用人们对国家权力被滥用的厌恶，增强他否定国家再分配职能的观点的说服力。此外，内格尔认为诺齐克对差别原则不考虑个人资格的批评并不成立，他认为差别原则的制定也考虑了资格，差别原则与资格是相容的。

一 国家权力的两面性

诺齐克主张唯一在道德上经得起辩护的国家只能是守夜人式的国家，它的职能仅限于保护个人免遭杀害、欺诈、偷窃和强制履行契约。内格尔认为诺齐克的推论并不是那种从一种貌似可信的前提推出令人惊诧的结论的观点，即便是拒绝他的结论的人也会承认他的前提。但是，如果诺齐克的前提是不成立的，那么便会影响到他的结论的成立，换言之，如果个人权利并非任何情况下都不可侵犯，那么主张国家权力仅限于执行以上那些功能就说不通了。针对最低限度国家的前提，即个人权利的神圣不可侵犯性，内格尔从两个角度提出反驳，一个角度是指责诺齐克仅仅看到国家权力与个人权利之间的对立性，却没有看到两者之间的一致性；另一个角度是指责诺齐克将道德原则错误地应用于对基本结构的评价。

从第一个角度看，内格尔认为诺齐克的策略是诉诸人们对国家权力的某些滥用方式的厌恶感来增强个人权利不可侵犯性的直觉说服力，"通过观察现实国家如何使用国家权力很容易形成一种厌恶之感。它们的行为常常包括谋杀，酷刑，政治监禁，审查制度，为侵略战争征兵和颠覆其他国家的政府——更不用提监听电话，审阅邮件，或管控它们自己国家公民的性行为"[1]。内格尔认为对国家权力这些滥用方式的反感并不能用来否定国家权力本身，人们厌恶的是将国家权力用来作恶，而不是把国家权力用来行善。意在限制政府权力的论证可以建立在厌恶滥用国家权力的基础上，但是因此就如诺齐克所主张的，只把国家权力局限在维持警察、法院、监狱和国防的功能上，并不能一劳永逸地保证国家权力被良善行使和个人权利不受侵犯。内格尔认为诺齐克过分乐观地相信，只要把国家权力限制在

---

[1] Thomas Nagel, "Libertarianism without Foundations", *The Yale Law Journal*, Vol.85, No.1, 1975, p. 138.

以上职能就能有效避免个人权利不受侵犯，但是在最低限度国家的实际运行中，很可能也会发生其他现实国家机构运行中出现的糟糕情况。针对国家权力被滥用的真正有效的措施是加强对国家权力的监管，而不是一概否定国家权力；国家权力的真正功能并不仅仅止于作恶，还要不断为善。在内格尔看来，保护个人权利与国家权力被用来增进善行并不相互排斥。

从第二个角度看，内格尔承认诺齐克在这方面是正确的，即个人权利是国家可以做什么和不可以做什么的基础。但是，内格尔认为诺齐克错误地从这一伦理学原则推论出它并不包含的一个强硬的认识论结果。内格尔承认，在某个时间点采取把个人与社会相分离的方法，来思考国家在保障个人权利的前提下应当如何行为是合适的，但是把这一方法所得到的原则应用到拥有数十亿人口、复杂的政治经济制度与几千年发展历史的各种具体的政治环境中时就会出现问题。"更令人惊讶的是，他在他自己的直觉中发现的自然状态中对人们的道德要求，并且把这些要求看作普遍适用的原则，即便当它们被应用于任何环境时都不会改变它们的积累效应。"①内格尔认为当人们在考虑清楚把这种关于人类行为的普适性原则应用到任何情形中有可能导致的各种复杂结果前，不可能对这些原则达成一致。于是，内格尔进一步把诺齐克所奉行的道德原则具体化，并考察当这种具有实质性内容的普适性原则被应用于各种实际情况中会导致什么样的后果。内格尔认为诺齐克直觉到的普适性原则就是"每一个人对他的天赋与才能都是有资格的，并且对于他通过努力、借助他人的帮助或者纯粹的运气能够创造、得到或购买的任何东西都拥有资格。他有资格保有它或者如他所愿的对它做任何事，并且无论他把它赠予谁，那个人也获得了对它同样的资格。此外，任何人对于这一过程无限次重复所最终得到的结果都拥有资格，无论经过了多少代人"②。内格尔认为诺齐克将自己信奉的道德直觉推衍成亘古不变的普适原则只是一厢情愿，"诺齐克著作的大多数读者自己不会对这种直觉产生共鸣，并且相反，对于资格、获取和转让财产的普遍原则，或者确实存在任何这样原则的话，在考虑

---

① Thomas Nagel, "Libertarianism without Foundations", *The Yale Law Journal*, Vol.85, No.1, 1975, p. 140.

② Thomas Nagel, "Libertarianism without Foundations", *The Yale Law Journal*, Vol.85, No.1, 1975, p. 141.

到这些原则普遍应用的意义之前,他们不能形成任何意见"①。内格尔承认或许有的读者会认为诺齐克的原则可以被应用于自然状态这种特殊环境中,却不赞同将这些原则一成不变地应用于更加复杂或长期的情况中。换言之,诺齐克的持有正义原则仅仅能够适用于小规模的简单的人际交往,却不适用于大规模的复杂的制度结构。

二　差别原则与资格相容

内格尔认为诺齐克对历史原则与模式化原则的区分不成立,罗尔斯的正义原则并非纯粹的模式化原则。内格尔假设有一种正义的分配产生于由以下三个规则所支配的过程:(1)某些适当的模式,(2)独立于任何模式的对某些善不断增长和某些恶不断减少的结果的期望,(3)对具有不同重要性的个人权利的尊重。内格尔认为这种分配原则不能简单地被归结为纯粹历史性的或纯粹模式化的,"它形式上是历史的,但这种'历史的'或过程原则部分地取决于对模式与总体结果的考虑"②。因此,诺齐克对模式化原则的攻击并不能表明他的资格理论更可取。内格尔认为诺齐克误解了罗尔斯的观点,罗尔斯并没有主张分配的正义性可以独立于它的产生过程,罗尔斯相信分配正义取决于制度正义,而制度包括规定了人们各种特殊资格的法律制度,这些制度参与了分配产生的整个过程。内格尔认为罗尔斯通过赋予正义第一原则词典式优先于第二原则的地位,就以赋予个人基本自由权绝对优先性的方式限制了分配正义实现的程序。简言之,内格尔认为模式化的分配原则并非与尊重资格的要求互不相容。

内格尔驳斥了诺齐克认为模式化分配原则的实施与维持都会造成对个人自由和生活持续干涉的论断。他认为只有诺齐克会把税收视作对自由的强烈侵犯。诺齐克错误地把模式化原则解释为对财产的绝对资格的分配,而自由主义的平等主义的分配不会授予个人对财产的绝对资格。自由主义

---

① Thomas Nagel, "Libertarianism without Foundations", *The Yale Law Journal*, Vol.85, No.1, 1975, p. 141.

② Thomas Nagel, "Libertarianism without Foundations", *The Yale Law Journal*, Vol.85, No.1, 1975, p. 146.

的平等主义者和诺齐克各自理解的财产所有权并不相同——诺齐克主张绝对的排他性财产所有权；自由主义的平等主义者只承认有限的财产所有权。在自由主义的平等主义的分配中，财产的有限资格必须符合税收和其他用来维持分配正义的条件，个人只能在这些限制条件允许的范围内获取、使用和交换财产。内格尔进一步分析了诺齐克主张绝对的财产所有权的根源，他指出，诺齐克的观点是这样的："如果不平等是自由行使资格的结果，它就不能以不正义的理由而遭到反对，并且为了减少不平等不能以任何方式侵犯自由。由于人们不仅对其继承的财产拥有资格，而且对他们的自然资产也拥有资格，作为使用这些自然资产的结果而产生的进一步的不平等也是正义的。"① 但是，内格尔认为："虽然作为在追求平等或其他社会目标时的一个限制，自由使用自然天赋的不那么绝对（less than absolute）的权利得到了承认，但是没有理由相信人们拥有从自然天赋中获益的绝对的自然权利。"② 笔者在阐述诺齐克的个人权利理论与洛克的自然权利学说的矛盾时已经指出，洛克并不承认个人拥有对自己的天赋和财产的绝对排他性所有权，显然内格尔也注意到了这一点。

博格认为诺齐克强烈反对模式化原则的理由在于，它的实施要对个人之间自愿达成的经济活动进行无休止的干预，这样做显然违反了边界约束式的个人权利。博格指出，诺齐克对差别原则的批评建立在一种误解的基础上，模式化通过两种方式与基础规则相联系，诺齐克和罗尔斯则分别在这两种不同的方式上理解模式化原则。罗尔斯理解的差别原则是评价社会体系基本结构的标准，而不是对某种特殊的模式化原则的选择。

博格指出，诺齐克对差别原则的指控错误在于："原初状态中的各方所要决定的不是谁将得到什么，而是决定用哪个标准规定调节着谁将得到什么的经济制度。"③ 诺齐克没有意识到任何一种被偏爱的模式都以两种不同的方式与产生它的基础规则相关联。第一种方式是把所偏爱的模式并入基

---

① Thomas Nagel, "Libertarianism without Foundations", *The Yale Law Journal*, Vol.85, No.1, 1975, p. 148.

② Thomas Nagel, "Libertarianism without Foundations", *The Yale Law Journal*, Vol.85, No.1, 1975, p. 148.

③ Thomas Pogge, *Realizing Rawls*, New York: Cornell University Press, 1989, p.28.

础规则，作为对政府通过调整其经济行为以及干预其他参与者的方式。这种把模式偏好与基础规则相连的方式与诺齐克所提倡的基础规则相矛盾，并且与程序化的经济基础规则的理念相冲突。第二种把模式偏好与基础规则相连的方式主张，应当把模式偏好用于对基础规则的评价或设计，即我们应当根据每种可供选择的制度结构倾向于产生的持有模式对它们进行评价和排序。在罗尔斯看来，决定基础经济规则的标准应当敏于各种可供选择的经济结构所倾向于产生的模式，因此，罗尔斯是在第二种方式的意义上处理模式偏好与基础规则的关系，即罗尔斯把差别原则作为评价基础规则的标准，而不是把差别原则看作基础规则的一部分。差别原则并不是对现成模式的选择，而是对产生模式的制度结构的选择。在对经济结构的评价中，差别原则起作用的方式也与诺齐克所批判的那种模式化原则极为不同。根据经济结构所产生的持有模式来考察经济结构，我们可以确定这种结构距离实现平等有多远，或者它是否根据智商或道德价值来分配资源；但是，我们却无法确定它是否满足了差别原则的要求。"哪种经济结构受到偏爱，并且这种受到偏爱的结构倾向于产生哪种模式，依赖于全部可行的备选制度。"[1] 所以说，罗尔斯并没有预设任何特殊的模式，他所努力承诺的是特殊的制度结构和对这种制度结构所能够产生的任何特殊的分配方式的接受。

博格认为，罗尔斯理解的模式化原则实际可以得到诺齐克的认可，因为诺齐克在对国家起源的"看不见的手的解释"中恰恰诉诸了制度结构能产生模式的观点——"某种总体的模式或计划，并非像人们认为的那样是通过个人或群体之实现它们的成功努力而产生出来的，相反，而是通过这样一个过程产生出来并得以维持的，即这个过程没有对总体模式或计划进行任何'构想'"[2]。博格认为谋杀率就是一种可以用"看不见的手的解释"来说明的模式，因为它也是许多个人的非协调行为的副产品。通过对当事人的动机解释个别的谋杀案虽然行得通，但是在涉及不同国家之间谋杀率的比较时，就不能仅仅诉诸个人的动机。谋杀作为一种社会现象需要从两

---

[1]　Thomas Pogge, *Realizing Rawls*, New York: Cornell University Press, 1989, p.29.

[2]　[美] 罗伯特·诺奇克:《无政府、国家和乌托邦》，第 22 页。

个层面进行解释，即对谋杀率的宏观解释和就谋杀个案的微观解释，这两种层面的解释不能相互取代。假设我们相信谋杀率与公民持有枪支的数量有关，那么，枪支法案就是解释谋杀率的一个重要宏观参数，假如我们偏爱更低的谋杀率，那么我们势必选择实施严格的枪支控制法案。"一旦我们明白不同的可供选择的规则将产生哪种大概的模式，我们就能够把对这些模式的道德评价用于对可供选择的各组规则进行道德评定。"① 对差别原则的偏爱类似于对低谋杀率的偏爱，基于对低谋杀率的偏爱，我们去选择严格的控枪法案，正如基于对差别原则的偏爱，我们去选择最有利于提高最少受惠者合法期望的税收制度。毋宁说，差别原则是我们对各种制度结构或模式进行道德评价的标准，而不是某种特定的制度结构或模式本身。

三　潜在参与者的资格

博格认为诺齐克的持有正义论和罗尔斯的分配正义论在结构上是相似的，他们的真正分歧体现在实质性的内容上：诺齐克要求我们仅仅关心制度结构所直接确立的（established）模式，而不必在意制度结构可能生成的（engendered）模式；罗尔斯则要求对制度结构的评价必须依据它所趋向导致的所有模式，无论它们是被确立的还是被生成的。根据诺齐克的持有正义论和罗尔斯的分配正义论在实质性内容上的差异，博格把前者称作一种义务论的正义理论；把后者称作一种广义后果论的正义理论。

为了更加清晰地展示诺齐克与罗尔斯的分歧，博格提出了一种设想，在这种设想中，诺齐克提出了一种关于个人自由的独立观念，他声称他偏爱的基础规则能够产生对他理解的个人自由的最佳分配。博格认为这种设想能够使诺齐克与罗尔斯在如下问题上形成对峙，即在对各种可供选择的基本结构进行道德评价时，哪些考虑是相关的并且它们是如何相关的。博格认为诺齐克会接受这样的设想，并提出某种"模式化的"标准为他所偏爱的基础规则论证。博格通过追问关于模式化标准的三个问题来分析他们各自所持的模式化标准：

---

① Thomas Pogge, *Realizing Rawls*, New York: Cornell University Press, 1989, p.31.

谁是道德关心的单元的参与者？或者我们应该从哪里寻找信息？

哪些益品（goods）或恶品（evils）是道德上重要的，并且它们相对的重要性如何？或者什么信息是我们必须寻找的并且这些信息是怎样决定一个参与者的位置（个人内部的平衡／累计）？

如何就可供选择的制度结构可能在它们的参与者（人际间的平衡／累计）之间产生的位置分配进行排序？[1]

博格认为对前两个问题的回答决定了在评价不同的制度结构时所需要的信息，对后两个问题的回答决定了为了完成对制度结构的评价如何评价这些信息。对这三个问题的回答就形成了一种模式偏好。博格指出，罗尔斯和诺齐克在第一个针对"谁"的问题上没有根本分歧，对他们而言，道德关心所指向的都是个体的人。两者的根本分歧体现在对第二个问题，即"是什么"的回答上，二者对个人自由的含义和各种相关的益品或恶品的相对道德重要性的不同理解——"在这里我把他们在确立的和生成的模式特征之间区别的道德相关性上所持有的冲突观点看作关键的不同"[2]。所谓"确立的模式"是指，当益品与恶品是被社会体系的成文或不成文的规则与程序所直接要求时，它们就是被确立的，即便它们没有被授予特殊的个体或人们的自然等级。"生成的模式"是指，益品或恶品不是由规则和程序直接要求的，例如自由市场所导致的收入差异，仅仅可以预见它们是从这些规则和程序中产生的。

博格认为诺齐克特别重视以上这组区分，诺齐克认为在设计一个理想的制度结构时我们应当仅仅关注被确立的益品和恶品的分配，更具体些，应当关注被确立的自由的分配，不应当关心生成的自由的分配。从诺齐克的观点来看，以下两种制度结构截然不同：在其中一种结构中，某些人被直接分配了次等的财产权；而在另一个结构中，某些人只是由于不直接要求不平等的程序性基础规则的作用，而拥有次等的财产权。诺齐克认

---

[1] Thomas Pogge, *Realizing Rawls*, New York: Cornell University Press, 1989, p.37.

[2] Thomas Pogge, *Realizing Rawls*, New York: Cornell University Press, 1989, p.38.

为不应该关注第二种制度结构。罗尔斯却主张我们应当根据每一种可行的经济制度结构趋向于产生的所有模式对它进行评价，并不需要区分确立的模式和生成的模式。经济基础规则以及整个基本结构都要根据它们产生的结果被评价，当然并不仅仅根据那些结果。在罗尔斯看来，收入不平等或者贫困不管是被确立的还是被生成的都没有区别。博格认为这样一种只基于制度结构的结果对其评价的正义标准是一种广义后果论（broadly consequentialism），它对由制度结构确立的分配和由制度结构生成的分配一视同仁。

博格通过将罗尔斯的正义观念与诺齐克的义务论的正义观念并入一个更复杂的框架中以展现它们的区别。这个框架既能展现罗尔斯和诺齐克各自所持的广义后果论与义务论在道德观上的区别，也能展现二者在正义观上的分歧。博格指出，义务论通常特别看重两种区分：一种是人们做什么与他们仅仅让什么发生的区分；另一种是在他们做什么的领域内，他们意图（intend）做什么与他们仅仅预见（foresee）或应当预见什么的区分。"两种区分的关键都在于某种 X 在道德上比某种 Y 更重要。"[1]博格指出，X 与 Y 在道德重要性上的区别可以是恒定的，也可以是偶然的，存在多种方式将每一种 X 与 Y 之间道德重要性的差别并入一种道德观。因此，为了表明一种道德观是义务论的，必须表明它既承认 X 与 Y 在道德重要性上不同，还必须表明它们之间不同的最低程度。博格建议，如果一种道德观念是义务论的，它必须同时持有以下两种观点："（a）一个行为者做的任何伤害总是比他仅仅任其发生的伤害更严重（所以后者在行为的评价中至多扮演附属标准的角色），和（b）行为者有意图而且做的伤害有时至少比行为者做的却仅仅是预见（或应当预见）的同等程度的伤害具有更大的权重。"[2]一种道德观念如果是完全的后果论，就必须同时拒绝（a）和（b），并且后果论的道德观通常并不承认上述的两种区分。根据义务论的道德观必须满足的条件，可以推论出义务论的正义观所必须同时坚持的两种观点："（A）一种制度结构所造成的利益与负

---

[1] Thomas Pogge, *Realizing Rawls,* New York: Cornell University Press, 1989, p.44.

[2] Thomas Pogge, *Realizing Rawls*, New York: Cornell University Press, 1989, p.44.

担通常比它仅仅任其产生的任何益品与恶品更重要（所以后者在对制度的评价中至多扮演附属标准的角色），以及（B）在制度结构所产生的东西的领域内，它所确立的利益与负担有时至少比它预见所产生的同等程度的利益和负担有更大的权重。"[1]一种后果论的正义观念必须同时拒绝（A）和（B），当然它往往也不承认这两种区分。

诺齐克为什么会拒绝承认（A）和（B）呢？博格认为诺齐克拒绝（A）的理由如下：我们应当根据每种制度结构可能产生的制度性自由去评价制度结构，但不应该考虑自然对自由的限制。例如当一种制度结构要求健康人去帮助残障者时，诺齐克认为这就会造成人们之间的不平等。由于残障者所遭受的不幸是自然对其自由的限制，因此不能在制度评价时把它考虑进来。博格认为诺齐克所依赖的直觉观点是，我们不应该混淆制度结构对其参与者是否正义的问题与自然对这些人是否正义的问题。诺齐克拒绝观点（B）是因为他主张在通过考察一种制度结构所导致的利益与负担的分配对它评价时，我们应当仅仅关注这个制度结构所确立的利益与负担，而不包括它有可能生成的利益与负担；我们应当更关注制度结构对个人自由直接施加的限制，而不是它对个人可能或不可能产生的限制。例如，在自由至上主义的制度结构下，它允许个人拥有自卖为奴的权利，但是它并不要求某些人要成为奴隶，另一些人要成为奴隶主，很有可能没有任何人会自卖为奴，也有可能会有很多人自卖为奴，无论在自由至上主义的制度结构内出现多少自愿的奴隶，并导致他们的自由受到极大的限制，也只不过是这个制度结构偶然生成的结果，它从来没有直接要求过这种结果。因此，并不能因为这种制度结构中偶然出现的自愿为奴的结果，就断言这个制度是不正义的。

对于罗尔斯的广义后果论的正义观念而言，他承诺（A）却否认（B）。罗尔斯承认（A），是因为正义标准只规范社会基本益品的分配，而不规范社会基本益品与自然益品相叠加时所产生的混合模式。罗尔斯拒绝（B），是因为他主张在对可供选择的制度结构排序时，要依据各种制度结构可能

---

[1]　Thomas Pogge, *Realizing Rawls*, New York: Cornell University Press, 1989, p.45.

产生的社会基本益品的总体分配模式。罗尔斯的正义标准关心的是人们实际享受的制度性自由，它并不区分这种制度性自由的分配是被制度结构所确立的，还是仅仅在制度结构中偶然生成的。

诺齐克和罗尔斯对个人自由的选项空间的不同理解导致他们在模式化标准的第三个方面，即"怎么办"的问题上出现分歧。对这方面问题的回答关系到诺齐克对制度结构所确立的自由的分配要求，这一要求体现在他对个人权利的"边界约束"理解中——边界约束式个人权利为每个人的行为规定了不得逾越的道德空间。博格认为，诺齐克实际承诺了三种实质性的边界约束。其一，诺齐克认为个人的选项空间应该不仅是相互排斥的，而且是穷尽的，因为他断言"对事物的特殊权利充满了权利的空间"[1]。其二，诺齐克认为在制度结构确立的自由中必然没有不平等。尽管人们的自由可能指向同一个客体，但是他们的自由不能指向同样的权利，例如财产权。但是诺齐克承认人们能够而且应该拥有对称的权利，就像每个人对他们自己的身体拥有某些权利那样。博格把这一点约束称为平等的约束或最大化最小值的约束。其三，在涉及关于人们与他们的行为的选项时，相较于其他人的对称选项而言，人们对于有关自己的选项具有更偏爱的初始权利。博格把第三点约束称为相关性约束。经过分析，博格指出诺齐克的义务论正义观实际上违背了这三种实质性的边界约束。

博格认为，罗尔斯能够并且确实也支持程序性的基础规则，诺齐克为他所选择的基础规则提供的论证也可以被解释为是一种模式偏好。为了把诺齐克对他所主张的基础规则的辩护解释为一种模式偏好，博格提出了一种诺齐克式的原初状态。与罗尔斯的原初状态中的代表人所被允许知道的信息不同，诺齐克式原初状态中的代表人被允许知道他们的委托人只关心自己由制度结构所确立的个人自由，并且他们几乎不关心制度结构会以哪些可预测的方式影响他们的制度性自由。各方代表人知道他们的委托人希望得到尽可能大的被确立的自由份额。在这样描述的原初状态中，各方将依据被确立的自由的最差份额选择对每一种基本结构进行排序的标准。

---

[1] ［美］罗伯特·诺奇克：《无政府、国家和乌托邦》，第286页。

博格认为如此构造的用来支持诺齐克观点的辩护凸显了诺齐克无法回应的三类问题，即"支持诺齐克的基础规则的可以通过分析它们的潜在原理而被明确的核心价值具有多大的合理性，这些背景价值有多么清晰，并且从它们能否充分推论出诺齐克所提出的观点？"[①]博格分别分析了这三类问题。

对于第一类问题，即诺齐克所倚仗的用来为他的基础规则辩护的核心价值是否合理？博格提出了两个拒绝诺齐克的义务论而选择广义后果论的内在理由。第一个理由来自诺齐克所推崇的作为"乌托邦框架"的社会体系。在乌托邦框架中，"这些共同体是按照人们的意愿形成的，如果人们被允许进入，他们就能够进入，如果他们希望离开，他们就能够离开；在一个可以尝试乌托邦实验的社会里，可以过各种不同类型的生活，可以单独地或共同地追求关于善的各种不同梦想"[②]。博格认为，乌托邦框架的优点在于能够为具有特殊的经济制度的最低限度国家提供独立的支持。如果乌托邦框架的优点能够为最低限度国家提供支持，那么只有诺齐克的基础规则在经验上能够产生出这样的结构时它才会成功。诺齐克的权利观会导致一种伴随着农奴制的封建体制，这种封建体制只能允许数量极为有限的共同体和实践乌托邦实验的机会。诺齐克不仅没有检查他提出的乌托邦框架构想的可能性，而且只有当他忽视了他所倡导的制度结构可能生成的结果时，才能断言他所提出的基础规则能够导致乌托邦框架。于是，乌托邦框架的优点反而成为反对自由至上主义制度结构的理由。拒绝诺齐克的义务论路径而转向广义后果论的第二个理由是：诺齐克忽视了他的自由至上主义的基础规则在经验中能否如他所料地稳定运行，或者是否能够长期维持。博格指出，与许多按照不同的基础规则组织起来的社会体系相比，在自由至上主义的制度结构下，可能出现大量的不服从事件，官员可能十分腐败，私人间的冲突和内战十分频繁，犯罪率居高不下，等等。与洛克的自然状态相较，最低限度的国家可能仅仅取得了微不足道的进步。正是由于诺齐克忽视了他所推崇的

---

① Thomas Pogge, *Realizing Rawls*, New York: Cornell University Press, 1989, p.54.

② ［美］罗伯特·诺奇克：《无政府、国家和乌托邦》，第367页。

制度结构可能生成的后果，他才会忽视公民倾向于不遵守自由至上主义基础规则的问题。

基于以上两个反对诺齐克的义务论进路的内部异议，博格推论出，他所构造的诺齐克式原初状态辩护实际上忽视了从潜在参与者（prospective participants）的角度对制度结构可能生成的结果的关心，并且这种忽视是非常愚蠢的。采用潜在参与者的视角不是任意的，而且诺齐克在对最低限度国家的"乌托邦框架论证"中确实也采纳了这个视角。对潜在参与者视角的采用，意味着对制度结构的辩护要遵循广义后果论的进路。例如，在对塑造教育制度的人们行为的评价中，知道他们是否有明确意图要将一部分儿童排除在受教育之列很重要，但是仅仅知道有一部分儿童实际被排逐出受教育之列，潜在参与者也同样拥有反对这种教育制度的理由。更具体一些，那些由于父辈的贫困而被教育体制拒之门外的儿童，他们并不是残障者，而是劣势者。在这种情况中，他们所遭受的不平等并不是自然对待他们的不平等，而是制度结构对待他们的不平等，无论这种不平等是被制度结构直接确立的，还是在制度结构下生成的。

针对第二类问题，即支持诺齐克所青睐的基础规则的背景价值的清晰性，博格指出，任何要为自由至上主义的观点作辩护的企图都面临同一个普遍的问题，这个问题源于权利和自由的客体可以用不同的方式描述。博格进一步阐明了权利表述对于平等约束的目标而言多么抽象，他的策略是揭露诺齐克对边界约束的实质性承诺与权利的抽象性之间的矛盾。在最简单的两个主体与一个客体的情景中，穷尽性约束要求这个客体必须是可被使用的和可被占有的，平等性约束意味着最初任何一个主体都不占有这个客体，并且他们每个人都可以使用它。那么这个客体是如何被占有的？诺齐克解决这个问题的方案就是通过授予两个主体第二阶的初始占有的自由，以确立对这个客体的排他性所有权。博格质疑道："这个简单的对称性解决方案如何应对现实世界中主体是在不同时间来到世界上的这个事实？"[1]在占有某物的时候，先到者是依据占有这个特定的东西的自由去占

---

[1] Thomas Pogge, *Realizing Rawls*, New York: Cornell University Press, 1989, p.57.

有呢？还是依据某种更广义的自由去占有一般意义上的无主物呢？如果是依据前者，平等性约束会要求当新的主体出现时，就要取消所有现存的财产权，这样新来的主体对于每一个客体才拥有平等的占有和使用的初始权利。如果是依照后者，那么平等性约束就得到了满足，即使对于后来者而言，已经不存在可供他们去自由占有和使用的无主物了。为了避免以上两种极端情况，诺齐克通过给初始占有增加限制性条款的方式来找到一种居中的解决方案——"后来者必须拥有初始的被确立的权利和自由并且它们至少等同于（equivalent）先到者的初始的被确立的权利和自由"[1]。这也就是诺齐克针对初始占有的限制性条款所要求的，初始占有不能使其他人的处境在占有发生后被恶化。但是，博格认为由于"等同于"这个概念的模糊性，诺齐克提出的限制性条款并无助于消除基础规则所诉诸的背景价值，即作为边界约束的个人权利的不明晰性——"当在资本主义经济中寻找被雇佣的自由被看作是早期的人们占有大片土地的自由的替代品时，一个宽松的等同于概念其实会使平等性约束非常弱"[2]。

　　针对第三类问题，即能否从被诺齐克所偏爱的基础规则所辩护的背景价值中，充分推论出这些基础规则，博格认为这些辩护背景还远没有被明确化。博格认为存在许多不同的制度结构能够满足诺齐克提出的实质性约束。一种制度结构可能会对第二阶占有的自由施加更多的约束，例如在罗尔斯主义的方案中，对某块土地的占有可能同时允许某些其他人进入的自由，并且它授予占有者的权利可能比较有限，即他只拥有 80% 的土地转让权。或者，人们可以通过一种公开公平的交易程序来分配某块土地在下一个种植期的使用权。甚至人们可能拥有一种使用和消费每一个东西的初始权利，并且这个第二阶的权利在没有他们同意的前提下不能被剥夺。在这三种方案中，通过单边占有而形成的财产权就可能非常有限，它们导致了一种比诺齐克所主张的绝对排他性财产所有权较少广泛性、较少排他性、较短持久性的财产所有权。只要有理由偏爱一种平等主义的对生成的自由

---

[1] Thomas Pogge, *Realizing Rawls*, New York: Cornell University Press, 1989, p.58.

[2] Thomas Pogge, *Realizing Rawls*, New York: Cornell University Press, 1989, p.58.

分配，那么这几种经过修正的财产所有权形式就更富有吸引力。之所以概述以上几种可供选择的财产所有权方案，是为了表明在自由至上主义的制度中，存在许多不同的能够被授予参与者的权利和自由的初始集合，而诺齐克所提供的那种集合恰恰是众多可供选择的集合中最糟糕、最混乱、最可能生成悲惨结果的一种。

博格以上各种揭露诺齐克义务论路径的缺陷，并维护罗尔斯的广义后果论的论证都是为了使他最关注的关于正义标准的理念更加合理，这个理念就是要根据分配模式去考察制度结构。体现这种理念的广义后果论关注的是制度结构所趋向产生的利益与负担的分配，而不关心这些利益和负担是被制度结构所直接确立的还是在制度结构下偶然生成的。诺齐克的义务论正义观由于仅仅关心被制度结构直接确立的模式，就忽视了大量制度模式中可能生成的模式，而后者使许多潜在参与者的资格和权利无法得到保障，这恰恰违背了诺齐克树立的不得侵犯个人权利的三种实质性边界约束。

第二节　正义原则的制度性分工

实际上，罗尔斯与诺齐克认为正义原则的适用主题不同：罗尔斯认为正义的主题是社会基本结构，即政治结构和主要的社会与经济安排，制定正义原则的标准是"应当如何评价或设计社会体系的基础规则"[①]；诺齐克却坚持正义原则不仅要适用于宏观结构，也要适用于小范围小规模的人际交往，"要在一个可观察的小范围语境中去检查各种相互竞争的正义观的可行性"[②]。本节将分析罗尔斯、博格等自由主义平等主义者如何回应诺齐克对分配正义原则不是普适性原则的指责，他们指出不仅正义原则必然要求制度性分工，即不同的主题适用不同的正义原则，而且诺齐克混淆了道德评价中的正义主题与道德主题。

[①]　Thomas Pogge, *Realizing Rawls*, New York: Cornell University Press, 1989, p.17.

[②]　Thomas Pogge, *Realizing Rawls*, New York: Cornell University Press, 1989, p.15.

一　正义原则以基本结构为主题 ①

诺齐克提出了"强制性再分配身体器官"反例，以强调罗尔斯的正义原则尤其是差别原则严重侵犯了个人的自我—所有权，并极可能走上贬低人的自主和尊严的危险道路，反而与罗尔斯的正义原则以维护和增进人的自尊的宗旨背道而驰。为了有效地回应诺齐克对差别原则不适用于微观情况的批评，仅仅指出罗尔斯与诺齐克对正义原则适用主题的理解不同还远远不够，必须进一步解释罗尔斯主张正义原则在不同评价主题间分工的必要性，以及为什么正义原则只能适用于对基本结构的评价而不适用于对微观情况中人际互动的评价。

正义原则的主题及适用范围的不同根源于罗尔斯与诺齐克持有不同的正义观念。罗尔斯的正义观念是实现在公民之间恰当分配社会合作所产生权利与义务、利益与负担的一系列规范原则；诺齐克的正义观念则是确保人们对他们的持有拥有资格的持有正义论三原则。通过对比两者的正义观念，可以发现罗尔斯的正义原则发挥作用必须依赖于特定的社会制度，即他所谓的基本结构，基本结构奠定了个人和社团群体从事各项活动的背景框架，因此这些基本结构及其安排必须满足正义原则。诺齐克的持有正义原则付诸实施却不依赖各种背景框架或制度，他主张只要对无主资源的初始占有没有使其他人的处境比占有发生前恶化就是正义的，只要个人之间财产的获取和转移都满足获取正义原则和转让正义原则，就足以保证社会总体的持有状态是正义的，并不需要任何背景制度周期性地调节人们之间不平等的财产状况。即便允许某些必要的基本制度存在，它们的职能也仅限于矫正原则要求的纠正财产占有和转让中出现的暴力、欺诈和不履行契约等行为，而不能干涉人们正当获得的财产，无论它们的不平等程度有多大。诺齐克主张持有正义原则不仅适用于个人之间的交易与互动，而且适用于社会的总体持有状况。

罗尔斯把诺齐克的观点看作"理想的历史过程观"的典型代表，并针

---

① 本节部分内容发表于《论罗尔斯对诺齐克的反驳——基于道德人格观念的视角》，《武汉理工大学学报》（社会科学版）2020 年第 6 期。

锋相对地提出了"理想的社会过程观",他提倡的"作为公平的正义"恰是后者的一种典型代表。罗尔斯认为,即便如诺齐克所设想的一样,财产的初始占有可能是正义的,并且后来的财产获取与转让也可能是正义的,但是数以亿计的人们之间所达成的财产转让契约既分散又庞大,无论单个交易是多么自愿和公平,它们都受到众多不可控制因素的影响,在经过长时间的积累后,巨额的财富可能被积聚在极少数人手中,于是这些积聚极可能破坏公平的机会平等和政治自由的公平价值。罗尔斯意在表明诺齐克仅仅依靠持有正义的三个原则不足以保证总体的持有状态一直是正义的,他认为不存在任何切实可行的、应用于个人以防止他们在微观交易中破坏背景正义的规则。规范与指导个人契约与交易的规则不能像数学理论一样严密与复杂,"任何通情达理的规则图式都不能超出个体完全从容把握和遵循它们的能力,也不会给公民施加他们通常所无法满足的各种知识要求和预见要求的负担"[1]。由于不同个体的理性能力参差不齐,他们又要广泛地参与各种契约与交易,因此既不能指望他们能从集体视角审视他们分别达成的交易,也不能期望他们有能力预见当下的交易在未来可能导致的不公正结果。因此,虽然人们自以为遵守了持有正义原则,并小心翼翼地约束他们在每个具体交易中的行为,但是个体行为具有不可避免的不公正性,仅仅依靠个人有限理性的自我规范不能完全杜绝交易中的口是心非和欺诈行为,并防止自愿且公正的分散交易在经过长期积累后造成对他人不公正的影响。

罗尔斯认为他倡导的"社会过程观"虽然与诺齐克的"历史过程观"都使用了纯粹程序正义概念,它们各自表达这种概念的方式却不同。"历史过程观关注个人和团体的交易,这些交易受某些原则及其附带条款的限制,而这些原则和附带条款是直接应用于具体交易中的当事人的。"[2]因为对诺齐克而言,正义就意味着人们对其持有是有资格的,并且他认为只要每个人对其持有是有资格的,社会的总体持有状况就是正义的,所以他的正义原则既可以适用于检测每一次具体的交易是否正义,也可以用于评价

---

① [美]约翰·罗尔斯:《政治自由主义》(增订版),万俊人译,译林出版社2011年版,第248页。
② [美]约翰·罗尔斯:《作为公平的正义:正义新论》,第69页。

社会总体的持有状态是否正义。但对罗尔斯而言，如果没有对基本结构的不断规范与调整，就无法长期维持正义的背景框架，个人的具体交易和行为都是在正义的背景制度下发生的，因此，背景制度的正义优先于具体交易的正义。正如上文所述，并没有切实可行的规则应用于个人，以保证他们的契约和交易在经历长时间的累积后不会腐蚀背景正义，即从集体和长远的观点来看，交易双方的自愿和理性并不足以保证他们当下的交易可以被视作永远正义的，并且永远不会造成其他人的处境恶化。因此，对这些微观的个体和群体行为正义与否的评价并不能由当事方决定，而取决于基本结构是否能持久成功地维持背景正义。个体和群体的行为都是在这些正义的背景条件下发生的，如果没有正义的背景条件，当下个人和群体的契约与行为无论多么出于自愿与公平，都有可能在将来产生不正义的后果。因此，正义原则必须以基本结构为主题。

虽然背景制度的正义性优先于个人和团体具体交易的正义性，但是适用于维持背景正义即基本结构的正义原则却不能同时应用于具体的交易，罗尔斯实际上区分了不同层面的正义原则，即正义原则的制度性分工。正义二原则是适用于规范基本结构的正义原则，可称为国内正义原则；基本结构内的各种团体和组织适用的正义原则被称为局部正义原则，它们包括个人的具体交易和行为所应遵循的各种正义原则，这些局部正义原则没有普适性的内容和规定，不同的原则要考虑各种特殊交易和行为的不同目标、性质和要求。无论这些局部正义原则的内容是什么，正义二原则都对它们施加了实质性的限制，尽管不是直接决定了它们的内容。简言之，罗尔斯认为要维持公平的社会合作事业世代相续，就必须有正义的背景制度周期性地调节人们之间的财产不平等状况，只有通过正义原则规范的基本结构发挥维护背景正义的作用，才能防止少数人对经济命脉乃至政治权力的垄断和控制，从而实现一代又一代公民平等地参与到社会合作事业中。与之相对照，诺齐克的持有正义原则即便能够保证短期内和小规模的自愿交易与协议的正义性，即没有恶化他人的处境和侵犯他人的权利，但是不仅遏制不了由于财产不平等导致的政治权力不平等的趋势，反而容易强化和固化这种趋势。

　　诺齐克与罗尔斯关于正义原则适用范围的争议焦点在于差别原则为什么不能应用于微观情况。诺齐克的真正目的在于指出由于差别原则应用于微观情况会导致对自我—所有权的侵犯，因此包含差别原则的正义二原则都不是其正的普适性正义原则，只有他的持有正义三原则才是普适的正义原则。罗尔斯给出的应对策略是首先揭露诺齐克的持有正义原则无法保证背景正义条件，背景正义条件是世代相继的社会合作必需的前提，所以正义原则必须以基本结构为主题，而不是以具体的交易行为为主题。其次，罗尔斯区分了应用于基本结构的正义二原则和应用于基本结构内部的个人与群体具体行为的局部正义原则，指出不同层面的正义原则适用于不同的范围和主题，正义二原则虽然不直接应用于个人与群体的具体行为，但是也给他们的行为施加了限制，并不是诺齐克所理解的不同层面的正义原则之间没有任何关联和影响。

　　以差别原则的应用为例，罗尔斯认为差别原则适用于调节社会和经济不平等的各种公共原则和政策，例如调节收入与税收相关的制度和财政政策，"但不适用于各种特殊交易或特殊分配，亦不适用于个体和联合体的决定，然则却又完全可以适用于人们处理这些特殊交易和作出这些决定的制度背景"[①]。罗尔斯认为诺齐克批评差别原则要求不断调整每一个特殊交易的分配结果和任意干涉个人生活是完全误解了差别原则的目的和应用范围。差别原则的功能是使分配有利于实现提高最少受惠者合法期望的目的，这种功能性分配是由属于基本结构的分配制度与财政政策实施的，只要这些制度和政策得到了恰当制定和公开，个人和群体就可以根据这些公共规则，在它们规定的条件和限制内，追求他们的利益和争取他们的资格。例如，国家制定并公布了某种旨在鼓励人们分散财产的遗产税，它对不同性质的遗产受赠者征收的税率不同，人们清楚地了解到自己将财产全部遗赠给子女和将大部分财产捐赠给博物馆对他们各自的不同影响，并将做出自己的决定。在遗产税的这个事例中，差别原则的功能是通过税率的调整实现的，不管人们决定将财产全部遗赠

---

　　① ［美］约翰·罗尔斯:《政治自由主义》(增订版)，第261—262页。

给子女还是捐献给博物馆，最少受惠者的利益都得到了增进，这种遗产税政策就比由赠予者纳税更有利于提高最少受惠者的利益。差别原则并不要求个体和群体的每个具体交易与协议都要以促进最少受惠者的利益为目的，罗尔斯认为一旦平等的基本自由权、公平的机会平等都得到保障，通过调整收入水平或者税收杠杆等少数手段，就可以大体满足差别原则的要求。

罗尔斯关于正义二原则与局部正义原则之间关系的基本观点是，正义二原则虽然不能直接应用于具体的个人与群体行为，但也给这些行为及它们所遵循的局部正义原则施加了实质性限制，这意味着，一方面个人与群体的行为不得与正义二原则的要求相冲突；另一方面个人与群体有充分的自由在正义二原则允许的范围内追求其目标，并为他们的行为负责。罗尔斯对作为基本结构的家庭制度的讨论体现了正义原则的制度性分工的必要性及其两方面意义。诺齐克批评差别原则并不适用于相互友爱的家庭内部，根据差别原则的要求，一个家庭就必须将其资源用来尽可能地提高身体状况最差或者天资最差的孩子的地位，但显然家长们不必这样做。诺齐克认为罗尔斯会以正义原则只适用于宏观背景而不适用于微观情况作为辩护，当然诺齐克不承认罗尔斯所谓的正义原则的制度性分工。诺齐克主张真正的正义原则必须是普遍适用的原则，如果说罗尔斯的正义二原则只适用于宏观背景而不适用于微观情况，那么正义二原则就是完全无效的。然而罗尔斯的观点并非如此，虽然正义二原则并不直接应用于基本结构内部个人和群体的具体行为，但它们也限制了这些个人和群体的行为方式，包括家庭中担任不同角色个人的行为。家庭中的不同个人被赋予了丈夫、妻子、父亲、母亲、子女等不同的角色，每一个不同角色或身份拥有不同的义务与权利，但是他们同时也具有同一种身份，即自由而平等的公民。正义第一原则保障所有公民的基本自由权体系以及平等的政治自由的公平价值，无论家庭中的某个成员是丈夫、妻子还是其他某种身份，他或她作为公民都享有平等的基本自由权，因此，正义第一原则禁止家庭内部虐待妇女与儿童。在不违背正义第一原则的要求时，如何分配家庭的财产与资源、如何分配家庭内部的劳务、如何培养与教育子女等问题，完全由家庭内部成员决定。在诺齐克提出的反例中，差别原则在这里没有决定权，它既不要求家长首先顾及身患顽症或天资最差的子女，也不反对某些家长执意如此。

罗尔斯之所以强调不同层面正义原则制度性分工的必要性，在于公民身份的多重性，即每一个个体既是公民，同时又是家庭或某个社团的成员，"作为公民，我们有理由对团体施加某些由政治正义原则所规定的限制，而作为团体的成员，我们则有理由反对这些限制，以便为所提到的团体之自由而繁荣的内部生活留有空间"[①]。罗尔斯所谓的"反对这些限制"就是指把正义二原则直接应用于家庭和团体内部生活，所以才产生出不同层面正义原则分工的必要性，即正义二原则用于调整社会基本结构及保障每个公民的基本自由权和平等的政治自由之公平价值，其他局部正义原则适用于家庭及各种团体内部生活和交往。正义二原则既不取代局部正义原则的作用，同时又给它们施加了实质性限制，局部正义原则不能与正义二原则相冲突。不同层面正义原则的分工根源于政治自由主义对政治领域与其他非政治领域的区分。不同于《正义论》时期对正义原则的论述与证明，《政治自由主义》时期的罗尔斯更加强调"作为公平的正义"是一种政治正义观，正义二原则只适用于政治领域，而不适用于道德领域和其他非政治领域。换言之，正义二原则是政治的正义观念，其他适用于个人和团体的局部正义原则是非政治的正义观念。政治领域和非政治领域的区分并不意味着它们是各自独立、互不影响的两个封闭场所，政治正义原则对政治领域和非政治领域都施加了限制，如同在家庭和教会中，每个成员都因其自由平等的公民身份而享有不可侵犯的基本自由权。

通过罗尔斯对不同层面正义原则适用于不同主题的论证，我们发现，诺齐克主张的持有正义原则不仅无法维持社会合作所必需的背景正义条件，而且公民身份的多重性以及政治领域与非政治领域的相对区分，决定了在应用于基本结构的正义原则与应用于个人与群体的日常行为和特殊交易中的正义原则之间分工的必要性，并不存在诺齐克所断言的适用于任何

① ［美］约翰·罗尔斯：《作为公平的正义：正义新论》，第199页。

情况的普适性正义原则，当然也不存在他倡导的那种。

二 正义主题与道德主题的区分

博格指出，诺齐克之所以会批判差别原则不是普适性正义原则，是因为诺齐克混淆了道德评价中的正义主题与道德主题，把仅仅适用于正义主题，即社会基本结构的正义原则应用于道德主题中进行检验，然后以正义原则经不住检验为由，诋毁分配正义原则。博格在指出诺齐克混淆了正义主题与道德主题的基础上，进一步论证了为什么正义原则要以社会体系的基本结构为主题。

博格认为诺齐克并未区分两个截然不同的评价主题，即正义的主题与道德的主题。所谓正义的主题就是一个社会体系的基础规则（ground rules）应当如何被评价或设计，道德的主题就是行为者（个体、社团或政府）可以和应当如何在规则既定的制度下行动。这两个主题不是并列关系，道德主题是正义主题的次级（secondary）主题。"这些主题的前一个，正义，关切的是对社会制度的道德评价和辩护；后一个，道德，关注的是对行动和品质的评价。"[①] 博格认为诺齐克和罗尔斯都关注第一个主题，即正义，但诺齐克却致力于批判一个不属于罗尔斯的观点。博格批评了诺齐克的论证方法，他认为诺齐克常常把他们的争论理解为在什么环境下可以允许违反哪些基础规则，而罗尔斯实际上是在一个更高的层面上讨论应该选择什么样的基础规则。博格所指的诺齐克对罗尔斯的误解，其实就是诺齐克要求正义原则必须经受住微观情况的检验，换言之，诺齐克坚持要求只适用于正义主题的正义原则也必须适用于道德主题。因此可以说，诺齐克对差别原则的批判完全是无的放矢，他在没有清楚区分正义主题和道德主题时，把只适用于正义主题的正义原则强行挪用到道德主题的评价中，然后指责正义原则由于无法适用于道德主题而不是普适性原则，但是，正义原则本来就不应该被应用于道德主题。所以，诺齐克对罗尔斯的正义原则缺乏普适性的批评根本就不成立。

---

① Thomas Pogge, *Realizing Rawls*, New York: Cornell University Press, 1989, p.17.

博格指出，为了回击诺齐克的挑战，罗尔斯并不会在道德主题上声称诺齐克式的私有财产权应当被某些其他的道德价值所推翻，而是在更高层面的正义主题上给出反对诺齐克式私有财产权的理由。博格认为："价值可能出现冲突并要求权衡和牺牲。但是由被选择的制度结构所指明的任何自由和权利（边界约束）在一开始就要被设计得可以彼此相容。为了实现其他人的权利，是否要侵犯某个人的权利这种问题在原则上决不会出现。"①诺齐克虽然声称个人权利是不容侵犯的，但他实际上也通过对权利所代表的价值的妥协来处理权利之间的冲突。例如，当某个人自由活动的权利与另一个人对某块土地的所有权发生冲突时，诺齐克通过限制前者的价值来维护后者的财产所有权。同样，罗尔斯主义的制度结构也允许价值之间的平衡，而且它们也强调不能为了其他价值侵犯人们的私有财产权。不仅两种制度结构都可以通过价值之间的权衡得到辩护，而且它们所达到的不同的平衡决定了哪种制度结构能够产生对于个体而言的最好生活。于是，博格不再从道德主题上解释罗尔斯的正义观念的内涵，而是转向正义主题，去探讨罗尔斯为什么强调把社会基本结构作为正义的主题。

博格指出，他与罗尔斯对于社会基本结构的理解有些差异，他将其表述为"社会体系的基本结构"（the basic structure of a social system）。博格认为罗尔斯对于"社会"的界定过于狭隘，因为在历史上存在的许多社会，其制度规则并不是为了互利而被设计，而且它们的很多成员也并不认同这些制度规则。博格认为"社会体系"的概念比"社会"概念更宽泛、更具有包容性，同时他也扩展了"社会合作"的意义，他既承认社会体系中的经济交往很可能是被强制的而不是自愿的，也承认社会体系中的最重要的社会互动可能发生在经济领域之外。博格认为，"基本结构包括社会的经济组织的基本模式；通过个人和群体的行为或他们之间的互动而形成的社会选择的程序以及对这些选择的限制；管理公民（非经济的和非政治的）互动的更重要的实践，例如家庭或教育体制；还有解释和强制执行制度的规则的程序"②。博格强调社会体系的基本结构的第一个范畴包括对私

① Thomas Pogge, *Realizing Rawls*, New York: Cornell University Press, 1989, p.19.

② Thomas Pogge, *Realizing Rawls*, New York: Cornell University Press, 1989, pp.22–23.

有财产权的界定，例如哪种物品可以被拥有、被谁拥有，所有权如何获取和变更，等等。但是第一个范畴并不涉及任何特殊的经济团体的内部组织，因为基本结构所规定的权利是适用于所有人的，而特殊的经济组织只有部分参与者。

博格指出，他对社会体系的基本结构的宽泛界定，与罗尔斯在《作为主题的基本结构》一文中对基本结构的狭义理解相冲突。罗尔斯在《正义论》中对基本结构的概括实际上与博格的理解差别不大，但博格认为罗尔斯在《作为主题的基本结构》中对基本结构的界定的狭隘化是对诺齐克批评的妥协，而罗尔斯根本没有做出这种修改的必要。在《作为主题的基本结构》中，罗尔斯这样定义基本结构："基本结构的作用就是确保个人和团体的行动得以发生的背景条件。"[①]根据博格的理解，罗尔斯对基本结构的这种狭义解释就导致生产资料的私人所有制和一夫一妻的家庭制度被排除于基本结构，因为这些制度对于维持正义的背景条件并没有作用。博格指出，"罗尔斯对这个概念的狭义处理是一个策略性错误，因为他接受了诺齐克想要把他们两人之间的方法进行结构对比的方式"[②]。博格担忧，罗尔斯对基本结构的狭义理解会导致"作为公平的正义"无法对所有社会体系的基本结构予以评价，罗尔斯要么必须假设所有的社会体系都具备基本结构，要么就不能对缺乏基本结构的社会体系予以评价，而自由至上主义所主张的最低限度国家就属于缺乏基本结构的社会体系。对基本结构的狭义界定会导致诺齐克的如下批评成立，即原初状态至多为按照模式化原则组织的制度结构进行排序提供了一种合适的立场，它并不适用于最低限度国家这种拒斥模式化原则的制度结构。因此，博格认为，只有按照他对社会体系的基本结构的宽泛理解，才能把任何社会体系都看作拥有某种基本结构的内核并纳入正义评价的范围。即便在最低限度国家中，反对暴力与欺诈的各种禁令、某些判决和执行强制力的机制都构成了最低限度国家的基本结构。当把诺齐克所维护的最低限度国家看作同样依赖某种基本机构而

---

① John Rawls, "The Basic Structure as Subject", *American Philosophical Quarterly*, Vol. 14, No. 2, 1977, p.160.

② Thomas Pogge, *Realizing Rawls*, New York: Cornell University Press, 1989, p.24.

运转时，"罗尔斯和诺齐克可以被视为在同一个可能性的领域内工作，为同样的主题，即制度结构的正义提供相互竞争的方式"[1]。

尽管明确了罗尔斯和诺齐克都是在正义的主题上阐述和论证各自的正义观念，但是这并没有解释正义主题与道德主题之间的关系，而且为什么把社会体系的基本结构视作正义的主题，就要把正义主题看作优先于道德主题？博格解释道："无论从概念上还是从因果关系来看，理由在于我们无法在不理解基础规则的结构前，评价我们对于他人做的事情，这些规则不仅给予我们的行为和疏忽以意义，而且决定了它们的（经常是长期的）影响。"[2]正如罗尔斯所说，脱离了规定合作体制的公共规则，我们就无从知道我们的合法期望是什么，以及我们对于哪些东西拥有资格。博格认为，受诺齐克的误导，人们常常会把正义主题与道德主题之间的区分看作宏观情况与微观情况的区分。但是诺齐克对宏观情况和微观情况的区分特别模糊和粗糙，一般而言，罗尔斯的正义原则适用于基础规则的设计，哪怕基础规则所要规范的对象仅仅是孤岛上的两个人。罗尔斯也明确声明正义原则并不适用于家庭内部资源的分配、公司如何激励员工以及教师如何评价学生的操行，正义原则不适用于这些情况并不在于它们的规模不及基本结构规模大，而在于它们涉及的只是规则之内的行为，却不是规则本身。

正义主题与道德主题的区分之所以重要，是因为不能将制度的不正义还原为个人或集体行为不正义的总和，尽管"正义"和"不正义"常常既被用来评价个体，也被用来评价其行为。博格指出，黑人作为奴隶制度的牺牲品不能仅仅归结为奴隶主的残暴与剥削，我们不能通过盗走或保护奴隶甚至感化奴隶主的方式消灭奴隶制，我们必须废除奴隶制本身。因此，罗尔斯并不求助于富人良心发现或第三方干预的方式消除社会和经济不平等，也不将目标仅仅局限于向最少受惠者转移财富，而是要求改革控制资源分配的经济制度。

---

[1] Thomas Pogge, *Realizing Rawls*, New York: Cornell University Press, 1989, pp.24–25.

[2] Thomas Pogge, *Realizing Rawls*, New York: Cornell University Press, 1989, p.25.

第六章　为平等待人的信念辩护

诺齐克指责大多数自由主义的平等主义者往往想当然地断言对人们的差别对待应该加以证明，如果没有充分的理由证明差别对待是正当的，那么就应该平等待人。诺齐克认为平等主义在对待"平等"和"不平等"之间的态度是不公平的，他们只关注如何证明"不平等"或"差别"，却忽视"平等"本身也需要证明——"仅仅这样**假定**是不行的：平等必须纳入任何正义理论。对平等的论证的缺乏是令人惊讶的，而这种论证应能足以对付非总体的、非模式化的持有正义观念"[①]。内格尔发现，为了彻底击退诺齐克对分配正义论缺乏对平等信念论证的批评，平等主义者必须向诺齐克证明为什么平等的分配自身就是一种善，而不仅仅是一种工具性的善——"除非有对平等的独立辩护，从道德观点来看平等的分配就如同其他任何一种分配一样是任意的"[②]。本章通过分析内格尔和博格等学者对平等待人信念的辩护，展示以他们为代表的自由主义的平等主义者对诺齐克的回击。

第一节　对他人的非个人化关心是平等主义的动机基础

内格尔在《人的问题》中明确提出："平等主义的道德平等就在于，在确定怎么样会是总体最好时，按照同一个迫切性优先制度（the

[①]　［美］罗伯特·诺奇克：《无政府、国家和乌托邦》，第 289—280 页。

[②]　Thomas Nagel, "Libertarianism without Foundations", *The Yale Law Journal*, Vol.85, No.1, 1975, p. 148.

system of priorities of urgency），考虑每一个人的利益。"① 对于总体结果的评价又是怎么得出的呢？内格尔认为，是通过成对地比较个体的境况来完成的。成对地比较个体的境况又如何实现呢？内格尔并不赞同功利主义从不偏不倚的外在观察者的角度比较不同个人之间境况优劣的方法，他说："我相信道德推理的一般形式就是让自己设身处地（put yourself in other people's shoes）。这就使得人们接受了一种对他人的非个人化（impersonal）关心，与此相应的是对自己的非个人化关心，从个人化的立场出发与从非个人化的立场出发，也就是从生活内部出发与从生活外部出发……我们是通过另外形成一种与所有其他个体的利益相应的平行的非个人化关心而引出道德推理的。"② 内格尔在这里所使用的"个人化立场"与"非个人化立场"的概念源自《利他主义的可能性》。内格尔将他在《利他主义的可能性》中对道德动机的研究成果运用到分配正义理论中，从而提出了对自由主义的平等主义的平等待人信念和道德基础的辩护。

一　审慎动机与历时性存在的自我观念

内格尔假定："对于行动的一种规范性要求，一定具有相应的严格的动机支撑。"③ 他始终坚信伦理学的规范性要求必然是对行动或实践的要求，作为这种规范性要求的支撑动机的基础不能是人们的欲望，必须是某种形式结构，这种结构又根源于某种形而上学的关于人的观念，即"每个人必须把他自己或她自己既看作一种历时性存在的单一的人，同时又看作仅仅是在同样真实的其他人中的一员"④。

内格尔持有关于自我的两种观念：一方面是把自我看作历时性的存在，与这部分人格观念相关的是审慎动机；另一方面是把自我看作与其他个人同样实在的一员，与这部分人格观念相关的是利他主义动机。内格尔

---

① ［美］托马斯·内格尔：《人的问题》，万以译，上海译文出版社 2014 年版，第 118 页。
② ［美］托马斯·内格尔：《人的问题》，第 127 页。
③ Thomas Nagel, *The Possibility of Altruism*, Princeton: Princeton University Press, 1970, p.4.
④ Alan Thomas, *Thomas Nagel*, Stocksfield: Acumen Publishing Limited, 2009, p.108.

对利他主义动机的证明是先从争议较少的审慎动机入手，然后再把对审慎动机讨论中得出的模型应用于对利他主义动机的分析。无论是他对审慎动机的探讨，还是对利他主义动机的探讨，都依赖于"自我"概念——"道德的和其他的实践要求以行动的形而上学为基础，并最终以人的形而上学为基础。我们越接近证明伦理的要求，自我（oneself）的观念就越是重要和不可避免的，道德动机的可能性能够被证明依赖于这种观念"[①]。我们先看内格尔对审慎动机与它所依赖的把自我视作历时性存在的自我观念的分析。

内格尔主张："那些承认审慎理由的实践直觉，以及与它们相关联的动机，反映了把自我看作时间性地持续存在物（temporally persistent being）的个体观念：他对过去和未来阶段自我的认同能力，以及把它们视作构成完整一生的能力。"[②]内格尔区分了两种理由，一种是无时间性（timeless）的理由；另一种是有期限的（dated）理由。内格尔赞成的审慎理由是无时间性的理由，他反对的是有限的理由，因为后者造成了自我的分裂。内格尔对两种理由的区分依赖于他对理由的普遍性条件的形式化描述。内格尔认为："每一个理由是一个谓语 R，那么对于所有的人 p 和所有事情 A 而言，如果 R 对于 A 是真的，那么 p 就有促成 A 的初确（prima facie）理由。"[③]内格尔将审慎理由的形式化描述进一步解释为——"如果在事件发生时，用于这个事件的理由谓语无时态（tenselessly）为真，那么我们就有理由去促成任一事件，不管它是现实的还是可能的"[④]。所谓"无时态的"是指对于 A 的理由独立于任何一个特定的时间 t，t 可能是当下的时刻、可能是过去的时刻，也可能是未来的一个时刻，关键并不在于 t 发生在什么时刻，而是 R 对于 A 而言总是真的。例如，如果一个人相信他应当遵守法律，那么他就不会仅仅遵守当下施行的法律，而不去遵守将来颁布的法律。换言之，无时态的理由或者无时间性（timelessness）理由能够历时性地影响审慎行动。所谓有期限的理由，只有在用现在时态描述理由谓语与

①　Thomas Nagel, *The Possibility of Altruism*, Princeton: Princeton University Press, 1970, pp.18–19.

②　Thomas Nagel, *The Possibility of Altruism*, Princeton: Princeton University Press, 1970, p.58.

③　Thomas Nagel, *The Possibility of Altruism*, Princeton: Princeton University Press, 1970, p.47.

④　Thomas Nagel, *The Possibility of Altruism*, Princeton: Princeton University Press, 1970, p.48.

目的之间的关系时，才支持促成这一目的的审慎行动，因此，如果接受有限的理由，就会导致对未来的自我认同的失败并导致自我分裂。

假设某人要在六星期后去罗马，如果他是审慎的，那么在这六个星期中，他就有学习意大利语的理由。如果这个人信奉的是有期限的理由，即他只有在六个星期后才存在说意大利语的理由而现在并没有，他就不会相信他现在有理由去参加意大利语学习班。或者这个人随随便便打发了六个星期，当他到达罗马的时候才突然产生了学习意大利语的理由，但是当下这个理由却不是他六个星期前学习意大利语的理由。内格尔总结道："预料对于未来行动中存在有期限理由的人，从他对未来的关心中分裂出来，但在有期限的理由下，行动的人则从他对当下的关心中分裂出来，因为他认为它们并不关心其他阶段的自我。"①

与有期限的理由相对，信奉无时间性理由的审慎动机是如何将过去、现在、未来的各个阶段的自我统一起来以避免自我分裂的？内格尔认为解释审慎动机能够实现自我认同的任务要求，进一步阐明把自我当作持续存在的人的观念，而"某人是时间上延续的取决于某种对于当下的观点"②。内格尔认为，相对于直接分析人格同一性这个极为复杂和抽象的观念，从对时间的观点入手更有助于实现以上任务。他认为一个人在他生活的所有阶段都是同等真实的，某一特殊阶段恰恰处在当下并没有赋予当下这一时刻任何特殊性，因为人生的每一阶段或早或晚都要到来。毋庸置疑，生活的每一时刻都是真实的，可是这个自明之理是如何与它们中的某一时刻恰恰处于当下的观点协调起来？内格尔认为它们之间的协调依赖于这一更深层的信念，即"当下能够被有意义地断言的东西在其他时刻同样也可以被有意义地断言，并且当下是真是假在其他时刻同样的意义下也可以或真或假"③。这意味着当下只是所有时间片断中的一个片段，当下可以被现在时态表述，也可以被过去时态或将来时态表述，表述时态的不同并不会影响当下的真实性，时态仅仅表明了被表述事件发生时刻与言说时刻之间的

① Thomas Nagel, *The Possibility of Altruism*, Princeton: Princeton University Press, 1970, p.59.

② Thomas Nagel, *The Possibility of Altruism*, Princeton: Princeton University Press, 1970, p.59.

③ Thomas Nagel, *The Possibility of Altruism*, Princeton: Princeton University Press, 1970, p.61.

关系。因此，无时态的表述与我们面对生活中各种事件的时间中立立场相一致。作为历时性存在的自我必须不偏不倚地看待人生中的每个时刻，当下只是这些时刻中没有任何特殊性和优先性的一个。

如果我们接受了无时态理由和作为历时性存在的自我观念，这些理由和观念又如何被运用到实践推理和实践判断中呢？内格尔断言实践判断必须与事实判断共享时间上的中立立场——"就像从无时态的事实判断到时态化的事实判断的改变不需要改变所相信的东西，而只需要改变一个人看它的立场一样，从无时态的实践判断到时态化实践判断的变化，也不需要改变他所接受的对于想要的东西的证成，而只需要改变他想要它的立场"[1]。如同某个人从着火的房子中逃生的行为一样，无论他与着火的房子处于怎样的时间关联中，他都知道应该从失火的房子中逃生并且知道如何逃生。总而言之，一个人在其实践推理中能够基于审慎动机而行动，取决于他的一种能力，这种能力就是能够把自我视作一种历时性的存在，并且能够把自我过去、当下、未来经历的每一时刻都不偏不倚地看作同等重要的时刻。

二　利他主义动机与实在性存在的自我观念

基于对审慎动机形式化结构的考察，内格尔将其结构应用于对利他主义动机的探讨中，他认为两者具有结构上的相似性。正如在审慎动机的形式化结构中要求自我平等地看待每个时刻的实在性（reality）一样，利他主义要求自我设身处地看待其他每个自我的实在性——"你把当下的情形看作更一般的图式中的样本，在其中可以改变角色。嵌入这个图式的关键因素是你在你自己的情况中的态度，或者是你看待你自己的需要、行动和欲望的观点的一个方面。你事实上赋予它们一种客观利益，并且承认把其他人当作像你自己一样的人，就允许把这个客观利益推广到一般人的需要和欲望，或者推广到那个其情形正在被考虑的特殊的个体"[2]。如果说平等地看待自我的一生中每个时刻是可能的，因为每一个时刻都是同一个自我

---

[1] Thomas Nagel, *The Possibility of Altruism*, Princeton: Princeton University Press, 1970, p.71.

[2] Thomas Nagel, *The Possibility of Altruism*, Princeton: Princeton University Press, 1970, p.83.

所经历的时刻，设身处地认识其他人的实在性又如何可能呢，其他人的自我与我的自我无论如何不是同一个自我？

在利他主义的形式化图式中，关键的一个因素是如何解释"客观价值"，利他主义原则要求所有理由被解释为客观价值，而不是主观价值。利他主义的形式化原则要求不能把行动理由的推衍限制在某个特殊的个人，正如审慎的形式化原则要求不能把行动理由的推衍限制在某个特殊的时刻。利他主义的原则只承认客观价值，即便任何看起来是主观的价值也必须与其他客观价值相联系。对客观价值的解释又引入了主观理由与客观理由的区分。"从形式上来说，主观理由是谓语 R 包含了一个变量 p 的自由发生而定义的理由……所有的普遍性理由和根据基本公式所表达的原则或者包含了一个自由的行动者变量，或者不包含。前者是主观的；后者则被称作客观的。"[①] 主观理由是只针对特殊个人而言的理由，客观理由是可以应用于每个个人的理由，因此后者也给所有个人提供了去促成某些行动的理由。实际上，对于任意的谓语 R 有时既可以从主观的方面解释，有时也可以从客观的方面解释，例如，对于"每一个人应该帮助他的家庭"这一原则，既可以给某个特定主体提供如此行为的主观理由，又可以给每个主体提供如此行动的客观理由。客观理由与主观理由之间区别的关键在于客观理由的影响可以被推衍到超出任何主观理由所涵盖的范围，即它足以产生要求每一个人也同样如此行为的理由。内格尔认为即便某些人成功运用了主观原则，那么他也不能拒绝支持客观原则；任何人为了主观理由而行动，都必须把自己看作为了客观理由而行动，并促成了有客观价值的目的。因此，"既然人类利益和幸福作为目的是有价值的得到了广泛的信任，就表明这种价值必须被设想为客观的论证，实际上将是利他主义的论证，因为它意味着这些目的是每个人追求的共同的理性目标"[②]。

内格尔对利他主义动机的论证依然依赖于某种自我的观念，"客观理由的有效性必须处理把理由的影响从一个人传递到另一个人的问题，与它们的影响经过历时性的传递一样，并且这可能暗示如果这些解释是相似的，

---

① Thomas Nagel, *The Possibility of Altruism*, Princeton: Princeton University Press, 1970, p.90.

② Thomas Nagel, *The Possibility of Altruism*, Princeton: Princeton University Press, 1970, p.97.

对于利他主义的解释将不得不把它与自我和其他人之间的神秘认同联系在一起，或者把它与由所有人组成的自我群体（mass self）联系在一起"①。内格尔强调利他主义动机所依赖的人格观念并不是自我与他人的认同观念或者自我与所有人的认同观念，而是把自我仅仅视作所有自我之中的一个自我，这种自我观念类似于之前处理的仅仅把当下时刻看作众多时刻中的一个时刻，在人与人之间的情形中就是仅仅把自我看作众多自我中的一个自我。"正如前面论证要求不能把当下的观念仅仅看作**现在**，而是作为一个特殊的时刻，所以现在的论证要求自我的观念不是仅仅看作**我**，而是看作某人（someone）。"② 这种把自我仅仅看作某人的观念就是非个人化的立场，与之相对的就是个人化的立场。

个人化的立场往往通过第一人称的言论方式进行表达，个人化的信念、判断、态度的本质是从它们的立场看待世界的观点。非个人化的立场是指从没有给定某人的立场看待世界的观点，非个人化的立场可以与所有从特殊的个人化的立场出发的描述相融合。"人称的改变，就像时态的改变，并不允许改变关于陈述主体的环境所断言的意义。它们只代表了所提供的观察视角的改变。"③ 简言之，同一陈诉可以从不同的人称立场上谈论在给定情形中的某些共同的东西，所涉及的这种共同的东西对于处在不同人称立场上的每个主体都具有相同的意义。如同我们在谈论着火的房子时，无论是在过去、现在还是在将来谈论这一主题，与着火的房子相伴随的各种知识对于我们所有人而言都是同样的；当我们在谈论体面的生活时，不管是我在说，还是你在说或者他在说，体面的生活对各个言说主体都具有相同的意义。第一人称能够想象或感受到的任何东西，都可以从非个人化的立场上被想象或感受到，第一人称能够判断或相信的任何东西，也都能够从非个人化的立场判断或相信。例如，与从第一人称的立场得出"要从着火的房子中逃离"的判断一样，从其他人称的立场上也能得出同样的判断，并且这些非个人化的判断与个人化的判断具有同等的效果。由此可

---

① Thomas Nagel, *The Possibility of Altruism*, Princeton: Princeton University Press, 1970, p.99.

② Thomas Nagel, *The Possibility of Altruism*, Princeton: Princeton University Press, 1970, p.100.

③ Thomas Nagel, *The Possibility of Altruism*, Princeton: Princeton University Press, 1970, p.101.

见，某人的实践原则必须是普遍性的原则，这些原则不能仅仅是应用于某个特殊的自我，而必须能够应用于任何一个非个人化的自我。由于这些实践原则被非个人化地应用于每个自我，那么每个人就无须知道自己在这个特定情境中处于什么样的位置，都能根据对情境的描述得出每个人在这种情境中应该如何行动的结论。如果这些原则允许从非个人化的立场出发得出行为判断，那么是否就完全取消了个人化的立场？

内格尔认为个人化的立场在实践判断中是不可还原的，同时也是不能被非个人化的立场吞并的，他力图实现个人化立场与非个人化立场之间的和解。内格尔说："事实上是这两种立场都不能从我们的世界观中消除，并且当其中之一不能接受另一种立场的判断时，我们就面临个体不作为统一体而运作的情况。自我观念的两面，并因而是自我的两面，就开始分裂了。在实践领域中，避免这一结果的唯一原则只能是客观原则。"① 内格尔认为实践中的主观原则容易造成自我观念的分裂。主观的实践原则既不允许某人对他人的判断与对自己的判断相同，也不允许他对自我的非个人化视角的判断与对自己的个人化视角的判断相同，因此就造成了自我中的个人化立场与非个人化立场的分裂，并且主观原则拒绝从非个人化的立场来保证实践。当某种结论是从实践原则推衍出来时，无论从个人化的立场还是从非个人化的立场得出这个结论，它都是同一个具有同样动机内容的结论。因为客观理由并不包含自由变化的行动者变量，所以它不考虑某个特殊个体和目的之间的关系。换言之，即便某人发现他并不能按照客观理由的要求去行动，但是客观理由也提供了任何人去如此行动的动机内容。客观原则能够避免自我观念的分裂，是因为行动的证成只依赖于立场的转移，除了基本的个人化的前提之外，其他的一切都可以通过非个人化地推衍和描述。由于内格尔认为个人化的立场和非个人化的立场是道德推理和道德实践中两个缺一不可的要素，因而他认为利他主义既依赖于对特殊的主观理由的承认，也依赖于对客观化程序的服从。

---

① Thomas Nagel, *The Possibility of Altruism*, Princeton: Princeton University Press, 1970, p.119.

内格尔通过对道德动机的形式化结构的探讨，提出了关于自我的两种观念，一种是将自我理解为历时性的存在；另一种是将自我视作众多实在自我之中的一员。前一种关于自我的观念是审慎动机的基础；后一种关于自我的观念是利他主义动机的基础。审慎动机与利他主义动机具有相似的结构性特征，它们都可以通过转变观察的角度或立场得到证成。正是由于对这两种自我观念的分析，尤其是对后一种自我观念中所包含的个人化立场与非个人化立场的区分，才使得内格尔能够为自由主义的平等主义的平等待人理念提供辩护，并击退诺齐克针对自由主义的平等主义者缺乏对平等的论证的批评。

第二节　自由主义的平等主义的道德基础

内格尔在《人的问题》和《平等与不公》中继续发展了他在《利他主义的可能性》中对"个人化的立场"与"非个人化的立场"的研究，并且把基于这对区分得到的关于自我的观念应用到政治哲学中，从而为自由主义的平等主义的平等待人信念和分配正义观念提供辩护。内格尔认为任何具有政治正当性的制度必须通过康德式一致同意（unanimous）原则的检验，这种原则得以成立就是以个人化立场与非个人化立场的统一为基础。以此为依据，内格尔批评自由至上主义式的政治制度即最低限度的国家违背了一致同意原则，因而不具备政治正当性。

一　自由主义的平等主义的道德平等观

内格尔在《人的问题》中以把自我看作众多自我中一员的观念为根据，不仅批评了功利主义和诺齐克的个人权利理论，而且阐明了自由主义的平等主义的平等观念。内格尔把罗尔斯的"作为公平的正义"看作自由主义的平等主义的典型代表，并且以罗尔斯的观点为契机，开始讨论平等、效用和权利之间的对立。内格尔认为罗尔斯的正义理论的平等主义取向集中体现在"它的构想是给普遍价值的改善加上一个境况较差者优先的条件"①。但是这种平等主义的取向却遭到了功利主义和诺齐克的强烈反对，它们不承认平等的内在价值，而是分别主张效用和个人权利的价值，并且同意为了追求和保护这些价值可以允许相当大程度的不平等。

内格尔认为功利主义、自由至上主义和"作为公平的正义"之间的争论源于每个个体都有被考虑的要求，争论的核心在于这些要求之间的区别。内格尔将三者的争论归结于三个问题：（1）境况较差者有没有优先被考虑的权利；（2）优先考虑境况较差者是否会忽视其他境况较好者的更大的要求；（3）优先考虑境况较差者是否会干涉其他人对自由的要求和对他们权利的保护。内格尔认为尽管这三种理论对于以上三个问题具有较大争议，但实际上它们都假设应当平等地对待个人，只是它们对个人应当如何被平等对待的理解不同。因此，三种理论关于分配平等的分歧应当被看作对道德平等的不同解释。对于每个人予以平等对待意味着什么，一方面取决于把什么看作道德上至关重要的，以及在哪一方面我们应当被给予同等重视；另一方面取决于这些重视是被如何组织的。

内格尔认为功利主义的道德平等原则是一种多数裁定原则："说人是平等的，意思是每一个人都给一'票'，按照他的利益大小进行衡量。"② 多数裁定原则的基本理念是由于给予每个人同样的分量，因而结果由最大化的总量决定。功利主义要求以某种客观的标准衡量每个人的利益、需要和欲望，但是内格尔以为即便关于客观标准的争议被消除了，成功地在人际比较中引入了一种客观标准，但是在道德上相关利益的范围还是极为广泛，并且这些利益在人与人之间也不同。此外，在原则上任何人的要求都可能被其他人的要求所否决，甚至在最终的结果中，有的个体的要求完全没有得到反映和满足。总之，功利主义从非个人化的立场理解道德平等，它要求个人时刻能够从自我的个人化立场中摆脱出来，始终从非个人化的立场审视自我的利益、欲望和要求。

对于自由至上主义而言，"权利的道德平等就在于，分派给每一个人

---

① ［美］托马斯·内格尔：《人的问题》，第110页。
② ［美］托马斯·内格尔：《人的问题》，第112页。

同样的利益范围，在这个范围里他不会受到其他任何人的直接干涉"①。自由至上主义认为这种不受干涉的要求必须个别地受到尊重，而不能像功利主义一样把它们看作一个整体。自由至上主义把个人权利不受侵犯看作至高的道德价值，这种权利给予每个人一种有限的否决权以限制别人可以对自己做什么事。内格尔认为自由至上主义所承诺的权利范围极为狭隘，它们并不包括拥有某些东西的权利，后者是自由主义的平等主义所承认的积极权利。自由至上主义的权利以行为者为中心，权利首先产生的是对行为的评价而不是对结果的评价。与功利主义相比，自由至上主义对个体的道德要求更加狭隘，它们仅仅被局限在对人们不能做的某些事情的限制上，因而个人权利理论是一种非常有限的，乃至最低程度的道德观点。从这种极为有限的道德观点可以推论出，在争端中的双方各自人数是无关紧要的，在一种要求一致同意的道德理论中，即便某种行为对相关的大多数人而言是可以接受的，只要有一个人不接受，那么对这种行为的要求也不能被提出。例如，如果绝大多数人接受优先考虑境况较差者的迫切需要，只要有一个人认为这种考虑会导致对他的权利的干涉或侵犯，那么这种考虑就得不到认可。内格尔把自由至上主义的个人权利理论看作仅仅从个人化的立场出发来解释道德平等，它把平等仅仅理解为每个人都有且只有不受干涉的消极权利上的平等，它拒绝从非个人化的视角把自我看作众多自我中一员的观念，也就不可能承认任何程度的利他主义动机。

在批评了功利主义和自由至上主义各自执有非个人化的立场和个人化的立场的一端之后，内格尔指出自由主义的平等主义建立在一种比以上两种理论更加模糊的道德平等的基础之上。自由主义的平等主义一方面更接近功利主义，因为它关于个人的观念比自由至上主义的个人权利论更丰富，而且在形式上它首先与对结果的评价相关。自由主义的平等主义另一方面更接近自由至上主义的个人权利理论，因为它拒绝使用多数裁定的方法，而且它确立了各种要求之间的优先次序，它优先考虑最迫切的需求而不考虑人数。自由主义的平等主义认为每个个人的要求都是十分复杂的，

---

① ［美］托马斯·内格尔:《人的问题》，第117页。

几乎涵盖了他的所有需要和利益，但是可以把这些需要和利益按照相对的迫切性或重要性排序。通过排序就可以确定这些要求中的哪一个应该优先得到满足，以及这些要求是在其他人的利益得到满足之前还是之后。内格尔认为这近似得到了一种一致同意（unanimity）原则："一种排列必须首先从每一个人最基本的要求看是可接受的，然后从每一个人第二基本的要求看是可接受的，以此类推。"① 内格尔如何界定一致同意原则中的"优先次序"呢？他认为道德平等所承认的要求不能是个体暂时的容易变化的偏好、愿望或经验，必须是个体的整体生活的某些方面，例如健康、营养、教育、工作、自由、自尊等。内格尔认为平等主义的优先制度的本质特征在于它主张改善境况较差者的幸福（welfare）比改善境况较好者的幸福更加迫切。

在概述了自由主义的平等主义对道德平等的理解后，内格尔分析了罗尔斯对这一道德平等的证明，然后又提出了他不同于罗尔斯的论证。内格尔认为罗尔斯通过构造无知之幕实现的对于正义的基本结构的一致同意并没有正确地表达道德约束："什么使无知状况下的一致同意成为正确的选择？它们确保人数不重要而迫切性重要，但这正是争端所在。要解决这个争端，需要一种更加根本的论证。"② 内格尔认为一致同意原则的实质在于它试图在道德评价中分别地把每一个人的不同观点容纳进来，由此得到一个对于所有相关的或被影响的个人都能接受的具有某种重要意义的结果。尽管在涉及利益冲突时，没有任何一种结果能被每个人接受，但是这并不意味着每个个人不能从其观点出发，得到一个对最不可能接受它的人而言不可接受程度最低的（the least unacceptable）结果。"从每一个人的不同观点出发，优先的选择是不可接受程度最低的选择。"③ 内格尔认为正是这种使每个人都可接受的理想，成为自由主义的平等主义的道德基石。

内格尔认为在确定哪种制度是不可接受程度最低的选择时，运用的是成对比较个体境况的方法，这种成对比较的方法如何可能？能用什么理由

---

① ［美］托马斯·内格尔：《人的问题》，第117—118页。
② ［美］托马斯·内格尔：《人的问题》，第122页。
③ ［美］托马斯·内格尔：《人的问题》，第124页。

来为这种方法辩护呢？换言之，在道德理由中，其他人的利益是如何对我提出要求的呢？内格尔认为回答这些问题依赖于他在《利他主义的可能性》中提出的"个人化的立场"与"非个人化的立场"之间的区分与关联。对自己和他人的非个人化关心依赖于把自我看作众多自我中一员的能力。对他人的非个人化关心就如同对自己的非个人化关心，即能够把自己的自我和他人的自我一视同仁，改变的只是看待自己与他人的角度，毋宁说是从无差别的非个人化的立场上观察自己和他人的要求。从非个人化的立场审视他人并不要求消除对自己的个人化关心，内格尔认为这两种立场在道德推理和道德实践中都必不可少，个人化的立场不能还原为非个人化的立场，非个人化的立场也不能取代个人化的立场。内格尔所要求的对他人的非个人化的关心实际是一种道德能力，这种道德能力被应用于实践推理之中，它源自从非个人化的立场审视自己生活和利益的普遍化（generalization）能力。对他人的非个人化关心的道德能力只是意味着从这种客观的中立立场平等地看待自我与他人的要求，却不必然要求改变作为个体的自我的原初要求。

内格尔认为对他人的非个人化的关心尽管也是从客观的中立角度看待每个人的利益与要求，但是这不同于功利主义的非个人化立场。"所产生的非个人化关心是碎片化的：它包括对每个人的不同的关心，而且它是通过从每个人各自不同的观点看待世界，而不是通过从单一的广泛的观点看待世界来实现的。在想象中，某人必须分裂成世上的所有人，而不是使自己变成他们的一个混合体。"① 换言之，不同于功利主义的多数裁定原则，从非个人化的立场考察每个主体的要求并不需要设定一个不偏不倚的外在于所有个体的绝对公正的观察者。毋宁说，内格尔要求每个人都运用把自我当作众多自我之一的道德能力，从每个个体的观点中分别得出什么是不可接受程度最低的结果，从而所得到的结果满足了一致同意原则。由于在这个实践推理的过程中既采纳了个人化的立场，也包含了非个人化的立场，因此没有任何个体的要求被忽视，功利主义的多数裁定原则允许忽视某些

---

① ［美］托马斯·内格尔：《人的问题》，第127页。

个体的正当要求。同时，自由主义的平等主义的一致同意原则也比诺齐克的个人权利理论更加可取，因为它不仅能够承认个人权利理论所捍卫的有道德意义的消极权利，而且也认可了许多具有重要道德意义却被自由至上主义排斥的积极权利。

二 个人化的立场与非个人化的立场的调和

内格尔在《平等与不公》中进一步阐释了个人化的立场与非个人化的立场在分配正义领域中的作用，并且强化了对自由主义的平等主义道德基础的论证。内格尔认为政治理论的核心问题就是如何协调集体的立场与个体的立场，解决这一问题的关键并不在于如何处理社会与个人的关系，而在于如何处理个体与个体自w我的关系。归根到底，调和集体与个体之间的矛盾有赖于协调自我中的个人化立场与非个人化立场。"我们之中的非个人化的立场产生了对于普遍的公正（impartiality）与平等的强有力要求，同时，个人化的立场产生了阻碍那些理想的追求和实现的个人化的动机和要求。"[1]内格尔认为，之所以任何试图设计出体现公平对待每个人的正义制度的努力都没有成功，部分原因就是没有正确处理个人化的立场与非个人化的立场之间的关系。不同于在以往论著中对这对矛盾的讨论，在《平等与不公》中，内格尔主要把它们应用于正义制度的设计，他认为非个人化的立场在制度评价中起到了至关重要的作用。

根据传统观点，政治正当性（political legitimacy）的条件在于向生活在这一制度中的所有人证明它是正当的，如果这一制度得到了证成，那么就没有人能够抱怨这个制度对待他的利益和观点的方式。内格尔认为政治正当性条件的满足必须建立在康德式的一致同意原则（the Kantian unanimity criterion）之上，这一原则不仅适用于政治制度，也适用于生活在这一制度中的个体成员。内格尔承认他在对政治正当性的证成中借鉴了斯坎伦的契约论观点，即"鉴于找到作为拥有相同动机的人们之间的一致协议基础的原则的目的，管理实践的正当原则的观念是没有一个人能够合

---

[1] Thomas Nagel, *Equality and Partiality*, Oxford: Oxford University Press, 1991, p.5.

乎情理地拒绝那些原则"①。

内格尔认为"没有一个人能够拒绝"是比"每一个人能够同意"更强硬也更可行的条件，因此这一条件适合作为一致同意的基础。对于拥有两面本性的个体而言，不能合乎情理地拒绝的要求意味着什么呢？我们每个人对他自己的利益、计划、承诺都有着最基本的偏爱，但是这种偏爱又从两个方面受到非个人化立场的约束："第一，通过认同发生于每个人身上的平等的客观重要性，并且，第二，通过认同每个人自己的观点对于他的特殊的重要性和某些自然的公正的合情理性。"②我们既对自己有所偏爱，同时又在每个人之间是公正的，而且尊重每个人对自己的偏爱。但是对自己的偏爱与对他人的公正不可避免地发生冲突，当冲突发生时，就需要每个人把对自己的偏爱保持在合乎情理的限度内，这种限度是根据他人的利益和公正而确定的。如果某人对自己的偏爱超出了合乎情理的限度，那么他就是不合乎情理的。如果某一制度没有恰当地给予他合乎情理的要求以考虑，而他出于偏爱的要求从对他人的利益和公正的角度看是可以被允许的，那么他拒绝这一制度就并不是不合情理的。简言之，自我的两面性要求把对自己的偏爱保持在合乎情理的限度内，即对自己的偏爱要受到他人的利益和公正态度的限制，而正义的制度必须保障每个个体对自己的合乎情理的偏爱和由此所产生的合乎情理的要求，换而言之，"正义的制度使公正和合乎情理的偏爱两个普遍性原则协调一致，所以没有一个人能够反对说他的利益没有被给予充分的权重，或者说对他的要求太过分"③。一个人能够合乎情理地反对某一制度，或者由于和其他人的境况相比，这个制度使他过得太糟，或者与其他可行的备选制度相比，这个制度过分地要求他牺牲自己的利益。

内格尔不仅阐述了自我观念中的非个人化立场是公正地对待自我和其他人的根源，而且相信公正不仅体现在分配的结果上，而且公正本身就是平等主义的内在要求。一方面，公正的分配意味着使最少受惠者获益比

① Thomas Nagel, *Equality and Partiality*, Oxford: Oxford University Press, 1991, p.27.
② Thomas Nagel, *Equality and Partiality*, Oxford: Oxford University Press, 1991, p.28.
③ Thomas Nagel, *Equality and Partiality*, Oxford: Oxford University Press, 1991, p.28.

使境况较好者获益能够产生更大的利益，它赋予前者更大的优先性。内格尔通过把边际效用递减的事实与一致同意原则结合起来，论证为什么要给予最少受惠者的迫切要求以优先性。边际效用递减的事实就是，类似于在五万美元的基础上增加一千美元不及在五百美元的基础上增加一千美元重要，我们总是先满足最重要的需要，然后再满足不那么重要的需要。由于人们在基本需要和欲望上存在某种相似性，在基本需要的满足程度上就可以比较人与人之间的差异，所以，"可以转移的资源通常能使一个拥有较少的人比拥有较多的人更加受益"①。非个人化的立场要求把每个人的利益都看作同等重要，并且假设他们的利益越多越好，所以就有理由支持更加公平的分配。另一方面，内格尔认为，恰恰是给予所有人平等关心的理念要求赋予最少受惠者的利益更大的优先性。对个人的关心必须被特殊化，即它必须分别且平等地关心每个人的利益。非个人化的立场不仅要求公正地关心每个人，而且要求公正地关心我们身边的每个人。"个体化的公正关心的关键在于它产生了相应于分立的人生的大量分别的价值，并且我们必须做出进一步如何决定它们之间不可避免的冲突的判断。"②于是，内格尔就得出了他在《人的问题》中提出的用于处理这些价值和要求之间冲突的迫切性优先制度。内格尔认为当我们采取对每个人的公正关心的立场时，那些最少受惠者中的成员的要求赋予他比那些处境较好者中的成员更大的优先性，这意味着社会制度有理由优先满足最少受惠者的要求，为什么要优先满足最少受惠者的迫切需要，是因为正义制度必须满足一致同意原则。非个人化的立场要求我们能够从自己的实际处境和身份中剥离出来，并把自己想象为可能处于社会中任意成员的处境和身份。当我们被分别询问如何选择不可接受程度最低的社会制度时，我们会一致选择从最少受惠者身份做出的选择，即那种能够优先满足他们的最迫切需要的制度，于是这种制度满足了一致同意原则。

虽然内格尔没有直接质疑自由至上主义式的最低限度国家的正当性，但是最低限度国家显然无法满足康德式的一致同意原则，而一致同意原则

---

① Thomas Nagel, *Equality and Partiality*, Oxford University Press, 1991, p.45.

② Thomas Nagel, *Equality and Partiality*, Oxford: Oxford University Press, 1991, p.46.

的满足又被内格尔视作政治正当性的必要条件。一方面，自由至上主义仅仅是一种从个人化的立场出发建构起来的理论，它不承认非个人化的立场以及对他人非个人化关心的可能性。因而，自由至上主义所倡导的国家不可能建立在一致同意的基础之上，因为一致同意原则能够作为政治正当性的必要条件的根源就在于每个人能够从非个人化的立场上平等地对待自己的自我与其他人的自我。当然，诺齐克在证明最低限度国家的正当性时也没有诉诸任何体现了一致同意原则的证明方法，而恰恰是用"看不见的手的解释"取代了一致同意原则。另一方面，由于最低限度的国家并不是建立在一致同意的基础之上，那么生活在其中的公民就无法有效地控制国家的权力以保障他们合乎情理的需要，更不必说那些包括最少受惠者在内的处境较差的人。因而，最低限度的国家对于处境较差的人而言很可能是完全无法接受的政治制度，而不是不可接受程度最低的政治制度。简言之，最低限度的国家由于无法通过康德式一致同意原则的检验，便不具有政治正当性。

三　公民拥有不受非正义制度统治的消极权利

博格认为对制度结构和个体行为的评价就如同诺齐克对宏观解释和微观解释的区分一样，这两种评价也不能相互取代。比如，因为高谋杀率而指责制度缺陷并不意味着免除对杀人犯的指控，同样，谴责谋杀和杀人犯也不意味着要放松枪支监管。在某种程度上甚至可以说，制度因素的缺陷应该由全体公民共同承担责任，因为高谋杀率可以归咎于缺乏严格的控枪法案或者治安保护的分配不公。博格进一步将这个观点扩展到经济领域乃至整个社会制度，他一方面主张个体拥有不受非正义制度统治的消极权利；另一方面声称从非正义制度中受益的人负有改革这种非正义制度的消极责任。博格正是在这个意义上反对自由至上主义的制度，并为自由主义的平等主义的平等信念辩护。

博格首先把以上思路扩展到经济领域。他假设罗斯福新政的支持者们相信（1）有道德理由偏爱一种能导致更少而不是更多赤贫的持有模式；（2）存在可行的、可供选择的经济结构，而不是 20 世纪 20 年代流行的自由放任制度。进一步假设他们相信源于（1）和（2）的理由并不会被其他支持现行制度，而不是产生较少赤贫的可替代制度的理由而削弱，那么他们就会得出与更好的可选制度相比，现行制度不正义的结论。这个结论是否意味着穷人拥有某种最低收入的权利，同时其他人担负着相应的责任呢？如果承认穷人们拥有最低收入的权利，那么这种权利就是一种积极的道德权利。但是博格认为他并没有承诺这样一种积极权利，他所诉求的是消极的道德权利——"穷人对美国公民有提出要求的权利，尤其是那些在不正义的经济结构的过分要求下继续合作的公民，这种结构趋向于产生超过能够经得起道德辩护的严重贫困"①。博格认为，据推测，这些美国公民只有通过积极地改革现行制度，才能够保障和不侵犯穷人们的消极权利，但是这并不意味着他们在实践上拥有这样行动的积极义务。博格指出，不必是积极的义务，哪怕是消极的义务也会要求某些有意识的积极行动，例如某人必须采取必要的积极行动才能遵守他与别人签订的契约。

根据以上提出的穷人对于最低收入的消极道德权利赋予其他公民相应消极义务的观点，博格认为罗尔斯主义者可以据此反对诺齐克所倡导的绝对排他性的土地所有权方案。博格通过构建一个极简单的分配场景来展现诺齐克和罗尔斯各自的分配正义观念。他假设在孤岛上生活繁衍着一个群体，他们严格遵守他们选择的社会制度，他们面临着选择哪种财产权制度的问题。按照诺齐克对私有财产权的理解，这个岛上的所有土地将归属于它们的原初占有者。作为土地的所有者，他拥有决定如何使用土地的绝对排他性权利，他可以自愿把这些土地用于交易、赠送甚至荒废，只要在他使用土地时没有侵犯岛上其他居民的个人权利。如果他们在罗尔斯的建议下选择私有财产权制度，那么他们也会承认土地归属于初始占有者，他们也承认土地所有者拥有对其土地的部分排他性权利，他可以自愿地交易、遗赠或赠送他的土地，但是土地所有者只拥有土地80%的转让权，剩下的20%被分配给无地家庭的年轻人或人均土地占有量最低的家庭中的年轻人。如果采纳诺齐克的方案，孤岛上的土地最终会被几个家族庄园控制，

---

① Thomas Pogge, *Realizing Rawls*, New York: Cornell University Press, 1989, p.32.

其他无地岛民只能作为苦力或奴隶度过余生。与之形成对比，在罗尔斯主义的方案中，土地所有权将得到广泛地分配，即便存在某些无地岛民，他们也可以在相互竞争的雇佣者和农产品的出售者之间选择为谁工作。历史上的证据和社会理论告诉我们，诺齐克的方案具有很强的封建主义特征，罗尔斯的方案能够产生竞争性的市场经济，在市场经济中，哪怕是处于最差地位的人的境遇也要好过诺齐克方案中的农奴们。根据诺齐克的方案和罗尔斯的方案两种财产所有权模式对个体生活的影响来看，显然，罗尔斯的方案要优于诺齐克的方案。诺齐克方案的不正义性在于，与罗尔斯的方案相比，它使生活在其下的人们的生活境况十分悲惨。

博格又把他认为穷人有要求最低收入的消极权利的主张应用到实际问题中。博格强调对社会体系基本结构的道德反思对于决定个体的行为意义发挥着巨大的作用，一方面由于基本结构是决定某些社会体系中现行状况的关键因素，因为它塑造了不同的个体和群体乃至政府机构的价值观、选择偏好和他们的行动范围，并因此规定了社会体系的总体道德特征。与个体通过努力改善其生活境况相比，对制度本身的改革更有利于个体目的的实现。对基本结构的反思如此重要的另一个理由是，"一个制度结构中的（占优势的）参与者对制度的正义性共同承担着责任"[1]。博格声明他所说的道德责任是建立在正义的基础之上，包含个体不沦为非正义制度受害者的消极要求。

说某个社会体系中的所有个体，尤其是占优势的个体共同承担着维护其所在制度正义性的责任，并且要求他们意识到自己的责任，是因为不正义有时是不明显的，它们并不如奴隶制的不正义那么显而易见。博格把批评的矛头指向了罗斯福新政之前的自由放任制度，包括诺齐克为之辩护的自由至上主义制度。在这类制度下，那些出生于下层阶级的人们在营养、教育、医疗等方面都陷入了困境，这种困境与不受约束的市场机制有关，在这种市场机制中，大量家庭的收入仅仅取决于可以出卖的劳动力的供求变化。不同于奴隶制，这种经济结构下的不平等没有要求极度的剥削，但

---

[1]　Thomas Pogge, *Realizing Rawls*, New York: Cornell University Press, 1989, p.34.

是它们被这种经济结构不断产生出来。博格在用罗尔斯的广义后果论正义观批评诺齐克的义务论正义观时已经指出，诺齐克仅仅要求关注制度结构所确立的模式，而不关心制度结构所生成的模式。因此，在他的最低限度国家中，他才能够漠视众多陷于困境的公民实际上丧失了他们的自我——所有权和赋予人生意义的权利。但是，只要存在一种可行的不会产生如上那么严重不平等的基本结构，就可以断定自由至上主义的制度是不正义的。同时这一判断也意味着，那些在自由至上主义的制度中长期合作并取得优势的人就为这个制度的不正义负责——"他们有在不正义的制度中不合作的消极的义务，这在实践中就意味着他们应当计划和促进制度的改革"①。

----

① Thomas Pogge, *Realizing Rawls*, New York: Cornell University Press, 1989, p.35.

第七章　回击诺齐克对马克思政治经济学的批评

正如前文所述，诺齐克依据"自我—所有权命题"批评自由主义的平等主义的分配正义论侵犯了人们的财产所有权，因为它们是人们运用其身体和能力的产物，是人们运用其自我—所有权的产物。只要人们在使用自我—所有权时没有侵犯其他人的权利，那么通过使用自我—所有权所获得的财产同样也神圣不可侵犯。上文已经澄清了罗尔斯等自由主义的平等主义者对"自我—所有权命题"的回应，从而消解了其对分配正义论的威胁，但是，马克思主义者对"自我—所有权命题"忧心忡忡，因为他们发现"马克思主义者对资本家剥削工人的非正义的谴责，说到底依赖的是人们是他们自己能力的所有者这一主张"[①]。为了摆脱马克思主义剥削理论对自我—所有权原则的依赖，以科恩为代表的许多马克思主义者加入对诺齐克"自我—所有权命题"的讨伐中[②]。但是，诺齐克在《无政府、国家和乌托邦》中并没有揭露马克思主义者依赖自我—所有权原则的尴尬处境，而是在第八章"马克思的剥削"一节中对马克思的政治经济学从三个方面提出了批评，并总结道："人们最终可能会产生这种观点，马克思的剥削是对经济学缺乏了解的人们的剥削。"[③]笔者在这一章将分析被科恩等马克思主义者忽视的诺齐克对马克思政治经济学的三个

[①]　段忠桥：《为社会主义平等主义辩护——G.A.科恩的政治哲学追求》，中国社会科学出版社2014年版，第53页。

[②]　参见段忠桥《为社会主义平等主义辩护——G.A.科恩的政治哲学追求》，第61—113页。

[③]　［美］罗伯特·诺奇克：《无政府、国家和乌托邦》，第314页。

批判，并揭露其借助批判马克思的经济学说，从而实现为资本主义制度辩护的真实目的。

第一节　诺齐克对马克思剥削理论的评论

在"马克思的剥削"这一节中，诺齐克主要提出了三个观点。首先，他指责马克思的剥削概念是不充分的。其次，他指出在资本主义社会中，工人之所以不想经营由他们自己控制的企业是因为惧怕风险。最后，他试图证明马克思提出的作为一种特殊的生产资源价值理论（the productive resources theory of value）的劳动价值论是不连贯的。诺齐克通过质疑马克思的剥削理论和劳动价值论，彻底摧毁马克思的政治经济学，从而实现他为资本主义制度辩护的最终目的。

根据马克思的剥削理论，工人的劳动时间被分为两个部分：为补偿资本家预付工资而生产的"必要劳动时间"和为资本家无偿生产剩余价值的"剩余劳动时间"。由于工人在剩余劳动时间中生产的剩余价值被资本家无偿占有，它们作为工人的劳动产品却不归工人所有，因此，工人遭受了资本家的剥削。诺齐克假设如果剥削被定义为某些人的劳动产品被其他人无偿占有，那么，"在**任何**社会，只要为扩大生产（也许因为人口的增长）而存在投资，只要有人因不能工作或不能从事生产性工作而靠别人的劳动来获得补助，就会存在剥削，那么这种剥削**定义**的魅力和简洁性就消失了"[1]。我们发现，诺齐克提到的这两种情况，即使在马克思所倡导的以生产资料公有制为基础的共产主义社会中也存在。马克思在《哥达纲领批判》中批评拉萨尔所谓的"不折不扣的劳动所得"时指出，为了维持社会经济的正常运转，在各个生产者之间进行消费资料的分配之前，应当从社会总产品扣除"用来补偿消耗掉的生产资料的部分""用来扩大生产的追加部分""用来应付不幸事故、自然灾害等的后备基金或保险基金""同生产没有直接关系的一般管理费用""用来满足共同需要

---

① ［美］罗伯特·诺奇克：《无政府、国家和乌托邦》，第303页。

的部分""为丧失劳动能力的人等等设立的基金"。[①] 既然在共产主义社会中，也存在劳动产品不被其生产者消费的情形，存在剩余产品被用于投资和救济的情况，那么，"剥削概念并不主要与剩余产品的生产、占有和使用相关；而在根本上关涉于作为剩余产品生产、占有和使用背景的社会关系"[②]。

安东尼·史密斯为了突出马克思的剥削定义指向的不是剩余产品本身，而是剩余产品背后的社会关系，他假设存在一个剩余产品的生产和使用被某特殊社会集团控制的社会 A，及另一个剩余产品的生产和使用由其生产者控制的社会 B。如果仅把剥削看作与剩余产品的占有和使用相关，那么社会 A 和社会 B 都存在剥削。考虑到马克思对支配剩余产品分配的社会关系的重视，显然，马克思主义者不会把社会 B 定义为剥削性的。诺齐克似乎也意识到仅仅把剥削定义为出于未来投资和救济基金的目的占有剩余产品过于狭隘，于是他放弃了对剥削的最初界定，而承认"但是在本质上，马克思主义理论是根据工人没有掌握生产资料来解释剥削现象的"[③]。很明显，此时诺齐克对剥削的理解更加充分了，它更符合马克思主义者对剥削现象产生的社会关系根源的判定，即由于生产资料被资本家私人所有，工人不得不向资本家出售劳动力，从而获得工资以购买维持其自身和家庭生存所需要的生活资料。简而言之，在资本主义社会，剥削现象的普遍产生是由于工人没有生产资料而被迫与资本家打交道。因此，诺齐克假设："支持剥削的关键事实就是无法得到生产资料，那么**由此可以得出**，在一个工人**并非**被迫同资本家打交道的社会里，对劳动者的剥削就不会存在。"[④]

为了展示工人并非被迫受资本家雇佣的可能性，或者非剥削性雇佣关系的存在，诺齐克提出了一个思想实验。假设在 T1 时，大部分的生产资料被公共所有和控制，同时有少量生产资料被私人所有。工人们可以自愿

---

① 《马克思恩格斯文集》（第 3 卷），人民出版社 2009 年版，第 432—433 页。
② A. Anthony Smith, "Robert Nozick's Critique of Marxian Economics", *Social Theory and Practice*, Vol.8, No.2, 1982, p.166.
③ ［美］罗伯特·诺奇克：《无政府、国家和乌托邦》，第 303 页。
④ ［美］罗伯特·诺奇克：《无政府、国家和乌托邦》，第 304 页。

选择在生产资料公有的那些部门工作，也可以选择在生产资料私有的那些部门工作。由于那些选择在生产资料私有部门工作的工人不是被迫的，所以他们并没有被剥削。假设私人所有的部门不断扩张，并且通过高工资不断吸引越来越多的工人加入。经过一段时间，在 T2 时，生产资料公有的部门不断萎缩，甚至完全消失。诺齐克认为，马克思主义者依据没有机会使用私人所有的生产资料界定剥削，因此，他们断言从 T1 到 T2 发生了某种重要变化，即从一种无剥削的状态恶化为一种受剥削的状态。但是，诺齐克认为马克思主义者的说法没有道理，因为在 T1 到 T2 的转变中，唯一的变化就是工人们的工资涨高了；无论生产资料公共所有的部门在 T1 时占绝对优势还是在 T2 时无足轻重，那些加入私人所有部门的工人都是自愿的、非强迫的。

安东尼·史密斯敏锐地察觉到诺齐克所构想的思想实验并没有抓住马克思所关注的"社会关系"。他指出在这个思想实验中，诺齐克所设想的社会关系是对生产资料的法定所有权或非所有权，而不是马克思的剥削概念所关注的对剩余产品生产、占有和后续使用的实质性控制或非控制。史密斯指出，在 T1 时，对大多数生产资料的公共所有虽然是确保该社会非剥削性的必要条件，但不是充分条件，依然存在生产资料的合法所有权归公共所有，但对剩余产品的实际控制落入某统治集团的可能，"国营企业将以最大化投资回报的方式运营，而不是按照体现公众利益的方式"①。这样看来，工人们在 T1 时自由选择在公共所有的部门工作还是在私人所有的部门工作，只不过是在两种受剥削的方式中选择，因而从 T1 到 T2 的转变就不意味着是从一种非剥削状态到一种剥削状态的重要变化。通过史密斯对诺齐克思想实验的重构，我们发现法定所有权并不是马克思剥削概念中的关键因素，对剩余产品的生产、占有和后续使用的实际控制才是。

为了进一步暴露诺齐克为资本主义私有制辩护的真实目的，史密斯假设诺齐克可以完善他的思想实验，即设定 T1 中生产资料公有部门的人

---

① A. Anthony Smith, "Robert Nozick's Critique of Marxian Economics", *Social Theory and Practice*, Vol.8, No.2, 1982, p.168.

们不仅拥有对它们的法定所有权，同时也实际控制着它们。修改后，从T1到T2的转变可以被看作从一种非剥削状态向一种剥削状态的转化。但是，史密斯认为至少有三方面因素会阻止从T1到T2的转变发生。首先，在非剥削的T1中，并不存在葛兰西所谓的"寄生虫阶层"（parasitical classes），他们由悠闲的富人、税务律师、银行家、投机分子、官僚等为了自己和本阶级利益靠贪得无厌地抽取剩余产品的人组成。当生产资料被私人所有并控制时，就必然产生寄生虫阶层。由于寄生虫阶层的存在对社会的其他群体带来了沉重的负担，因此，需要负担寄生虫阶层的社会很可能无法为不存在寄生虫阶层社会中的人们提供更高的工资。从T1到T2转变的一个基本前提是生产资料私人所有的部门能够给就职于生产资料公共所有部门的工人提供更高的工资，既然前者需要担负后者并不存在的寄生虫阶层的庞大开支，那么前者给工人们提供的工资很可能无法比后者给工人提供的工资高。其次，诺齐克可能声称生产资料私人所有的部门由于比公共所有的部门更有效率，所以不仅能负担寄生虫阶层的开支还能给工人提供更高的工资。但是，史密斯指出很多经验性的研究已经证明，工人自己管理和控制的企业不仅高效而且多产。最后，史密斯认为高工资很可能无法诱惑那些能够参与和控制生产过程的工人加入私人所有的部门。他们可能非常珍视参与生产的能力，无论是决定投资的方向，还是从事日常的车间生产，"他们的自尊和政治效能感将极大地提高"[1]。正如有的人不会为了获得更昂贵的结婚礼物而放弃选择婚姻伴侣的权利，就职于生产资料公共所有部门并拥有对生产资料实际控制权的人们，也很可能不会为了更高的薪水便放弃控制剩余产品生产、占有和使用的权利。

综上所述，一方面，诺齐克忽视了马克思剥削概念的本质因素并非剩余产品如何被使用，而是决定剩余产品生产、占有和利用的社会关系；另一方面，诺齐克设想的工人因高薪诱惑而自愿与资本家打交道的现象受多种因素的影响并不会广泛出现。既然诺齐克无法证明工人们是自愿受雇于资本家，工人们很可能依然是由于缺乏对生产资料的实际控制而被迫受资

---

[1]　A. Anthony Smith, "Robert Nozick's Critique of Marxian Economics", *Social Theory and Practice*, Vol.8, No.2, 1982, p.169.

本家雇佣和剥削，那么，诺齐克通过构建思想实验而劝说人们放弃马克思剥削概念的努力就并不成功。

第二节　资本主义制度与风险

为了掩盖资本主义私有制才是剥削产生的根源，诺齐克一方面努力证明工人为追求高工资而自愿接受资本家雇佣的可能性；另一方面则试图把工人不创办由他们自己控制的工厂的原因归咎于工人畏惧承担创业的风险。他说："不管这种无法得到生产资料的观点过去在多大程度上是真实的，**在我们的社会里**，现在大部分劳动力在个人财产中都拥有现金储备，而且工会养老金中也有大量现金储备。这些工人有能力等待，他们也有能力投资。这样就提出了为什么不用这笔钱来创立工人控制的工厂的问题。"[1] 诺齐克意识到，在马克思所生活的时代，工人由于缺乏生产资料被迫同资本家打交道并受到剥削的事实毋庸置疑，但是，至少在20世纪70年代的美国，他认为工人无法获得生产资料的情况已经消失，既然如此，马克思所主张的剥削的根源就不存在了。但是，在20世纪70年代的美国，依然很少存在工人自己控制的工厂，所以诺齐克进一步追问，为什么当工人有机会、有条件获取生产资料的时候，他们依然选择受雇于资本家而不是自己开办工厂？诺齐克的用意无非是要继续证明当代工人选择受雇于资本家是心甘情愿的，是工人自身的原因，导致他们宁可选择受雇于资本家而不去开办自己运营的工厂。

诺齐克起初假设工人可能缺少必要的企业家能力去识别盈利的机会，但是，他很快意识到工人们可以通过聘用职业经理人的方式帮助他们开创企业。随后，他说："开创一个新企业是**冒风险的**……一些人不想管理这些投资的风险、支持新公司的风险或自觉开创公司的风险。"[2] 简而言之，诺齐克断言工人在有机会获取生产资料的情况下，依然选择受雇于资本家是因为他们不想承担自己开创企业的风险。诺齐克把抱有这种心态的工人和

---

① ［美］罗伯特·诺奇克：《无政府、国家和乌托邦》，第305页。
② ［美］罗伯特·诺奇克：《无政府、国家和乌托邦》，第305—306页。

赌场中的发牌员相类比："这些不想承担风险的人觉得有资格从那些承担风险并成功的人那里分一杯羹，然而同样这些人却觉得没有义务来帮助那些承担风险但失败的人分担损失。"① 为什么不想承担创业风险的工人会选择资本主义制度而不是社会主义制度呢？因为"资本主义社会容许把承担这些风险同其他活动分开……在社会主义社会里，或者人们**必须**分担自己所在单位的风险，或者所有人都分担中央投资管理者之投资决定的风险"②。正是由于工人只想在企业顺利时获得工资，却不想在企业不顺时承担损失的心理，导致他们宁愿在资本主义制度下受雇于资本家，也不愿意在社会主义制度下创办自己的工厂而共担风险。

如果以上诺齐克的解释能够成立，那么资本主义制度必须能够使工人从风险中摆脱出来，果真如此吗？史密斯把资本主义制度下的风险分配比作由层层防线保卫的城堡，"那些控制资本的人躲藏在城堡中，身为工人阶级的男男女女则构成那一道道防线"③，只有层层防线被风险攻破后，城堡才陷入危机。他设想当一家公司的盈利前景黯淡时，该公司启动的第一条防线就是加速生产过程、裁员和要求工人降薪。后两个措施很明显会直接威胁到工人的生活水平，而第一个措施造成的不安全工作环境和条件也会给工人造成生理和心理的双重折磨。史密斯提供了一项统计数据，每年有16000个工人死在工作中，另外有100000人死于和其工作相关的疾病，还有390000人因工作疾病饱受折磨④。史密斯设想的第二道防线是外逃工厂（runaway shop）。假如这家公司搬到其他地方去了，那么那些失去岗位的工人的收入将比原来大大减少，他们的医疗福利和退休金将丧失殆尽，他们的存款将一扫而空，他们的抵押品将被取消赎回。史密斯提到最近的研究表明，有些公司倒闭并非因为经营失败或利润降低，即便是能盈利的公司也会清算它的资产并把它们转移到利

---

① ［美］罗伯特·诺奇克：《无政府、国家和乌托邦》，第306页。
② ［美］罗伯特·诺奇克：《无政府、国家和乌托邦》，第306页。
③ A. Anthony Smith, "Robert Nozick's Critique of Marxian Economics", *Social Theory and Practice*, Vol.8, No.2, 1982, p.171.
④ 参见 A. Anthony Smith, "Robert Nozick's Critique of Marxian Economics", *Social Theory and Practice*, Vol.8, No.2, 1982, p.171。

润更高的地点。

史密斯提到的以上这些措施，一旦被某些公司执行，受雇佣的工人不仅面临收入和财产方面的损失，而且会遭受生理和心理的磨难，这些风险都被诺齐克预先排除了，因为他所承认的风险仅仅是投资失败带来的金钱损失。可是，生产资料的私有者们或资本家不仅通过这些措施把风险转嫁给工人，并且想方设法地增加自己的利润。如果这些措施还不能确保资本家们赚得盆满钵满，他们还把目光盯向了工人的养老金。根据里夫金和巴伯的研究，对养老金的实际控制掌握在一小撮金融机构的手中，"在1975年年底，100家最大的银行控制着1456亿美元的养老金，其中前10家控制了800亿美元。信孚银行和摩根担保各自控制了这些养老金中的150亿美元"[①]。这些控制工人养老金的大银行的主要目的是盈利，沃顿商学院的一位经济学教授爱德华·赫尔曼指出，银行信托部门为了保护他们的利润，会以银行商业客户的形式持有他们的股份，即便以工人养老金的损失为代价。除了以上这些措施外，税法、破产条例、国家补贴和公司的有限责任，都有助于资本家最终把风险转嫁给公众。如果把这些都看作资本家乃至资本主义制度使工人阶级不得不承担的风险，那诺齐克所谓的工人不愿意创办由他们自己控制的工厂，并心甘情愿受资本家雇佣的理由是因为工人惧怕承担投资失败的风险，便不能成立了，因为资本家和资本主义制度不断地通过各种措施和政策使工人暴露于遭受财产损失和身心折磨的各种风险中。

上文提到，诺齐克主张工人阶级宁愿在资本主义社会的私有制工厂工作而不愿选择社会主义社会，是因为前者通过各种专业化的投资公司使工人摆脱了风险，而后者却要求全社会的成员分担中央管理者投资决定带来的风险。史密斯指出："具体而言，他（诺齐克——笔者注）假设在市场运行内发生的马克思主义式生产和分配结构遵从资本主义结构中同样的命令。"[②]史密斯不同意诺齐克的这一假定，并对比了资本主义生产方式和社会主义生产方式的根本不同。资本主义生产方式的根本目的是利润最大

[①] Rifkin and Barber, *The North Will Rise Again: Pensions, Politics and Power in the 1980s*, Boston: Beacon Press, 1978, p.91.

[②] A.Anthony Smith, "Robert Nozick's Critique of Marxian Economics", *Social Theory and Practice*, Vol.8, No.2, 1982, p.173.

化，资本主义生产最在乎的是商品的交换价值而不是满足人们需要的使用价值。因此，如果通过宣传或广告手段能创造人们购买某商品的需求，或者售卖某商品能带来更多的利润，那么，资本家就会加大它的产量，并容易导致生产过剩。在社会主义的生产结构中，生产的目的却不是私人资本积累的利润最大化。"生产反而以满足消费者需求为导向，并且这些需求通过公众非强迫的讨论明确表达出来……由于生产以使用价值而不是交换价值为导向，就不需要依赖操纵人们需求的广告技术的有效性。"[①] 这恰恰是诺齐克没有注意到的社会主义生产方式和资本主义生产方式的本质区别。虽然社会主义生产方式从根本上避免了过度生产的倾向，但是随着人们需求的改变，某些生产部门暂时性的生产过剩依然不可避免。为了防止生产过剩部门的工人生活陷入困境，社会主义社会必然会采取某些措施从社会总产品中扣除一部分以救济他们，所以，诺齐克指责社会主义社会要求所有社会成员共同承担风险也不是完全没有道理。但是，相比于资本主义社会中资本家将经营和投资风险一边倒地转嫁给工人阶级，社会主义制度并没有完全使社会成员摆脱风险的事实，并没有给人们提供拒绝它而称颂资本主义制度的理由。

诺齐克由于对"风险"的狭义界定，无视资本主义制度和资本家给工人阶级施加的财产损失和身心伤害。因此，不仅他关于资本主义制度通过专业机构使工人免受经营和投资失败风险所累的观点不能成立，而且他对社会主义制度要求全社会成员共担风险的指责也站不住脚。因为，社会主义制度虽然无法彻底使其成员摆脱暂时性生产过剩的风险，却能够确保全体成员不会因为种种风险陷入生存困境。资本主义制度不仅没有使工人摆脱受资本家投资风险所累，而且把工人推向了为资本家抵挡风险的前沿阵地。

第三节　诺齐克对劳动价值论的批评

诺齐克对马克思政治经济学最主要的批评集中于劳动价值理论。诺齐

[①]　A. Anthony Smith, "Robert Nozick's Critique of Marxian Economics", *Social Theory and Practice*, Vol.8, No.2, 1982, p.174.

克把马克思的劳动价值论看作一种特殊的生产资源价值论（the productive resources theory of value），后者主张"一个物品 X 的价值 V 等于体现在 X 中的社会之生产资源的总合"[1]。诺齐克不仅指出生产资源价值论存在一般性的缺陷，而且重点分析了劳动价值论的破绽。

针对一般的生产资源价值论，诺齐克指出当制造商品所消耗的生产资源不只一种的时候，生产资源价值论的缺陷就暴露出来了。他假设有两种生产资源 X 和 Y，它们各自都能被用来制造出商品 Z。如果制造 Z 需要耗费一份 X 或两份 Y，那么，我们通常就认为 X 的价值是 Y 的两倍。假如 Z 并非 X 或 Y 这两种生产资源最适合用来生产的商品，Y 能被更有效地用于制造商品 Z'，生产 Z' 只需要一份 Y，同时需要消耗两份 X，在这种情况下，Y 的价值是 X 的两倍。我们能说 X=2Y 还是 Y=2X？为了解决生产资源价值论的缺陷，诺齐克提出了一种替代理论，即"生产资源的**价值**是由产生于它们（从它们制造出来）的最终产品之价值决定的，而最终产品的价值则**不**是由它所使用的资源之价值决定的"[2]。换言之，不是制造商品的生产资源的价值决定了商品的价值，而是相反，商品的价值决定了其生产资源的价值。诺齐克的替代理论能解决生产资源价值论的一般性缺点吗？史密斯认为不能。他假设一份 X 和两份 Y 能够用来制造商品 A，两份 X 和一份 Y 能被制造商品 B，如果 A 和 B 的价值相等，那么 X 的价值就既是 Y 的两倍又是 Y 的一半了。很显然，诺齐克的替代理论并没有解决生产资源理论所面临的悖论。

诺齐克之所以把劳动价值论看作一种特殊的生产资源价值论，是因为马克思认为劳动是唯一的生产资源。诺齐克首先对马克思的"简单劳动时间"概念发难。在劳动价值论中，劳动时间是衡量商品价值量的标准，与之相伴随的一个关键性问题就是，如何把不同形式的劳动还原为某种一般单位，马克思的解决办法是把复杂劳动看作简单劳动的乘积。诺齐克通过质疑保罗·斯威奇对如何将熟练劳动还原为非熟练劳动的解释推翻马克思的解决方案。斯威奇认为熟练劳动依赖于训练和自然

---

[1] ［美］罗伯特·诺奇克:《无政府、国家和乌托邦》，第 306 页。

[2] ［美］罗伯特·诺奇克:《无政府、国家和乌托邦》，第 307 页。

差别，劳动者之间训练程度的不同可以依据他们花在训练上的时间长短来衡量，自然差别的不同可以通过在既定时间内不同劳动者生产同种产品的数量来衡量。但是，诺齐克认为斯威奇提出的两种衡量方式都不成立：根据训练时间的长短衡量训练程度的不同忽视了教师的技巧；根据生产效率衡量自然天赋的差别忽视了某些天赋的价值不在于生产得更快而是更好。

史密斯认为诺齐克忽视了马克思的劳动价值论所关注的对象是工业资本主义生产方式下的劳动，因此，诺齐克所举的伦勃朗绘画技巧的反例和分析标准化商品的工业生产过程中的劳动没有关系。即便没有数学公式去准确地计算如何把复杂劳动还原为简单劳动，但有充分的经验证据表明，在资本主义发展的过程中存在去技能化的历史趋势。史密斯提到工业生产中很常见的"工作评估和工作评级计划"（Job Evaluation and Job Ratings programs）的目的就是在熟练劳动力和非熟练劳动力间确定相对工资率结构："工作评估计划的一般目标就是通过降低工厂和办公室间发生的跨行业嫉妒和维护跨行业和气，来减少劳动力的流动并提高员工士气……在工厂或公司的范围内，工作评估计划建立了职业均衡体系，它把具体的劳动还原为'一般的人类劳动'。顺便一提，这些计划打算考虑的工作特点和要求的清单比马克思主义者关于熟练劳动还原问题的讨论所涉及的差别要广泛得多。"[1] 简而言之，史密斯认为，当今在资本主义各行业间发生的将熟练劳动还原为简单劳动的事实，恰恰证明马克思的劳动价值理论依然有效。

诺齐克不仅指出了将复杂劳动还原为简单劳动的困难，还举出了一系列反例来证明商品价值量并非由生产商品的劳动时间决定："发现了天然物体（具有比得到它们的必要劳动更高的价值）；不能复制的稀有物品（拿破仑的信件）；同一物品在不同地方的价值差异；熟练劳动产生的差别；供求波动引起的变化；其生产需要漫长时间的陈年物品（陈年葡萄酒）。"[2]

---

[1] A. Anthony Smith, "Robert Nozick's Critique of Marxian Economics", *Social Theory and Practice*, Vol.8, No.2, 1982, p.178.

[2] ［美］罗伯特·诺奇克：《无政府、国家和乌托邦》，第309页。

仔细思考一下诺齐克举出的这些反例，我们发现，其中"熟练劳动产生的差别"重复了之前的论调，"同一物品在不同地方的价值差异"无非是"供求波动引起的变化"的一种特例，即便是"天然物体（具有比得到它们的必要劳动更高的价值）"、"不能复制的稀有物品（拿破仑的信件）"和"其生产需要漫长时间的陈年物品（陈年葡萄酒）"，也是由于供求关系引起的价值波动（我们将在下文讨论诺齐克对"社会必要劳动时间"的意见后再考察供求关系对价值的影响）。况且，在任何生产方式或任何经济制度中，都存在"稀有物品"和"陈年物品"这类商品，"这些反例因此都没有抓住工业资本主义生产逻辑的核心"[1]。史密斯建议人们可以想象一下，如果诺齐克所举的那些"稀有物品"和"陈年物品"在一夜间消失无踪，那些购买了这些商品的人依然可以去购买其他商品，那些服务于发现和交易这些商品的人们也可以找到其他的就业机会。但是，如果通过工业资本主义生产出来的商品完全消失，那么，无论是生产商品的资本家、投资者、雇佣工人、经济服务人员，乃至整个国家，都会遭受灭顶之灾。既然诺齐克所举的反例并没有反映资本主义生产方式的内在逻辑，而马克思的劳动价值论又以把握工业资本主义生产的内在逻辑为目的，那么，这些反例就不能构成对劳动价值论的威胁。

诺齐克认为在这些反例上多费唇舌非常乏味，于是，他把批评的目光转向了"社会必要劳动时间"概念，因为马克思并不认为商品的价值由生产它的简单抽象劳动时间决定，而是由生产它的社会必要劳动时间决定。诺齐克对"社会必要劳动时间"的责难源于他引用的马克思在《资本论》中的一段论述，据说它暴露了"社会必要劳动时间"定义的内在矛盾。马克思在解释为什么把商品到货币的转化称为"惊险的跳跃"时举了一个例子："最后，假定市场上的每一块麻布都只包含社会必要劳动时间。即使这样，这些麻布的总数所包含的已耗费的劳动时间仍可能过多。如果市场的胃口不能以每码两先令的正常价格吞下麻布的总量，这就证明，在全部社会劳动时间中，以织麻布的形式耗费的时间太多了。其结果就像每一个织

---

[1]　A.Anthony Smith, "Robert Nozick's Critique of Marxian Economics", *Social Theory and Practice*, Vol.8, No.2, 1982, p.179.

布者花在他个人的产品上的时间都超过了社会必要劳动时间一样。"① 诺齐克指出，马克思主张商品的价值量由生产它的社会必要劳动时间决定，那么生产商品所耗费的劳动时间就在逻辑上优先于受供求波动影响的市场交换。但在上面引用的这段文字中，马克思的意思是：商品的价值又由逻辑上在价值生产之后的市场交易决定，"什么是社会必要的，以及多少时间才算是社会必要时间，将由市场上所发生的的事情来决定"②。诺齐克认为马克思一方面主张，社会必要劳动时间对商品价值量的决定作用，优先于市场供需波动对商品价值量的影响；另一方面又承认，社会必要劳动时间由竞争性市场的过程和交换比率来决定。简言之，原来作为决定者的一方变为被决定的一方，因此，社会必要劳动时间这个概念应当因其内在的悖论被抛弃。

虽然马克思的劳动价值论诞生以来遭受了各种各样的批评，但是，史密斯认为诺齐克的以上批评并不成立，因为他压根没有掌握马克思的辩证法。史密斯援引了马克思在《1857—1858年经济学手稿》中对政治经济学方法的论述来解释马克思的辩证方法，他认为辩证法首先是"分析的"，然后是"综合的"。最初的起点"从实在和具体开始，从现实的前提开始"③，但是从最直接的现实经验出发，往往只能得到"关于整体的一个混沌的表象"④。要认识对象便不能止步于表象，然后，"通过更切近的规定我就会在分析中达到越来越简单的概念；从表象中的具体达到越来越稀薄的抽象，直到我达到一些最简单的规定"⑤。一旦获得"最简单的规定"，综合的阶段就开始了。从"最简单的规定"开始，在思维的进程中越来越多的规定性逐步地被补充进来，最终，在思维结果中再现的总体已经不再是一个混沌的表象，"而是一个具有许多规定和关系的丰富的总体了"⑥。马克思将思维进程中分析阶段和综合阶段的关系表述为："在第一条道路上，完整的表象

① 《马克思恩格斯文集》（第5卷），人民出版社2009年版，第128页。
② ［美］罗伯特·诺奇克：《无政府、国家和乌托邦》，第311—312页。
③ 《马克思恩格斯文集》（第8卷），人民出版社2009年版，第24页。
④ 《马克思恩格斯文集》（第8卷），第24页。
⑤ 《马克思恩格斯文集》（第8卷），第24页。
⑥ 《马克思恩格斯文集》（第8卷），第24页。

蒸发为抽象的规定；在第二条道路上，抽象的规定在思维行程中导致具体的再现。"①

根据以上对马克思辩证思维方法的概述，史密斯再现了马克思用此方法分析资本主义生产方式的过程。首先，马克思面对的"混沌的表象"是资本主义生产方式。然后，在分析阶段，马克思所寻找的"最简单的规定"就是包含了使用价值和交换价值这对矛盾的商品。在得出商品的概念后，马克思的思考行进到了综合阶段。随后，《资本论》第二卷中的"生产的不同部门""价值循环"，第三卷中的"供给与需求""竞争""市场"等更具体更丰富的规定被引入讨论中。"因此，马克思对'劳动时间'逻辑上先于'市场'这个更具体的概念和对前者的解释最终导致必然考虑后者的主张既非矛盾也非悖论。"② 由于劳动时间只是一种"最简单的规定"，单凭它无法把握资本主义生产方式这么复杂的现实。因此，按照马克思的辩证方法，必须补充进"市场"这种更具体的概念，才能再现资本主义生产方式的整体。

虽然依据以上对马克思辩证法的解释，我们可以脱离"市场"去界定"劳动时间"，但是在诺齐克引用的那段话中，马克思确实通过引进"市场"来定义"劳动时间"。诺齐克可能继续责难既然在《资本论》第一卷必须依赖"市场"定义"劳动时间"，不是恰恰暴露了马克思方法的不一致吗？马克思的方法既然是先分析后综合，既然是首先找到"最简单的规定"，然后再不断添加更具体的规定，那为什么在给"最简单的规定"界定时却不得不求助于更具体的规定？史密斯认为"马克思在《资本论》第一卷引入'市场'恰恰是为了摆脱它"③。这一论断看似自相矛盾，但要理解它，就要分清楚价值的生产和价值的实现。在马克思看来，商品的价值由社会必要劳动时间生产出来，商品价值的实现和分配则由市场上的供需变化决定。比如，有的公司的产品供不应求，那么，它就会毫无困难地实

---

① 《马克思恩格斯文集》（第 8 卷），第 25 页。

② A.Anthony Smith, "Robert Nozick's Critique of Marxian Economics", *Social Theory and Practice*, Vol.8, No.2, 1982, p.182.

③ A.Anthony Smith, "Robert Nozick's Critique of Marxian Economics", *Social Theory and Practice*, Vol.8, No.2, 1982, p.182.

现生产过程中创造的价值，甚至它出售商品的价格可能高于商品的价值。有的公司并不走运，生产的商品数量超出了人们的需求，很可能就要以低于商品价值的价格出售其商品。只有供需平衡时，某公司才能完全按照商品的价值出售，此时，生产这些商品所耗费的劳动时间恰恰等于社会必要劳动时间。换个角度来看，以高于商品价值的价格出售其商品的公司，在生产过程中消耗的劳动时间就少于社会必要劳动时间；而以低于商品价值的价格出售其商品的公司，在生产过程中耗费的劳动时间就多于社会必要劳动时间。

史密斯认为要实现对资本主义生产方式完整且具体的理解，就必须考虑到价值实现和分配的问题。在马克思阐释价值的实现和分配时必然以价值的生产为前提。所以，马克思在《资本论》第三卷讨论市场波动对价值实现和分配的影响前，就在《资本论》第一卷探讨了价值的生产；而为了摆脱市场波动对价值实现的影响，马克思规定在价值生产中的决定因素是社会必要劳动时间。他总结道，诺齐克只看到了不诉诸市场因素就不能确定"社会必要劳动时间"这个概念，却没看到马克思是在摆脱考虑影响价值实现和分配的市场因素的条件下从价值生产的角度去界定"社会必要劳动时间"。再结合史密斯对马克思辩证法的解释，马克思要确定商品价值量的决定因素，就要撇开价值实现环节而专注于价值生产环节，于是，马克思所获得的"最简单的规定"就是社会必要劳动时间，以上属于思维的分析阶段。在抓住社会必要劳动时间这个"最简单的规定"之后，马克思要在思维中再现资本主义生产方式下商品价值的实现过程，所以引入"市场""供求关系"这些更复杂的概念，属于思维进程的综合阶段。在"具体—抽象—具体"的思维辩证运动中，"社会必要劳动时间"是"具体—抽象"即分析阶段的关键，"市场"是"抽象—具体"即综合阶段的关键。

正是由于没有区分开价值生产和价值实现这两个不同的环节，诺齐克才错误地认为马克思对"社会必要劳动时间"的界定存在矛盾。我们再回到前文诺齐克列举的针对劳动价值论的反例中，其中几个反例都是"供求波动引起的变化"的变形。既然我们把价值生产和价值实现看作两个不同的相对独立环节，那么，供求波动引起的"变化"并非发生在价值生产环节，而是发生在价值实现环节。价值实现环节出现的对社会必要劳动时间的偏离，并不能证明价值生产环节中商品的价值不由社会必要劳动时间决定。总之，诺齐克所设想的反对劳动价值论的案例并不能证明商品的价值不是由生产过程中的劳动时间决定，而由生产过程外的市场供需决定。证明劳动价值论实质上依赖市场，而不是社会必要劳动时间决定商品的价值才是诺齐克的目的，因为只有如此，他才能为资本主义制度的优越性作辩护。

诺齐克仅从处理生产和投资风险的效果方面对比社会主义制度和资本主义制度。他假设在社会主义制度中，商品的价值由社会必要劳动时间决定，而社会必要劳动时间又被市场上的供求关系决定。那么，在社会主义工厂中工作的工人"无论他以什么效率工作多少时间，他都不会知道他工作的社会必要劳动时间是多少，直到他看到有多少人愿意以多高的价格来购买他的商品"①。换言之，工厂车间中发生的事情要由工厂外市场上发生的事情决定。既然工人无论如何都不能在车间中确定他的劳动时间是否符合社会必要劳动时间，那么工人拿到的报酬与他付出的劳动很可能就不成正比。诺齐克举了呼啦圈工厂和福特汽车埃特塞尔分厂的例子，由于市场不再需要或几乎不需要它们工人生产的商品，无论工人多么勤奋地工作，无论他们在其产品上花费多少劳动时间，都没有人花钱购买他们的商品，因此，其社会必要劳动时间几乎等于0。据说这样的工厂是按照社会必要劳动时间支付工人工资的，那么这些不幸的工人可能一分钱也领不到，或者只能领到很少。由于社会主义制度"生产过程所带有的风险由参与这一过程的每个工人来承担"②，诺齐克据此推测，社会主义制度必然会迫使每个工人预测其劳动产品在市场上的供需前景，从而以极低的效率开展劳动，因为他们在生产中耗费的劳动时间越多，领到的工资反而可能越少。"如果一种制度容许人们转移他们不愿承担的风险，容许他们得到某种固定数额的报酬，而无论这种风险过程的结果怎样，那么显然这种制度具有优势。"③诺齐克所阐述的具有这些优势的制度就是资本主义制度。上一节

---

① ［美］罗伯特·诺奇克：《无政府、国家和乌托邦》，第312页。
② ［美］罗伯特·诺奇克：《无政府、国家和乌托邦》，第312页。
③ ［美］罗伯特·诺奇克：《无政府、国家和乌托邦》，第313页。

我们已经证明，诺齐克赋予资本主义制度使工人摆脱风险的制度优势并不存在，不仅资本家会采取各种方式转嫁风险给工人，而且即便工人能得到固定的报酬（比如养老金），资本家和所谓使承担风险专业化的金融机构也会为了他们利润的最大化，而使这些固定报酬在一夜之间荡然无存。

综上所述，诺齐克认为马克思的劳动价值论面临以下三个重要困难：复杂劳动还原为简单劳动的问题、供需波动决定商品价值的各种反例和"社会必要劳动时间"的内在矛盾。经过对诺齐克相关论证的分析，针对第一个困难，虽然我们还没有发现把复杂劳动精确换算为简单劳动的数学公式，但资本主义社会的工作评估计划仍在尝试平衡复杂劳动和简单劳动的工资差别。针对第二个困难，诺齐克所举的反例实际上与马克思关心的资本主义生产方式的内在逻辑没有关系。第三个困难是诺齐克对劳动价值论的主要批评，可是他没有掌握马克思的辩证法，并区分开价值生产和价值实现两个环节，所以错误地认为马克思的定义自相矛盾。至此，诺齐克通过指责劳动价值论，以实现为资本主义制度辩护的所有努力都失败了。

第八章　重审诺齐克的
"乌托邦框架论证"[①]

诺齐克意识到仅仅向个人主义的无政府主义者和自由主义的平等主义者证明最低限度国家是唯一合乎道德的国家并不能说服他们。他们可能认为这种仅仅保护其成员免遭暴力、欺诈、偷窃的国家并没有吸引力，甚至不能激励人们去主动追求它。但是，诺齐克认为最低限度国家绝非苍白无力甚至缺乏可欲性，根据他的解释，《无政府、国家和乌托邦》的第一部分论证了最低限度国家是合乎道德的，第二部分论证了比最低限度国家功能更多的国家是不合道德的，第三部分则证明最低限度国家是一种鼓舞人心的乌托邦框架，它不仅克服了传统乌托邦的致命缺点，而且继承了其令人向往的优点。

诺齐克指出："这一章（《无政府、国家和乌托邦》的第十章或第三部分——笔者注）的论证独立于第一部分和第二部分的论证（而且这一章的论证也是成立的），并从另外一个方向汇聚于同一结果，即最低限度的国家。"[②] 诺齐克认为第三部分的"乌托邦框架论证"独立于前两部分论述的自由至上主义道德哲学，是他为最低限度国家提供的独立论证。但是，诺齐克也承诺"道德哲学为政治哲学设定了背景和边界"[③]，如果"乌托邦框架论证"与自由至上主义的道德哲学相抵牾，那么它不仅无法为最低限度

---

① 本章发表于《对诺齐克"乌托邦框架论证"的双重审视》，《哲学动态》2021 年第 5 期，略作修改。

② ［美］罗伯特·诺奇克：《无政府、国家和乌托邦》，第 399 页。

③ ［美］罗伯特·诺奇克：《无政府、国家和乌托邦》，第 6 页。

国家提供充分辩护，而且必须接受重要修改甚至被完全放弃。诺齐克不仅在论证过程中忽视了最低限度国家执行乌托邦框架职责时与自由至上主义的道德哲学相冲突，而且完全无视各种阻碍最低限度国家实现乌托邦框架职能的现实困难。为了展示诺齐克"乌托邦框架论证"的失败，我们分别从理论论证和现实运行两个角度，分析最低限度国家为什么不能承担乌托邦框架的职责。

第一节　框架的中立性与自由至上主义道德哲学相矛盾

一　对最低限度国家的"乌托邦框架论证"

诺齐克认为，尽管各种传统的乌托邦理论对于理想社会与制度的想象及刻画深入人心，并且很多乌托邦理想曾被付诸实践，但是传统的乌托邦理论存在一个致命缺陷，即它们具有不同的政治理想和善观念，"要想同时并且持续地实现所有的社会善和政治善,这是不可能的"①。诺齐克认为，乌托邦理论探寻的是"所有可能世界中最好的世界"，传统的乌托邦只能对一部分人而言是最好的世界，但不能对所有人而言都是最好的世界。因此，传统乌托邦理论就没有担负起构建"所有可能世界中最好世界"的任务，必须抛弃各种传统乌托邦理论而创造一种全新的乌托邦理论。这种新理论所描绘的乌托邦在严格意义上"对我们每一个人来说，它是可想象的最好世界"②。

诺齐克认为乌托邦的本质特征在于它是可想象的最好世界，并根据这一特征提出了一个描述可能世界模型（a possible-world model）的思想实验：想象一个你最愿意生活于其中的可能世界，其他每一个理性生物也拥有同你一样的去想象他们最愿意生活于其中的可能世界的权利。在这个过程中，一些世界被不断地想象出来，有的人选择继续留在其中，有的人则选择离开而去创造新的世界。如果这个过程一直持续下去，会留下一些

---

① ［美］罗伯特·诺奇克:《无政府、国家和乌托邦》，第 356 页。
② ［美］罗伯特·诺奇克:《无政府、国家和乌托邦》，第 356 页。

人们不愿离开的稳定的世界。稳定的世界就是可想象的最好的世界，即乌托邦。换言之，"稳定性就是一个世界具有乌托邦属性的必要且充分条件"①。由于乌托邦的稳定性依赖于其成员的主观评价与选择，这就造成它与传统乌托邦的根本区别——传统乌托邦是一元的且静态的，新乌托邦是多元的和动态的。新乌托邦既允许拥有不同乌托邦理想的人创造不同的乌托邦，又准许他们随着乌托邦理想的改变而离开旧的乌托邦、去创造新的乌托邦。

乌托邦在可能世界模型中被称为"社团"（associations），在现实世界中对应的则是"共同体"（communities）。判断一个共同体是否为乌托邦，也依据其是否满足稳定性条件，即对其成员而言，他们是否最希望停留其中。不同于可能世界模型中的社团，共同体面临着各种并不困扰前者的现实问题，所以需要一种被称为"框架"的制度来协调和容纳各种各样的共同体。诺齐克指出，尽管与可能世界模型相比，框架并不是最可欲的境况，但在现实世界中它是最可欲的和最可能实现的乌托邦。在框架的实际运行中，虽然只能保存满足一部分人乌托邦理想的有限数量的共同体，而不能容纳满足所有人乌托邦理想的无限量的共同体，但与只有一种共同体相比，框架将有利于大多数人按照他们的乌托邦理想选择生活在有限却非同一的共同体中。如果各种不同的共同体对其成员而言是乌托邦，那么框架就是维系和协调各种乌托邦共存共荣的元—乌托邦（meta-utopia）：它允许追求各种不同理想的乌托邦同时存在；允许人们按照自己的偏好自由地创建和解散乌托邦；规范和协调不同乌托邦之间的行为；禁止任何乌托邦把自己的理想强加给其他乌托邦。诺齐克主张承担元—乌托邦职能的框架只能是最低限度国家，"这种在道德上得到赞成的国家，这种道德上唯一合法的国家，这种道德上唯一可以容忍的国家，正是能够最好地实现无数梦想家和幻想家之乌托邦追求的国家"②。

---

① Ralf M. Bader, "The framework for utopia", Ralf M. Bader and John Meadowcroft, eds., *The Cambridge Companion to Nozick's Anarchy, State, and Utopia*, Cambridge: Cambridge University Press, 2011, p.257.

② ［美］罗伯特·诺奇克：《无政府、国家和乌托邦》，第399页。

二　乌托邦的稳定性与框架的中立性相矛盾

根据可能世界模型理论，只要一个想象的可能世界满足稳定性条件，那么它就是乌托邦。把可能世界模型投射到现实世界中，稳定性条件就是衡量共同体是否成为乌托邦的充分且必要条件。诺齐克关于稳定性的解释是：在一个稳定的社团中，它的任何一个成员都无法想象存在另一个愿意生活于其中的社团。诺齐克提出："如果在一个稳定的社团里，A 是一组人，那么在 A 中就不存在任何亚组 S，从而也不会出现这种情况，即 S 的每个成员在只由 S 的成员所组成的社团里比在 A 里活得更好。因为如果存在这样一个亚组 S，那么它的成员就会退出 A，建立他们自己的社团。"[①] 通过以上阐述，诺齐克就把稳定性条件转变为——如果一个社团是稳定的，它的任何一个成员都无法想象存在另一个相比于它可以活得更好的社团；一个社团是稳定的，就意味着它的任何一个成员都认为与其他社团相比，他在这个社团中活得最好。"活得最好"便成为某社团成员对其能够想象的最好的可能世界的评价标准。

诺齐克用边际贡献和对报酬的估价进一步解释何谓"活得最好"。诺齐克假设我创造了一个社团 A1，除我以外的其他人创造了一个社团 A1′，我是否被允许加入 A1′ 取决于对于 A1′ 的成员而言，我加入 A1′ 还是不加入 A1′ 对于他们更有利。A1′ 成员根据对我从 A1′ 中拿走的东西的估价决定是否允许我加入——"任何社团都不会让我从他们那里得到的东西多于我贡献给他们的东西"[②]。只有当我的贡献大于或等于 A1′ 提供给我的报酬时，A1′ 的成员才会接纳我；否则，我将继续留在 A1 中。如果我在 A1 和 A1′ 中的贡献不同，且在 A1 中的贡献小于 A1′，这也就意味着我能在 A1′ 中得到更大的报酬，那么我是否将选择迁居到 A1′ 中呢？其他社团是否会更加看重我的贡献而竞相提供给我比在 A1′ 中得到的更高的报酬呢？诺齐克区分了人们**拿到**（take）的东西和**得到**（get）的东西，前者是该社团成员对他们给我的东西所做的估价，后者指我对在这个社团中

---

① ［美］罗伯特·诺奇克：《无政府、国家和乌托邦》，第 358—359 页。
② ［美］罗伯特·诺奇克：《无政府、国家和乌托邦》，第 360 页。

的成员身份的估价。诺齐克认为："在一个世界里，一个人可以得到某种东西，而对他来说，这种东西的价值**高于**从这个最重视他的存在的稳定社团中拿到的报酬。"[①] 既然我得到的东西高于我所拿到的报酬，而且我所能想象的最好的社团就是使自身得到的东西最大化的社团，所以我不会离开这个社团，从而这个社团就是稳定的。无论我如何评价自身得到的东西的价值比我拿到的东西的价值高多少，它们都依赖于社团其他成员对我贡献的估价。诺齐克总结道，稳定社团中的成员都是相互欣赏的非自恋的人，他们不会希望成为"蜂王"（queen bee）。我们看到稳定性条件是否满足最终依赖于诺齐克对社团成员道德人格的假设——"他们具有各种各样的美德和才智，每个人都从同其他人一起生活而受益，每个人都给其他人带来巨大的帮助和快乐，弥补相互的不足……所有人都欣赏别人的独特性，为自己相对较差但别人则充分发展了的方面和潜能而感到由衷的高兴"[②]。

海尔伍德在《探索诺齐克：超越〈无政府、国家和乌托邦〉》中指出，诺齐克对乌托邦稳定性条件的论证与他标榜的乌托邦框架的中立性相矛盾。诺齐克声称框架企图建构一种对每一个人而言都是最好的可能世界的新型乌托邦，框架允许和鼓励各种各样的乌托邦实验，并且在它们之间保持严格的中立。海尔伍德认为诺齐克的论证体现了两种偏见，第一种偏见是诺齐克预设了某种特殊的道德人格。诺齐克断言人们不会希望成为在社团内占尽利益高高在上的蜂王。海尔伍德主张诺齐克没有充分的理由排除某些人加入一个社团正是因为他们可以通过担当蜂王这种角色而最大化其得到的东西，而且也没有理由排除某些人会自愿选择担任奴隶般雄蜂的角色。诺齐克对人们这两种自愿选择的排除与自由至上主义的个人权利理论相悖，因为后者声明"自愿的同意为越界打开了大门"[③]。诺齐克既然主张人们可以自愿卖身为奴，为什么又不允许人们自愿选择成为"蜂王"或"雄蜂"？

第二种偏见体现在诺齐克解释稳定性社团如何建立时依赖于对市场模式的偏爱。诺齐克认为可能世界的模型的一个引人注目的特征在于它"构

---

① ［美］罗伯特·诺奇克：《无政府、国家和乌托邦》，第366页。
② ［美］罗伯特·诺奇克：《无政府、国家和乌托邦》，第366页。
③ ［美］罗伯特·诺奇克：《无政府、国家和乌托邦》，第70页。

成了一个能应用最先进理论的领域，而这些先进理论（即决策论、博弈论和经济分析）是用来处理理性主体的选择问题的"[1]。海尔伍德认为诺齐克假设社团成员或想加入某社团的个人的行为越符合上述理论，对他们越有利，因此，"对边际产品与贡献的强调和乌托邦的可能世界的模型正是竞争性市场的模型"[2]。尽管市场在买家和卖家之间是中立的，但它在市场交易行为和其他人类行为之间不是中立的。由于市场模型并非对任意人类行为都保持中立，而是赋予人们最大化自己利益的市场行为以优先性，所以可能世界模型并不符合乌托邦框架的中立性条件。尽管可能世界模型在理论上被设想为严格中立的，即它必须在人们想象和创造的各种可能世界之间保持严格的中立，没有任何人被强迫去想象或构造某种特殊的可能世界，但是诺齐克用来塑造可能世界模型的理性选择理论却并非中立的。

海尔伍德进一步指出，可能世界模型与自由至上主义之间也存在根本冲突。因为自由至上主义依赖一种特殊的道德哲学，后者包括对特殊的道德人格与生活方式的预设，而可能世界模型却不允许预设任何特殊的道德人格或生活方式。最低限度国家的职能仅限于防止人们被暴力侵害、欺诈、偷窃和强制契约履行，但根据可能世界模型的中立性要求产生的框架所具备的功能，比最低限度国家更有限——框架一方面不能给予构成特殊社团的某种理想以特权；另一方面要禁止任何社团强迫其他社团成员接受某种特定乌托邦理想的帝国主义（imperialism）行为。由于框架不能强制推行关于财产权、个体尊严、人生意义等方面的特殊道德理论，所以它的职能不能由自由至上主义的道德哲学规定。

诺齐克把稳定性看作乌托邦的本质特征，但是他对稳定性的论证却由于两个偏见性预设而与乌托邦框架的中立性立场相矛盾。因为可能世界模型以自由至上主义的道德哲学为背景，所以诺齐克一方面预设了自由至上主义式的道德人格，从而在人们的乌托邦理想间不能保持中立；另一方面在可能世界的塑造上以市场模型为原型，从而在人们的各种行为间不能保

---

① ［美］罗伯特·诺奇克：《无政府、国家和乌托邦》，第 366 页。

② Simon A. Hailwood, *Exploring Nozick: beyond Anarchy, State and Utopia*, Brookfield: Ashgate Publishing Ltd., 1996, p.82.

持中立。由于过分依赖自由至上主义的道德哲学来阐释可能世界模型，所以诺齐克把乌托邦框架的功能等同为最低限度国家的职能，进而认为最低限度国家是最接近乌托邦框架的政治制度；而最低限度国家的道德基础是非中立的自由至上主义，因此它与乌托邦框架的中立性立场相悖。

第二节　最低限度国家不等于乌托邦框架

一　最低限度国家无法执行框架的职能

诺齐克声称："我们已经描述过的乌托邦框架相当于最低限度的国家。"[1] 在"乌托邦框架论证"中，诺齐克阐释了他的乌托邦理论与传统乌托邦理论的区别，阐释了可能世界的模型投射到现实世界时产生了对框架的需要，阐释了框架在各种乌托邦之间应当发挥元—乌托邦的协调作用，但是，他却根本没有论证为什么乌托邦框架相当于最低限度国家。巴德指出"他（诺齐克——笔者注）尤其既没有告诉我们为什么把最低限度国家等同于乌托邦框架是重要的，也没有告诉我们他是否认为最低限度国家是满足框架描述的唯一国家"[2]。针对巴德的第一个疑问，诺齐克无疑认为把最低限度国家等同于乌托邦框架是重要的，因为他正是通过把最低限度国家诠释为乌托邦框架来证明前者是鼓舞人心和值得追求的。但诺齐克无法回应巴德的第二个疑问，为了击退个人主义的无政府正义者和自由主义的平等主义者者对最低限度国家的质疑，诺齐克应当分别向二者证明最低限度的国家比无政府的自然状态和具有再分配功能的国家更适合承担乌托邦框架的职能，但诺齐克完全没有向二者提供任何证明。

虽然诺齐克没有明确论证如何把最低限度国家等同于乌托邦框架，但巴德在《乌托邦的框架》一文中通过对乌托邦框架理论的重构，提炼出诺齐克可能为把最低限度国家等同于乌托邦框架提供的三种论证：第一种论

---

① ［美］罗伯特·诺奇克：《无政府、国家和乌托邦》，第 399 页。

② Ralf M. Bader, "The framework for utopia", Ralf M. Bader and John Meadowcroft, eds., *The Cambridge Companion to Nozick's Anarchy, State, and Utopia*, Cambridge: Cambridge University Press, 2011, p.264.

证旨在说明框架是可能世界模型的实现形式，因此最低限度国家是鼓舞人心的（inspiring）；第二种论证把最低限度国家解释为所有乌托邦共存的基础，因而它能够得到拥有不同乌托邦理想的人们的普遍支持；第三种论证把最低限度国家解释为实现或最接近实现乌托邦的手段。巴德对以上三种辩护方式分别给予了反驳。

　　针对第一种论证方式，巴德质疑了"鼓舞人心"的含义。"鼓舞人心"是诺齐克赋予乌托邦框架的显著特征，它与传统单一性乌托邦不同之处体现在对乌托邦等级的区分上：一方面，由不同价值追求和善观念的人们自愿结成各种局部乌托邦；另一方面，框架作为元—乌托邦容纳各种局部乌托邦。由于框架允许各种各样的局部乌托邦存在，这就意味着每个人都能找到实现他们价值与追求的乌托邦，因此，框架是鼓舞人心的。但是，巴德认为诺齐克对"鼓舞人心"的解释十分模糊，对它的不同理解可能导致框架失去吸引力。框架之所以鼓舞人心，是由于它能够容纳并协调多元性乌托邦存在。巴德主张："如果框架在原则上意味着鼓舞人心，那么它就不能与任何特殊的善观念相连。"[1] 即便对于那些持反对多元主义的乌托邦而言，框架也应当是鼓舞人心的。由于在诺齐克的新乌托邦理论中存在着两级乌托邦，虽然对于局部乌托邦的成员而言，他们会认为其所在的局部乌托邦是鼓舞人心的，但未必认为元—乌托邦同样也鼓舞人心，比如那些反多元主义的乌托邦成员。所以，框架是否鼓舞人心取决于人们持有的善观念，即他们是否赞同多元主义并且是否承认人们应当追求多元化的价值与理想。由于乌托邦框架不能预设人们普遍持有尊重多元主义的善观念，甚至它应该默许人们持有反多元主义的善观念，因此，框架并非对于持有任意善观念的人都是鼓舞人心的。

　　诺齐克的第二种论证思路是：最低限度国家是一种在其中各种各样善观念和乌托邦理想都能够被追求的框架，"既然任何一种特殊共同体都可以在这种框架内部建立起来，所以它与所有的特殊乌托邦梦想都是相容

---

[1]　Ralf M. Bader, "The framework for utopia", Ralf M. Bader and John Meadowcroft, eds., *The Cambridge Companion to Nozick's Anarchy, State, and Utopia*, Cambridge: Cambridge University Press, 2011, p.265.

的"①。因此，最低限度国家可以得到拥有任意乌托邦理想的共同体的普遍支持。诺齐克虽然标榜最低限度国家与任何一种特殊的乌托邦理想都相容，他却排除了帝国主义式的乌托邦理想，因为"它主张强迫所有人都进入某一种样式的共同体"②。尽管乌托邦框架允许人们自由地追求各种乌托邦理想，却不允许任何人把自己的乌托邦理想强加给其他人。实际上，乌托邦框架并不排除帝国主义式乌托邦，而只排除把自己的乌托邦理想强加给其他共同体的帝国主义式行为。换言之，追求帝国主义梦想的共同体可以根据他们偏好的原则管理内部事务，但在框架的约束下他们不能强迫其他人接受帝国主义。因此，只要不使用强制力，框架依然能够成为帝国主义式共同体和非帝国主义式共同体并存的共同基础。

瓦解诺齐克第二种论证方式的关键不在于帝国主义式共同体会反对框架，而是诺齐克对"强迫"（coercion）的不一致定义导致最低限度国家反而可能成为人们构建共同体时的重要阻碍。在《无政府、国家和乌托邦》的前两部分，诺齐克对"强迫"的定义是一种道德化的观念（a moralized conception）。根据自由至上主义的道德哲学，人们拥有自愿订立契约的权利，并且相应地必须在契约有效期内履行相互约定的义务，当契约一方企图单方面毁约时，最低限度国家可以强迫其履行契约。假设 A 自愿加入一个共同体并与其他成员签订一份长达三年的契约，保证在三年内始终居住在这一共同体中。但两年之后，A 决定离开这个共同体，如果其他成员不同意，他们便可以要求最低限度国家强迫 A 继续留在共同体中，并且这种对强制力的应用不被看作强迫，因为其他共同体成员有权利这样做。但在"乌托邦框架论证"中，诺齐克又提出了"强迫"的非道德化观念（a non-moralized conception），例如 A 的乌托邦理想发生改变并选择离开他现在居住的共同体，那么 A 就不能被强迫留在此共同体中，因为"源自框架论证的退出选择（exit option）是完全不受限制的"③。由于诺齐克提供了两种

① ［美］罗伯特·诺奇克：《无政府、国家和乌托邦》，第384页。
② ［美］罗伯特·诺奇克：《无政府、国家和乌托邦》，第383页。
③ Ralf M. Bader, "The framework for utopia", Ralf M. Bader and John Meadowcroft, eds., *The Cambridge Companion to Nozick's Anarchy,State,and Utopia*, Cambridge: Cambridge University Press, 2011, p.275.

关于"强迫"的定义，所以，共同体的成员在改变乌托邦理想时将不得不面临以下的两难困境：根据"强迫"的道德化观念，一个人不被允许单方面终止契约，从现居共同体搬往另一共同体；根据"强迫"的非道德化观念，这种行为不仅被允许，甚至会得到框架的鼓励。由于自由至上主义的道德哲学和乌托邦框架论证之间的冲突，导致最低限度国家不能成为各种乌托邦理想的共同基础，最低限度国家很难得到拥有不同乌托邦理想的人们的普遍拥护，因为他们改变共同体归属的权利受到了严重限制，一旦他们的乌托邦理想发生改变，最低限度国家反而变为他们实现乌托邦理想的主要障碍。

乌托邦框架论证的第三种方法是工具性论证，它的基本理念是——"框架是最接近或实现乌托邦的最佳手段"[1]。这种论证企图调和评价乌托邦的主观标准和客观标准，即通过设计方法与过滤方法相结合，选择出一种既能够被每个人视作最符合自己主观标准的乌托邦理想，也符合对所有人而言它都是最好的可能世界的客观标准的乌托邦。巴德认为工具性论证的主要问题在于它的主张——最低限度国家是实现乌托邦的最佳途径——特别依赖经验性证据，必须有充足的经验证据才能够证明最低限度国家比无政府的自然状态和拥有再分配职能的国家都更接近实现乌托邦。

从对乌托邦评价的主观标准来看，巴德认为至少存在四个因素影响最低限度国家是否成为最佳的乌托邦实现途径，包括搬迁代价、协调失败、错误的信念（推理）和非理性的实践。[2]人们依然停留在现居共同体而不是搬去另一个更符合他们乌托邦理想的共同体，可能是由于迁移成本太高，或是因为转移到更好的共同体时出现了协调上的困难，或是由于他错误地认为另一个更好的共同体是不稳定的，或是因为他意志薄弱不愿承受搬迁之苦。正因为受到这些主观方面的经验性限制，很难断言最低限度国

---

[1] Ralf M. Bader, "The framework for utopia", Ralf M. Bader and John Meadowcroft, eds., *The Cambridge Companion to Nozick's Anarchy, State, and Utopia*, Cambridge: Cambridge University Press, 2011, p.279.

[2] Ralf M. Bader, "The framework for utopia", Ralf M. Bader and John Meadowcroft, eds., *The Cambridge Companion to Nozick's Anarchy, State, and Utopia*, Cambridge: Cambridge University Press, 2011, p.280.

家就是实现乌托邦的最佳途径。比如，它不会为某共同体的成员提供必要的物质援助以降低搬迁成本，而再分配的国家则可能出于适当的理由为他们提供迁移资助。

巴德认为工具性论证也无法提出适当的客观标准来衡量人们偏好的满足程度。当检验哪种制度性结构能够最接近实现乌托邦时，我们必须比较不同人对于其乌托邦理想实现程度的评价。由于缺乏对不同人的主观满意程度进行公度的可靠标准，就无法判定是最低限度国家还是其他政治制度更接近实现框架的功能。巴德认为，尽管框架允许和鼓励人们进行各种各样的乌托邦实验，但它不能为人们提供实验所必要的物质条件，于是很可能导致人们因为缺乏足够的动机和条件而不去进行实验。但在激励人们开展乌托邦实验这方面，拥有再分配功能的国家可能比最低限度国家做得更好，因为它可以为人们提供某些乌托邦实验所必需的物质条件及制度保障，从而提高它们的实现程度。

诺齐克希望通过把最低限度国家诠释为乌托邦框架而增强前者的可欲性，但是他不仅没有意识到两者之间不能不加论证便等同起来，而且忽视了最低限度国家是在自由至上主义的道德哲学基础上构建出来的，这便埋下了最低限度国家不能承担乌托邦框架职能的隐患。巴德揭示的最低限度国家对尊重多元主义的乌托邦观念的偏爱以及对人们变更共同体归属的阻挠，都根源于自由至上主义的道德哲学与乌托邦框架职能之间的冲突。而且，决定最低限度国家是否成为乌托邦框架最佳方式的经验限制，也不仅仅是巴德提到的以上因素，它在行使乌托邦框架职能时面临着更多棘手的现实难题。

二　乌托邦框架运行中难以克服的现实困难

"乌托邦框架论证"不仅在理论层面面临着与自由至上主义的道德哲学不自洽的困难，在现实层面也面临着诸多运行中难以应对的挑战。马克·福勒（Mark Fowler）在《稳定性与乌托邦：一个对诺齐克框架论证的批判》中指出，乌托邦框架的主要优点在于它对几乎所有乌托邦实验的开放性，因此，"乌托邦框架论证"是否成功很大程度上取决于诺齐克是否妥善解决了那些能够损害乌托邦框架开放性与灵活性的因素，对后代的道德教育就是被诺齐克忽略的一个关键问题。乌托邦框架尽管禁止共同体的帝国主义行为，但是它并不反对人们结成信仰帝国主义的共同体，而且也允许拥有不同宗教信仰的共同体同时存在。在那些并不信奉自由至上主义的共同体中，拒绝对他们后代进行自由至上主义式教育将造成乌托邦框架与这些宗教共同体之间不可调和的矛盾。基督教相信世人和万物都是上帝创造的，每一个人都是上帝的子民，是上帝的所有物，因此个人没有自杀的权利。然而自由至上主义却主张人们是自我—所有的，个人拥有决定如何处置自己身体与能力的绝对排他性权利，包括结束自己生命的权利。生活在最低限度国家内的基督教共同体，将如何把以上两种截然对立的信念传授给他们的后代呢？他们应该告诉其后代每个人都是上帝的所有物而没有自杀的权利，还是应该告诉其后代可以根据自己的意愿任意处置自己的身体呢？此外，原教旨主义的基督徒不仅反对自杀，还恪守按时参加教堂活动、严禁婚前性行为、服从父亲与丈夫指令等信条。能够期望基督教共同体的成员真诚地传授给他们后代非基督教信仰吗？上文指出，诺齐克实际上根据他的自由至上主义道德哲学预设了某种特殊的道德人格，他们不仅尊重多元主义，而且不是极端的利己主义者。既然拥有这种道德人格是实现乌托邦理想的必要前提，那么最低限度国家将很可能在各个共同体中强制推行塑造自由至上主义式人格的道德教育。显而易见，只有那些乌托邦信念与自由至上主义式道德教育能够相容的共同体才有希望存在下去。如果与自由至上主义式道德教育相排斥的共同体越多，最低限度国家的吸引力也就越小。

福勒指出，在诺齐克式乌托邦框架内，自利自为的个人和共同体相互竞争并以乌托邦框架是否有利于实现自身利益的最大化而评价它。"虽然他们不同的理想可能在某些方面相互补充，这种情况只是偶然的，并且难以超出狭隘的限制。因此每个个人或共同体将根据周围制度对于他的或它的个体目标如何有益而评价它们。"① 只有促进某人或某共同体的乌托邦理

---

① Mark Fowler, "Stability and Utopia:A Critique of Nozick's Framework Argument", *Ethics*, Vol.90, No.4, 1980, p.558.

想时，最低限度国家的政治权威和垄断强制力的主权才能够得到认可。福勒认为最低限度国家也无法避免"守夜人式国家"遭遇的难以获得大多数人支持的困境。"人们有兴趣保护的既不是最低限度国家，也不是洛克式的权利，而是**他们**自己选择的共同体的生存、壮大与繁荣。"[1] 如果这些共同体及其成员只看重自身的利益，那么垄断暴力使用权的最低限度国家就将被这些共同体成员视为"必要的恶"，"因此，古典自由主义的多元主义所熟悉的问题——分裂的忠诚、苦涩的权力斗争、敌对的派系等——将使框架陷入灾难"[2]。简而言之，最低限度国家将很可能无法获得大多数共同体的政治认同。

海尔伍德意识到最低限度国家难以应付危及共同体存续和盛衰的资源匮乏问题。他主张"事实上，物质空间限制了道德可能性的空间"[3]。如果没有足够丰富的自然资源、辽阔的地理空间和适度的人口数量，很难想象拥有不同乌托邦理想的人们组成的各种共同体能够在最低限度国家内长久地和平共处。比如，"一个根据再分配原则建立起来的共同体在那些重视满足财富欲望，而轻视道德原则的富有成员离开后还能够存在吗？它能够经受住由残忍无情的资本家控制的邻近共同体内濒临饿死的穷困潦倒的人们申请加入的压力吗？"[4] 奉行简朴之风的共同体很难抵抗周围消费主义共同体纸醉金迷的诱惑，除非有足够的地理空间允许他们远离这些诱惑，他们才能更持久地保持其生活习惯。沃尔夫也指出由于资源匮乏，共同体成员的某些选择是不可逆的。"如果我们小小的自满自足农业共产主义公社的成员决定拍卖土地尝试去做共同抢劫者，后来当他们想回到从前的生活方式时，他们可能发现，由于（例如）乌托邦的'高尔夫村庄'这种形式的大量涌现，土地价格已是他们力所不能及的了。"[5] 为了满足由于不可逆

---

[1] Mark Fowler, "Stability and Utopia:A Critique of Nozick's Framework Argument", *Ethics*, Vol.90, No.4, 1980, p.558.

[2] Mark Fowler, "Stability and Utopia:A Critique of Nozick's Framework Argument", *Ethics*, Vol.90, No.4, 1980, p.558.

[3] Simon A. Hailwood, *Exploring Nozick:beyond Anarchy, State and Utopia*, Brookfield: Ashgate Publishing Ltd., 1996, p.86.

[4] Simon A. Hailwood, *Exploring Nozick: beyond Anarchy, State and Utopia*, p.87.

[5] ［英］乔纳森·沃尔夫：《诺齐克》，第 154 页。

的选择而必然产生的重建共同体的需求，最低限度国家不得不储备并提供比实际需求量更多的土地以及其他物质资源，而实际上，最低限度国家根本不会承担这项职能，因为"一个国家或保护性机构不可以在一个共同体与其他共同体之间强制实行再分配"①。

　　通过揭示诺齐克将最低限度国家诠释为乌托邦框架的论证所面临的各种理论矛盾和现实困境，我们发现诺齐克为最低限度国家提供的这种独立论证并不成功。"乌托邦框架论证"失败的关键在于诺齐克赋予最低限度国家的乌托邦框架职能与最低限度国家所奉行的自由至上主义道德哲学相冲突。此外，诺齐克虽然断言最低限度国家是最接近实现乌托邦框架的制度安排，但是，他并没有充分证明最低限度国家在实现各种乌托邦理想方面比其它制度安排更有优势。最低限度国家是否等同于最佳的乌托邦框架，并不是一个先验的哲学问题，而是一个随着环境的不同而改变的经验性问题。

---

① ［美］罗伯特·诺奇克：《无政府、国家和乌托邦》，第385页。

结　论

诺齐克认为"政治哲学仅仅关心人们不可以利用他人的**某些**方式，主要是人身的伤害……边界约束在其所规定的方式中，表达了他人的神圣不可侵犯性"[①]。换而言之，他把正义理解为个人权利不受侵犯，而他之所以批评以罗尔斯为代表的自由主义的平等主义所主张的分配正义论不正义，就是因为实施分配正义会侵犯人们的权利，尤其是人们的自我—所有权和财产所有权。显然，诺齐克对自由主义的平等主义的这项指控也适用于马克思主义，因为后者也要求限制人们的财产所有权并在人与人之间实施各种资源的再分配。本书的目的是全面把握诺齐克在《无政府、国家和乌托邦》中所阐述的政治哲学，尤其针对诺齐克对自由主义的平等主义的分配正义论和马克思主义的政治经济学的批评进行了详细梳理，笔者认为不仅诺齐克对它们的许多批评建立在对其理论的误解上，而且诺齐克所倡导的自由至上主义的道德基础、"看不见的手的解释"、持有正义论和新乌托邦论都存在重要缺陷。

无论是对最低限度国家的"看不见的手的解释"，还是持有正义理论，抑或是"乌托邦框架论证"，诺齐克的政治哲学都建立在个人权利不可侵犯性的道德基础之上，但是诺齐克对个人权利不可侵犯性的几种论证都无法成立。除洛克的自然权利学说和康德主义原则之外，诺齐克为个人权利不可侵犯性设置的最重要辩护就是"生活意义论证"。诺齐克所捍卫的不容侵犯的个人权利仅仅是不受干涉的消极权利，他不承认人们

[①] ［美］罗伯特·诺奇克：《无政府、国家和乌托邦》，第38页。

拥有积极权利。但是，诺齐克所强调的个人按照某种整体观念或计划塑造富有意义的人生的能力不仅仅需要不受干涉的消极权利，也需要为个人能够塑造人生意义提供必要物质条件和手段的各种积极权利。塑造有意义的人生既需要消极权利也需要积极权利，归根结底，塑造人生意义的权利就是一种既包含不受侵害的消极权利，也包含被提供某些必要资源和机会的积极权利的集合。由于个人权利不可侵犯性的根据在于个人塑造其有意义人生之权利的不可侵犯性，诺齐克要么必须承认个人拥有某些积极权利，要么必须放弃个人权利的不可侵犯性。无疑做出哪种选择，对诺齐克自由至上主义政治哲学的打击都是釜底抽薪似的。

　　诺齐克的持有正义论的核心是自我—所有权原则，他所捍卫的各种消极权利实质上都是自我—所有权的子属权利或自我—所有权的派生权利——"这种所有权观念有助于我们理解为什么早期的理论家把人们说成是对自己和自己的劳动拥有所有权的人。他们把每一个人都看做是拥有做出决定权利的人，即决定自己应该做什么和成为什么，以及看作是有权利收获自己行为所带来利益的人"①。但是，诺齐克实际上在两种含义上使用自我—所有权概念。克里斯特曼区分了对自我—所有权概念的洛克派解释和黑格尔派解释："自我所有权的洛克派的捍卫是这样表达的：自我所有权思想作为一种保护是必要的，特别是对于反对国家侵入一个人生活的私人和个人方面来说。黑格尔派的观点是：自我所有权防御入侵的作用胜于被动防御，而更确切地说，它是表现一个人的人格和意志延伸进入世界的一种主动的善。根据这种观点，自我所有权是一个人具体化为他的身体和才干的一种表现，它是珍贵的，因为它构成一个真正意义上的人的生命的自我表现所必需。"②克里斯特曼把洛克派的自我—所有权观念称为"无干涉的自我所有权"，把黑格尔派的自我—所有权观念称为"自我控制的自我所有权"。不难发现，在诺齐克的自我—所有权观念中，既包含"无干涉的自我所有权"的含义，也包含"自我控制的自我所有权"的用法。当诺齐克强调不得以某些特定的方式侵害或利用个人时，他所使用的是"无干涉

---

① ［美］罗伯特·诺奇克：《无政府、国家和乌托邦》，第205页。
② ［美］约翰·克利斯特曼：《财产的神话——走向平等主义的所有权理论》，第261页。

的自我所有权";当他强调个人按照某种整体观念塑造富有意义的人生时,他强调的是"自我控制的自我所有权"。但是诺齐克所捍卫的自我—所有权仅仅是一种形式的自我—所有权,他甚至为了"无干涉的自我所有权"牺牲了"自我控制的自我所有权",后者恰恰是"生活意义论证"成立的前提。如果诺齐克拒绝承认在"自我控制的自我所有权"的意义上使用自我—所有权概念,那么就等于他主动承认个人权利的不可侵犯性缺乏道德论证。由于诺齐克仅仅承认"无干涉的自我所有权",这就导致生活在最低限度国家中的人们,他们自我—所有权的实现状况完全依赖于受各种自然偶然性和社会偶然性影响所得到的天赋才能、社会地位和经济条件。其中那些不幸地拥有不利天赋才能、社会地位和经济条件的人实际上就丧失了他们实质的自我—所有权,更不必说去塑造有意义的人生了。罗尔斯和帕帕约安努指出,任何人的自我—所有权的实现都依赖于正义的社会基本结构和充足的社会资源,如果没有这些客观保障,一个人不仅认识不到他所拥有的各种天赋能力,更不用说把这些天赋开发出来并利用它们谋生。由此可见,诺齐克所主张的自由至上主义一方面宣扬每个人的自我—所有权神圣不可侵犯;另一方面又对每个人运用和实现自我—所有权的实际情况漠不关心。

诺齐克不仅断然拒绝承认国家拥有再分配的职能,而且集中批评了国家的税收制度,他强调:"对劳动所得征税等于是强迫劳动。"[1]因为国家征税不仅仅侵犯了人们的财产所有权,而且由于强迫他人劳动也侵犯了他们的自我—所有权。自由主义的平等主义者澄清道并不会产生诺齐克所说的税收制度侵犯了个人对其劳动成果的所有权。诺齐克错误地首先假设人们对其天赋能力和运用天赋能力所得到的财产具有绝对的排他性所有权,然后指责国家通过税收制度强制征收人们生产出来的一部分应当属于他们的劳动产品。国家征税的不正当性源于它剥夺了原本属于生产者的劳动产品。但是,从自由主义的平等主义的立场来看,并不存在诺齐克所主张的优先于并且独立于具体法律经济制度的自我—所有权和财产所有权,人们

---

① [美]罗伯特·诺奇克:《无政府、国家和乌托邦》,第202页。

在具体法律经济制度下，通过努力而获得的各种资格或权利是由这些制度授予和规制的，其中也包括适用于特定基本结构的税收制度，公民纳税的过程并非生产出产品后再被各种税收制度强制征收，而是在公民参与生产过程并创造出劳动产品之前就已被施加各种纳税义务，他们在追求自己的各种目标和资格之前就已经知晓他们所要承担的各种税赋，毋宁说他们是在税收制度规范的前提下追求他们的目标与资格。这些征税的目的和方式不同于对公民合法财产毫无预见地掠夺或霸占，"由于这些规则的后果可以预见，所以当公民最初谋划他们的计划的时候，就能够将它们考虑在内。公民明白，当他们参与社会合作的时候，他们的财产、财富以及他们在合作生产出来的东西中所占有的份额都必须交税，而他们知道，这些税收是背景制度要求征收的"[①]。诺齐克所谓的"税前收入"（pretax income）根本没有独立的道德价值，它不能产生个人对其税前收入或劳动成果不受约束的所有权。人们的私有财产权和财产所有权根本上是由具体的专门法律与经济制度（包括税收制度）所规定的，而不是诺齐克所主张的独立于任何具体制度规则并不受其约束的前—制度权利。"税收制度并不能根据它对私有财产权的影响而被评价，私有财产权被理解为某种独立的和正当的存在。税收制度必须作为在它们帮助下创立的整个财产权体制的一部分而被评价。税收的正义或不正义只能意味着财产权体制和源于特殊的税收体系的资格的正义或不正义。"[②] 简而言之，人们的私有财产权和财产所有权是一系列法律规定和经济制度的产物，税收制度是这一系列制度中的关键组成部分，毋宁说，人们享有的私有财产权是受特定税收制度规范的产物，因此，不能用税收制度的产物去评价税收制度本身。

针对诺齐克对平等主义者缺乏对平等信念证明的指控，内格尔主要从道德动机的角度探讨平等待人的根源，即我们拥有一种能够把自己的自我与其他人的自我一视同仁的能力，这种能力蕴含了平等待人的利他主义的可能性，这种能力要求在道德推理和道德实践中把"个人化的立场"和

---

① ［美］约翰·罗尔斯：《作为公平的正义：正义新论》，第66页。

② Liam Murphy, Thomas Nagel, *The Myth of Ownership: Taxes and Justice*, New York: Oxford University Press, 2002, p.8.

"非个人化的立场"统一起来。内格尔对利他主义的可能性动机根源的探索是为了避免自我的分裂，在他看来，我们在道德推理和道德实践中时刻面临着"主观视角"与"客观视角"、"主观理由"与"客观理由"、"个人化的立场"与"非个人化的立场"之间的分裂，简而言之，就是自我的分裂。内格尔认为，如果仅仅遵循"主观视角""主观理由"和"个人化的立场"，就很难避免自我的分裂，只有同时采用"客观视角""客观理由"和"非个人化的立场"才能避免自我的分裂。正如罗尔斯提出的拥有两种基本道德能力的"自由而平等的人"，内格尔对利他主义可能性的探讨和平等信念的证明也依赖于他的道德人格观念，即两种自我的观念。内格尔的道德人格也被赋予两种道德能力，毋宁说是两种对待自我的能力，即不仅把自我看作历时性的存在，同时把某人的自我看作其他众多实在的自我中的一员。但是，内格尔的两种自我的观念并没有真正解决如何把其他人的自我与某人的自我一视同仁的问题，换言之，内格尔的论证仅仅提出了一种避免自我分裂的可能方案，却没有一劳永逸地解决自我分裂的问题。内格尔也表达了对这种可能方案的忧虑，他认为人们在选择道德的生活和好生活之间充满了疑虑，诸多因素导致人们从个人化的立场出发选择好的生活，而不是从非个人化的立场出发选择道德的生活。那些信仰持有正义的人可以一方面享受着好运气带给他们的优越的生活条件；另一方面对那些因坏运气而生活贫困的人熟视无睹，却不必担心自我分裂对他们造成的烦恼。内格尔最终仅仅提供了一种对平等主义信念之可能性的论证，而不是对平等主义信念之必然性的论证。当然，罗尔斯等自由主义的平等主义者都面临相似的困境，即无论他们如何呕心沥血地通过某种虚拟程序或思想实验构建出人们一致认同或无法拒绝的正义原则，都无法说服现实生活中的人们去遵守它、服从它、捍卫它。

不仅内格尔的论证不能有效地说服持有正义论的信仰者转变他们的信仰，进而认同从"非个人化的立场"出发选择道德行为，博格对个人拥有不受非正义制度统治的消极权利的论证，也不能充分说服他们放弃与非正义制度的合作。尽管博格试图把不受非正义制度统治的权利解释为诺齐克所承认的消极权利，从而以最低限度的国家无法保障人们的这种消极权利责难它。但是，诺齐克可以通过否认这种消极权利的方式打发掉博格的责难。因为诺齐克所承认的消极权利归根结底是一种不受干涉的权利，他要求最低限度的国家保障人们的各种消极权利不受干涉，却不意味着要求最低限度的国家必须保障人们的各种消极权利都能得到实现。例如，Able 和 Infirm 本来都是优秀的足球青训营队员，但是 Infirm 由于滑雪摔断了腿无法继续参加训练而不得不退出训练营，最终 Able 顺利升入一线队，而 Infirm 只能拄着拐杖度过余生。Infirm 的足球才能得不到施展并不是其他人有意阻挠的结果，因此，最低限度的国家并不会认为他运用自己足球天赋的权利受到了侵犯。博格认为一旦承认人们拥有不受非正义制度统治的消极权利，这种权利就给在这种制度中占优势的人施加了不与它合作的消极义务。但是，一方面，博格对于如何判断哪些人是占优势和履行这项消极义务需要他们付出什么程度的积极行动解释得并不清楚；另一方面，诺齐克也可以声称采取不合作的积极行动并不同于履行契约所付出的积极行动，因为后者是以自愿签订的契约为前提的，契约规定了他们必须采取保障契约被执行的行动。当人们建立自由至上主义的制度时，却并不存在任何契约规定他们要维持这项制度或者改革这项制度。博格在批评自由至上主义制度不正义时，假设了存在一种能够比它产生更少不平等和带给人们更好生活前景的制度，即博格是在罗尔斯理解的基本结构框架下评价制度的正义与不正义，毋宁说博格预设了正义的制度是能够最大程度促进社会总体平等的制度。但是，为了击破诺齐克对平等主义缺乏对平等信念论证的指责，博格应当证明为什么平等比不平等更有价值、更值得追求、更值得信仰，而不能预设正义的制度是平等的制度。

自由主义的平等主义者不但对他们平等信念的正面论证不够充分，而且他们在论证正义原则的制度性分工时恰恰暴露了其不彻底性。诺齐克批评"作为公平的正义"的两个正义原则不是普适性原则，尤其是差别原则通不过微观情况的检验。为了反驳诺齐克的批评，罗尔斯强调了正义原则的制度性分工，即正义原则仅仅适用于基本结构而不适用于基本结构内的各种社团的内部活动和人们的日常交往。博格进一步指出诺齐克对正义原则的误解是源于他混淆了道德评价中的正义主题和道德主题，诺齐克强迫仅仅适用于正义主题的正义原则也必须适用于评价人们日常行为的道德主题。罗尔斯和博格的反击澄清了他们和诺齐克对正义原则的不同理解，即罗尔斯和博格认为分配正义原则是用来评价和设计社会基本结构的，而诺齐克认为持有正义原则既可以用来评价社会制度，也能够用来评价人们的日常行为。

但是，科恩指出罗尔斯对差别原则仅适用于基本结构的论证并不成立，而且罗尔斯的论证体现了自由主义的平等主义向资本主义私有制自私自利本性的妥协。科恩认为罗尔斯在对基本结构的解释中存在一个重要的断层，罗尔斯有时仅仅把基本结构解释为强制性的法律制度，有时又把基本结构解释为包括家庭在内的不依赖于法律而依赖于习俗和期望的非强制性结构。科恩指出，如果遵从对基本结构的第二种解释，那么差别原则所规范的正义范围就必须包括人们在这些非强制性结构中的选择行为。科恩认为只把强制性的结构看作基本结构的理由是它们对人们生活的影响深远且贯穿人们的一生，但是像家庭这样的非强制性结构同样对人们的影响十分深刻，所以不能说正义原则仅仅关注强制性的基本结构而不关心非强制性结构，以及人们在这些非强制性结构中的选择行为。科恩不仅认为罗尔斯对正义原则仅适用于基本结构的论证不成立，而且指出"一个在差别原则的条件之内是正义的社会，需要的不只是公正的强制性**规则**，而且还需要一种贯穿于个人选择之中的正义**风尚**"[①]。为了捍卫社会主义的平等主义和彰显自由主义平等主义的不彻底性，科恩进一步阐明了社会主义的机会平等原则。社会主义的机会平等是对资本主义机会平等和自由主义的平等主义机会平等的超越，它不仅要求消除社会制度造成的不平等，也主张消除个人天赋导致的不平等，总之，它企图消除一切非选择的不平等。但是，科恩认为，在与社会主义机会平等相容的三种不平等中，有两种因人们选择造成的不平等依然应当消除，它们分别是"因使人悔恨的选择而产生的不平等"和"因选择运气的差别而产生的不平等"。消除这两种不平等要借助社会主义的共享原则。社会主义社会所需要的共享原则是一种共享的

---

① ［英］G.A.科恩：《拯救正义与平等》，陈伟译，复旦大学出版社 2014 年版，第 113 页。

互惠形式，它不是资本主义市场经济中的互惠原则，而是一种反市场的互惠原则——"根据这一原则，我为你提供服务不是因为这样做我能得到作为回报的什么，而是因为你需要或你想要我的服务，而你给我提供服务也是出于同样的原因"①。科恩认为，在资本主义市场经济条件下，生产的直接动机往往是贪婪和恐惧的混合，人与人之间的合作是基于自我利益的最大化，比如诺齐克在"乌托邦框架论证"中阐释社团的稳定性条件时，就主张人们加入某社团的条件就是收回自己对该社团的边际贡献，并争取加入对其边际贡献出价最高的社团。与之形成对比，科恩所说的社会主义制度中的共享"是指人们相互关心，和在必要和可能的情况下相互照顾，而且还要在意他们的相互关心"②。在共享原则导引下，人们相互合作是出于把彼此看作同胞而心甘情愿地奉献自己的服务，并且知道对方同样重视这种合作而不把它看作牟利的工具性关系。社会主义共享原则恰恰对应着科恩揭露的罗尔斯正义理论中所缺乏的、贯穿人们日常生活和人们衷心信奉的正义的社会风尚。

笔者认为，之所以自由主义的平等主义者和诺齐克在分配正义领域产生如此多的分歧，归根结底源于两者不同的道德人格设定③。从道德人格设定的角度梳理自由主义的平等主义和自由至上主义的区别，得益于罗尔斯的"道德人格"概念。罗尔斯的道德人格是自由而平等的道德人，这种道德人格拥有两种基本的道德能力，即拥有正义感的能力和形成、修正与理性地追求善观念的能力，他们拥有掌握和运用这两种道德能力的最高阶利益。"作为公平的正义"以基本结构为主题就是为了设计出有利于保障和促进道德人格的两种道德能力和两种最高阶利益的制度，基本自由权和社会基本益品清单的确定也以是否有利于形成和促进公民的两种基本道德能力与两种最高阶利益为参照，评价基本结构或社会制度是否正义也以公民的道德能力与最高阶利益是否得到充分保障和促进为重要依据。与之相对，诺齐克把个人理解为拥有抽象权利的孤立的个人，他们似乎生来就拥

① ［英］G.A. 科恩：《为什么不要社会主义?》，段忠桥译，人民出版社 2011 年版，第 43 页。
② ［英］G.A. 科恩：《为什么不要社会主义?》，第 40 页。
③ 本部分发表于《论罗尔斯对诺齐克的反驳——基于道德人格观念的视角》，《武汉理工大学学报》（社会科学版）2020 年第 6 期。

有一定数量的财产、人生理想和天赋才能，并且这些财产、理想和才能都是不容侵犯且具有同等道德权重的个人权利。因此，国家的行动范围与方式恰恰是由个人权利所划定，而不是国家制度规范个人的权利，国家正义与否也在于是否保护了个人权利不受侵犯，并在拥有这些权利的个人之间保持严格的中立。社群主义的代表人物桑德尔批评罗尔斯的道德人格是一种空洞的、无拘无束的、缺乏构成性承诺的自我，然而通过对比罗尔斯和诺齐克各自的道德人格设定，启发了桑德尔如此批评罗尔斯的诺齐克的道德人格恰恰应该是桑德尔批判的对象。笔者将尝试从罗尔斯和诺齐克各自的道德人格设定出发，重新梳理他们的正义理论。

首先，正是基于两种不同的道德人格设定，自由主义的平等主义和自由至上主义对国家权力的理解完全不同。前者把国家权力理解为旨在促进公民道德能力与最高阶利益的公共权力，而后者则把国家权力理解为私人缔约的产物。自由主义的平等主义把国家权力看作公共权力，意味着国家权力应当被用来促进公共利益，而他们理解的最基本的公共利益就是每个公民都需要得到保障与促进的掌握和运用道德能力的最高阶利益。诺齐克把国家权力看作私人权力，尽管国家产生的根源在于保护个人的权利不受侵犯，但是每个人所享受的保护服务却因其付费能力而不同，以至于那些不愿接受最低限度国家保护的独立者不得不被迫放弃他们所钟爱的生活方式而接受最低程度的保护，那些付不起保护费的人则连最低程度的保护也享受不到。在最低限度国家内，即便某些人能够享受最低程度的保护，例如乞丐或者某些残疾人，他们不必担心有人故意伤害他们或抢走他们乞食的饭钵，但是他们无法自主地塑造其人生意义和追求其向往的生活方式，如果他们并不认为他们的悲惨处境是有意义的话。

其次，由于对道德人格的设定不同，自由主义的平等主义和自由至上主义对私有财产权的态度也不同。诺齐克与罗尔斯都承认个人享有私有财产权，是因为他们都认为私有财产权与人们的某些根本利益密切相关，是实现这些利益的必要条件，这些利益的根本重要性赋予了私有财产权应当受到尊重与保障的道德地位。沃尔德伦将这种通过把私有财产权与个人根本利益联系起来为私有财产权提供辩护的方式称为"以权利为基础"的论证（a right-based argument）——"如果一种私有财产权的论证以某种个人的利益（或者某些个人的利益或所有个人的利益）作为将其他人（一般而言是政府）置于一种创制、确保、维持，或尊重一种私有财产制度的责任之下的充分证明，我就称它为'以权利为基础'的论证"①。这里所谓的"基础"的特殊含义在于当诉诸这种权利时，这种证明在原则上是足够充分的，不再需要其他证明。不同的"以权利为基础"的论证诉诸不同的具有根本重要性的利益，罗尔斯诉诸的是人们实现与运用两种道德能力的最高阶利益，诺齐克诉诸的是过有意义人生的根本利益。但是，罗尔斯对私有财产权的论证是"以普遍性权利为基础的论证"，诺齐克对私有财产权的论证是"以特殊性权利为基础的论证"。罗尔斯所理解的私有财产权是普遍性权利——"他拥有这种权利并不因为他被牵涉进某个特殊的交易或关系，而是仅仅由于他是——如此这样一种存在以致他不应当在这方面被干涉具有道德重要性"②。人们拥有普遍性权利仅仅因为他是人这种道德存在。诺齐克所主张的私有财产权是典型的特殊性权利，因为私有财产权是通过特殊的人通过特殊的行为（劳动、交换、遗赠等）获得的。普遍性私有财产权与特殊性私有财产权的区别在于权利的产生途径不同：普遍性私有财产权源于人本身的道德存在，特殊性私有财产权源于特殊的占有或交易行为。它们的共同点在于权利的行使范围，即这种私有财产权一旦获得，其他任何个人或国家没有经过他允许或给予充分的理由都不能干涉他的这项权利。

诺齐克把无干涉地塑造有意义的人生视作最根本的利益，并把神圣不可侵犯的私有财产权视作实现有意义人生的必要条件。但是，诺齐克又把私有财产权理解为通过占有或交换等偶然事件产生的特殊性权利，这种特殊性私有财产权虽然给其他任何人施加了不能干涉的责任，同时也忽视了那些或因生理残障或因突糟厄运或因制度性歧视无法获取足够财产的人，失去了实现其有意义人生的根本利益的情况。并且诺齐克既没有像洛克一样赋予那些无财产者在极端情况下，依凭"仁爱"原则索取他人财产

① Jeremy Waldron, *The Right to Private Property*, Oxford: Clarendon Press, 1988, p.87.
② Jeremy Waldron, *The Right to Private Property*, Oxford: Clarendon Press, 1988, p.108.

以维持生存的积极权利，也没有提供任何救济制度援助那些无财产者渡过困境，而是任其仰人鼻息或自生自灭。那些生活在最低限度国家内的无财产者，实际上完全丧失了塑造有意义人生的根本利益。因此，在诺齐克为私有财产权提供的"生活意义论证"和他坚持的特殊性私有财产权观念之间，存在着无法弥合的冲突。在诺齐克所主张的特殊性私有财产权观念与他所设定的道德人格观念之间存在着必然联系，因为诺齐克的道德人格只被承认拥有各种抽象的权利，却不被承认拥有任何实质的个人权利。换言之，一个人实际拥有多少权利并通过运用这些权利实现多大程度的自主或自我控制，都不是诺齐克的持有正义论所关注的。诺齐克只关心不能对人们实际的正当持有进行干涉，却不关心人们实际拥有多少持有和这些持有的用途。同理，罗尔斯的道德人格设定也与他承诺的普遍性私有财产权观念存在必然联系。罗尔斯提供的"以普遍性权利为基础的论证"由于把私有财产权与人们实现与运用两种道德能力的最高阶利益紧密联系起来，并把前者视为实现后者且成为能够终生参与社会合作的公民的前提条件，从而使私有财产权得到了正义原则的承认与保障。

再次，由于道德人格设定的不同，自由主义的平等主义者和诺齐克对正义原则与自我—所有权之间关系的理解也不同。在罗尔斯看来，自由而平等的道德人不是一个个孤立的个体，他们不仅把自己看作自由平等的道德主体，同时也把自己看作必须加入社会合作的个体。在罗尔斯看来，自由而平等的道德人观念与社会作为公平合作体系的理念是紧密相联的。"公民是平等的，在于他们将彼此视为具有平等的权利去决定规制社会基本结构的首要正义原则，以及通过恰当的考虑去评估它。最后，组织有序社会的成员是自由的，在于他们认为他们有资格以他们自己的根本目的以及最高利益之名，在设计他们共同的制度时提出他们的主张。"[1]因此，自由而平等的道德人都会承认社会基本结构影响着他们每个人，并在很大程度上决定了他们想成为什么样的人和他们将成为什么样的人。换言之，自由而平等的道德人并不把他们的目的、利益、善观念、生活意义看作给定的，

---

① ［美］约翰·罗尔斯:《罗尔斯论文全集》(上册)，第349页。

而是意识到它们的形成和变化都深受基本结构以及其他人作用的影响，因此，他们特别重视通过对基本结构和制度规则的规范来保障与促进他们的自我—所有权。但是，诺齐克仅仅把个体看作拥有抽象权利的孤立的个体，他反对自由主义的平等主义的社会合作理念，他不仅认为个体可以像与世隔绝的鲁滨逊一样生存，而且相信每个人都是自足的微型公司，他不认为单个个体的生存和生活需要依赖与其他个体的交往和合作，他更没有意识到单个个体的自我—所有权的实现，包括他接受某种关于生活意义的整体观念，并将其付诸实施都深受社会制度与其他人作用的影响。于是，诺齐克不仅声称个人有权利不受干涉地使用自己的身体和天赋，而且有权利不受干涉地使用源自自我—所有权运用而获得的财产。但事实却是不仅一个人的各种天赋的培养与发挥都受到社会制度与他人作用的影响，而且一个人通过运用自我—所有权获得的财产也深受经济法律制度与其他人合作的影响。在特定社会中，根本就不会出现独立于制度结构与人际互动的自我—所有权和绝对的排他性财产所有权。

最后，对道德人格的不同理解，导致自由主义的平等主义者和诺齐克在分配正义观念上产生巨大分歧。自由而平等的道德人格蕴含了对分配正义的要求，因为基本结构对促进和保障他们的道德能力与根本利益影响深远而广泛，因此他们必须设计出能够最有效地保障与促进他们最高阶利益的基本结构，对基本结构加以持久规范的正义原则正是自由平等的道德人能够世世代代参与社会合作事业的前提条件。因此，正义原则对于自由平等的道德人而言最重要的作用就在于调整与维持基本结构。对于诺齐克来言，他所主张的各种不可侵犯的个人权利都是独立于基本结构与公共规则的，不是基本结构与公共规则授予和约束权利，而是基本结构与公共规则必须围绕权利被制定。诺齐克所需要的正义原则就是防止干涉与侵犯个人权利的原则，所以，他的持有正义原则可以被应用于每一次权利产生与转让的微观场景。但是，罗尔斯指出，持有正义原则即便能够保障单个交易的"正义性"，也无法保证经历了长时期累积的持有总状况的"正义性"，因此必须诉诸分配正义原则周期性地调整与纠正社会总体财产状况所积累的超出了个人能够控制与预测的不正义。

由于自由主义的平等主义把公民理解为自由而平等的道德人，所以能够比仅仅把公民看作拥有抽象权利的孤立个人的诺齐克式道德人格更加有效地保障和促进人们的实质性自主权利，能够更加有效地保障和促进人们实现人生计划和人生意义，能够更加有效地保障和促进人们培养与运用自己的天赋才能，能够更加有效地保障和促进社会总体的平等与公正。但是，正如科恩所指出的，自由主义的平等主义者所宣扬的正义与平等也是建立在承认资本主义私有制的前提上，自由主义的平等主义者所捍卫的分配正义依然容忍了许多严重的不平等，这些不平等恰恰是对资本主义私有制妥协的产物。例如，虽然罗尔斯在依据自由而平等的道德人理念解释基本自由权时把诺齐克式私有财产权排斥出基本自由权清单，但他同样认为生产资料公有制也并非人们培育和发展两种基本道德能力的必要条件。可见，罗尔斯实际上并没有触动资本主义制度种种不正义的根源——生产资料的资本主义私有制。正是由于没有动摇资本主义私有制这一造成种种不平等的根源，罗尔斯在为其正义原则辩护时才会通过"刺激论证"来证明基于经济刺激的不平等是正义的，他忽视了那些所谓天赋更好的人、那些声称不给予他们利益刺激就不努力生产的人往往也是生产资料的私有者。因此，科恩指责罗尔斯的"作为公平的正义"在消除不正义这方面并不彻底，"罗尔斯在而且因为不平等释放那些好处给每一个人时就认可它是正义的，是一种掩饰其试图解决的这一冲突的方式"①。因此，科恩强调为了实现每个人的实质平等，为了最大程度地消除非自愿的不利，必须在废除资本主义私有制的基础上建立社会主义公有制，坚持社会主义的机会平等原则，并通过深入人心的共享原则调节社会主义机会平等原则的不足。

综上所述，由于诺齐克狭隘的道德人格设定，他把每个人当作自给自足的、具有各种抽象权利的孤立的个体，他们所拥有的的权利不受任何法律制度的规范，这些权利被无差别地赋予神圣不可侵犯性，因为它们是个人享有有意义人生的必要条件。由于诺齐克式的道德人格类似从地里冒出来的蘑菇，虽然每个人都被赋予了神圣不可侵犯的权利，但是它们仅仅是

① G. A. Cohen, *Self-ownership, Freedom, and Equality*, Cambridge : Cambridge University Press, 1995, p.13.

不受干涉的消极权利，虽然每个人都有为各自人生赋予意义的权利，但是个人是否能够过上有意义的人生却缺少制度性保障。在诺齐克的政治哲学中，拥有各种消极权利的个人和担负极少功能的最低限度国家处于两个极端。由于个人权利为最低限度国家的行为划定了界限，因此，最低限度国家并不具备为每个人过上有意义人生提供物质保障和资源支持的功能。所以，生活在被誉为对每个人都是"可想象的最好世界"的最低限度国家中的人，有的可能因为贫困，终其一生不能培育其天赋，有的可能因为天生残疾而不能实现其共同体理想，有的可能因为意外变故而无法继续其有意义的生活。总之，生活在最低限度国家中的人们，在面对决定人生前景的各种自然偶然性和社会偶然性时，他们神圣不容侵犯的权利并不能提供给他们享受有意义人生的足够保障。最低限度国家令人向往和鼓舞人心的乌托邦性，正如诺齐克为之辩护的资本主义制度的优越性，后者不仅没有通过专业性机构使工人摆脱风险，反而将工人置于为资本家抵御投资风险的最前沿；前者也无法为人们追求和实现各种乌托邦理想提供必要的制度保障和物质资源。因此，在明确诺齐克为资本主义制度辩护的真实目的后，我们必须放弃对最低限度国家的各种幻想，彻底放弃和超越具有欺骗性和虚伪性的最低限度国家，继续为社会主义的平等主义提供道德辩护，继续呼吁和争取越来越多的人信仰社会主义的平等主义，继续探索社会主义平等主义的正义原则和社会制度。

参考文献

一 经典译著、中文著作

［美］罗伯特·诺奇克：《无政府、国家和乌托邦》，姚大志译，中国社会科学出版社 2008 年版。

［美］罗伯特·诺奇克：《被检视的人生》，姚大志译，上海译文出版社 2015 年版。

［美］罗伯特·诺齐克：《苏格拉底的困惑》，郭建玲、程郁华译，新星出版社 2006 年版。

［美］布莱恩·巴里：《正义诸理论》，孙晓春、曹海军等译，吉林人民出版社 2004 年版。

［美］大卫·施密茨编，《罗伯特·诺齐克》，宋宽峰、庄振华译，复旦大学出版社 2013 年版。

［英］戴维·米勒：《社会正义原则》，应奇译，江苏人民出版社 2001 年版。

段忠桥：《理性的反思与正义的追求》，黑龙江大学出版社 2007 年版。

段忠桥：《为社会主义平等主义辩护——G.A.科恩的政治哲学追求》，中国社会科学出版社 2014 年版。

［英］G.A.科恩：《为什么不要社会主义？》，段忠桥译，人民出版社 2011 年版。

［英］G.A.科恩：《拯救正义与平等》，陈伟译，复旦大学出版社 2014 年版。

［英］G.A.柯亨：《马克思与诺齐克之间——G.A.柯亨文选》，吕增奎编，江苏人民出版社 2007 年版。

龚群：《罗尔斯政治哲学》，商务印书馆 2006 年版。

龚群：《自由主义与社群主义的比较研究》，人民出版社 2014 年版。

［德］黑格尔：《法哲学原理》，范扬、张企泰译，商务印书馆 1982 年版。

胡惊雷：《诺齐克的功利主义转向及其启示》，人民出版社 2012 年版。

［英］杰弗里·托马斯：《政治哲学导论》，顾肃、刘雪梅译，中国人民大学出版社 2006 年版。

［德］康德：《道德形而上学》，李秋零译，中国人民大学出版社 2013 年版。

［德］康德：《道德形而上学的奠基》（注释本），李秋零译注，中国人民大学出版社 2013 年版。

［德］康德：《实践理性批判》，李秋零译，中国人民大学出版社 2011 年版。

［美］莱斯利·阿瑟·马尔霍兰，《康德的权利体系》，赵明、黄涛译，商务印书馆 2011 年版。

［美］列奥·施特劳斯：《自然权利与历史》，彭刚译，生活·读书·新知三联书店 2006 版。

［美］罗纳德·德沃金：《认真对待权利》，信春鹰、吴玉章译，上海三联书店 1995 年版。

［美］罗纳德·德沃金：《至上的美德：平等的理论与实践》，冯克利译，江苏人民出版社 2007 年版。

罗克全：《最小国家的极大值：诺齐克国家观研究》，社会科学文献出版社 2005 年版。

［英］洛克：《人类理解论》（上册），关文运译，商务印书馆 1959 年版。

［美］迈克尔·J.桑德尔：《自由主义与正义的局限》，万俊人等译，译林出版社 2001 年版。

［美］迈克尔·沃尔泽：《正义诸领域：为多元主义与平等一辩》，褚松燕译，译林出版社 2009 年版。

［英］乔纳森·沃尔夫：《诺齐克》，王天成、张颖译，黑龙江人民出版社 1999 年版。

［英］乔纳森·沃尔夫：《政治哲学导论》，王涛、赵荣华、陈任博译，吉林出版集团 2009 年版。

［澳］斯蒂芬·巴克勒：《自然法与财产权理论：从格劳秀斯到休谟》，周清林译，法律出版社2014年版。

［美］涛慕思·博格：《康德、罗尔斯与全球正义》，上海译文出版社2010年版。

［美］涛慕思·博格：《实现罗尔斯》，陈雅文译，上海译文出版社2015年版。

［美］托马斯·内格尔：《本然的观点》，贾克春译，中国人民大学出版社2010年版。

［美］托马斯·内格尔：《利他主义的可能性》，应奇、何松旭、张曦译，译文出版社2015年版。

［美］托马斯·内格尔：《人的问题》，万以译，上海译文出版社2014年版。

［美］托马斯·斯坎伦：《我们彼此负有什么义务》，陈代东、杨伟清、杨选译，人民出版社2008年版。

［加］威尔·金里卡：《当代政治哲学》，刘莘译，上海译文出版社2011年版。

［加］威尔·金里卡：《自由主义、社群与文化》，应奇、葛水林译，上海译文出版社2005年版。

文长春：《逻辑在先的个人权利—诺齐克的政治哲学》，中央编译出版社2006年版。

姚大志：《当代政治哲学》，北京大学出版社2011年版。

姚大志：《罗尔斯》，长春出版社2001年版。

［美］约翰·凯克斯：《反对自由主义》，应奇译，江苏人民出版社2003年版。

［美］约翰·克利斯特曼：《财产的神话—走向平等主义的所有权理论》，张绍宗译，张晓明校，广西师范大学出版社2004年版。

［美］约翰·罗尔斯：《罗尔斯论文全集》（上、下册），塞缪尔·弗里曼编，陈肖生等译，吉林出版集团2013年版。

［美］约翰·罗尔斯：《正义论》，何怀宏、何包钢、廖申白译，中国社会科学出版社1988年版。

［美］约翰·罗尔斯：《政治哲学史讲义》，杨通进、李丽丽、林航译，中国社会科学出版社2011年版。

［美］约翰·罗尔斯：《政治自由主义》（增订版），万俊人译，译林出版社

2001 年版。

［美］约翰·罗尔斯:《作为公平的正义:正义新论》,姚大志译,中国社会科学出版社 2001 年版。

［英］约翰·格雷:《自由主义》,曹海军、刘训练译,吉林人民出版社 2005 年版。

［英］约翰·洛克:《政府论》(上篇),叶启芳、瞿菊农译,商务印书馆 1982 年版。

［英］约翰·洛克:《政府论》(下篇),叶启芳、瞿菊农译,商务印书馆 1964 年版。

［英］詹姆斯 E. 米德:《效率、平等和财产所有权》,沈国华译,机械工业出版社 2015 年版。

［英］詹姆斯·塔利:《论财产权:约翰·洛克和他的对手》,王涛译,商务印书馆 2014 年版。

张翠梅:《论罗伯特·诺齐克之资格正义理论》,科学出版社 2009 年版。

周濂:《现代政治的正当性基础》,生活·读书·新知三联书店 2008 年版。

周濂:《正义的可能》,中国文史出版社 2015 年版。

二　中文期刊

陈肖生:《洛克政治哲学中的自然法与政治义务的根基》,《学术月刊》2015 年第 2 期。

储昭华、汤波兰:《洛克关于自然权利"天赋性"的三种论证》,《中南大学学报》(社会科学版)2015 年第 4 期。

段忠桥:《关于分配正义的三个问题—与姚大志教授商榷》,《中国人民大学学报》2012 年第 1 期。

段忠桥:《何为分配正义—与姚大志教授商榷》,《哲学研究》2014 年第 7 期。

段忠桥:《基于社会主义立场对自由至上主义的批判—科恩对诺奇克"自我–所有权"命题的反驳》,《中国社会科学》2013 年第 11 期。

段忠桥:《正义、自由与社会主义—G. A. 柯亨对诺齐克"张伯伦论证"的初次批判》,《马克思主义与现实》2012 年第 5 期。

段忠桥:《正义、自由与私有财产—G.A.科恩对诺齐克"张伯伦论证"的再次批判》,《社会科学辑刊》2012年第6期。

高景柱:《自由主义平等观的谱系—对德沃金与罗尔斯、诺齐克平等理论亲疏关系的重新定位》,《学海》2011年第3期。

龚群:《诺齐克与罗尔斯比较:一种个人权利论》,《教学与研究》2005年第4期。

龚群:《政治信任:合法性与规范性》,《天津社会科学》2007年第1期。

顾肃:《持有权与程序正义的当代阐述者—评诺齐克的自由至上主义权利理论》,《学海》2002年第3期。

霍伟岸:《自然法、财产权与上帝:论洛克的正义观》,《学术月刊》2015年第7期。

贾可卿:《论自我所有权》,《学术界》2011年第9期。

李先敏:《财富与权力的纠葛:诺齐克自由国家的一个维度探析》,《前沿》2011年第19期。

李先敏:《国家权力与个体权利之争—诺齐克最弱意义国家内在逻辑分析》,《重庆科技学院学报》(社会科学版)2012年第17期。

李先敏:《自我之困:诺齐克个体权利观的三个向度分析》,《求索》2013年第12期。

林育川:《析G.A.柯亨对自由主义平等主义的批评》,《学术研究》2012年第7期。

刘须宽:《罗尔斯"分配的正义观"与诺齐克"持有的正义观"对照研究》,《伦理学研究》2004年第3期。

龙静云、师远志:《"自我所有'的谬误与灼见—马克思和科亨对"自我所有"的双重镜鉴》,《马克思主义研究》2016年第6期。

罗克全:《"消极自由"的个人联合体—论诺齐克的异质性"乌托邦"》,《北京科技大学学报》(社会科学版)2007年第2期。

马德礼:《科恩对罗尔斯的批判与超越》,《贵州社会科学》2014年第9期。

汤剑波:《分配正义的三个前提性条件—罗尔斯、哈耶克与诺齐克的启示》,《哲学动态》2011年第3期。

王立:《超越权利限制》,《哲学研究》2008 年第 2 期。

王立:《诺齐克的平等观》,《学习与探索》2006 年第 5 期。

王立:《资格、应得还是权利? —评诺奇克的资格正义》,《社会科学战线》2022 年第 3 期。

王立:《自我所有权还是资格? —论诺奇克正义理论的核心》,《中国人民大学学报》2021 年第 4 期。

王润稼:《天赋是应得的吗 ?—罗尔斯和诺齐克关于天赋理论的分歧》,《江西师范大学学报》(哲学社会科学版),2013 年第 2 期。

王晓升:《作为程序的正义—纯粹程序正义的历史性辩护》,《国际社会科学杂志》(中文版)2015 年第 1 期。

尹玉:《从罗尔斯、诺奇克之争反思正义原则—共赢原则》,《社会科学研究》2001 年第 1 期。

周濂:《合乎自然的秩序与合乎权利的秩序》,《哲学研究》2009 年第 12 期。

周濂:《正义第一原则与财产所有权的民主制》,《中国人民大学学报》2015 年第 1 期。

周濂:《政治社会、多元共同体与幸福生活》,《华东师范大学学报》(社会科学版)2009 年第 5 期。

三　英文著作及论文集

Alan Thomas, Thomas Nagel, Stocksfield: Acumen Publishing Limited, 2009.

C.B. Macpherson, Property:Mainstream and Critical Positions, Oxford: University of Toronto Press,1978.

Catherine Audard, John Rawls, Stocksfield: Acumen Publishing Limited, 2007.

Colin Farrelly, ed., Contemporary Political Theory, London: SAGE Publications Ltd., 2004.

Dale F. Murray, Nozick, Autonomy and Compensation, New York: Continuum International Publishing Group, 2007.

David Schmidtz, Elements of Justice, Cambridge: Cambridge University Press, 2006.

G.A. Cohen, Rescuing Justice and Equality, Cambridge, Mass.: Harvard University Press, 2008.

G.A. Cohen, Self-ownership Freedom and Equality, Cambridge: Cambridge University Press, 1995.

Gerald Gaus, The Order of Public Reason: A Theory of Freedom and Morality in a Diverse and Bounded World, Cambridge: Cambridge University Press, 2011.

J. Angelo Corlett, Equality and Liberty: Analyzing Rawls and Nozick, Hampshire: Macmillan, 1991.

Jeffrey Paul, Reading Nozick, New Jersey: Rowman & Littlefield, 1981.

Jeremy Waldron, ed., Theories of Rights, Oxford: Oxford University Press, 1984.

Jeremy Waldron, God, Locke, and Equality: Christian Foundations of Locke's Political Thought, Cambridge: Cambridge University Press, 2002.

Jeremy Waldron, The Right to Private Property, Oxford: Clarendon Press, 1988.

Joel Feinberg, Rights, Justice and the Bounds of Liberty: Essays in Social Philosophy, Princeton: Princeton University Press, 1980.

John A. Simmons, Lockean Theory of Rights, New Jersey: Princeton University Press, 1992.

John A. Simmons, Moral Principles and Political Obligations, New Jersey: Princeton University Press, 1979.

John Locke, Two Treatise of Government, Cambridge: CambridgeUniversity Press, 1988.

John Rawls, A Theory of Justice, Mass.: Harvard University Press, 1971.

John Rawls, A Theory of Justice, Revised, Mass.: Harvard University Press,

1999.

John Rawls, Justice as Fairness: A Restatement, Mass.: Harvard University Press, 2001.

John Rawls, Political Liberalism, New York: Columbia University Press, 1993.

Jonathan Wolff, Robert Nozick: Property, Justice and the Minimal State, Cambridge: Polity Press, 1996.

L.Sumner, The Moral Foundation of Rights, Oxford: Oxford University Press, 1987.

Liam Murphy, Thomas Nagel, The Myth of Ownership: Taxes and Justice, Oxford: Oxford University Press, 2002.

Loren E. Lomasky, Persons, Rights and the Moral Community, Oxford: Oxford University Press, 1987.

Mark D. Friedman, Nozicket's Libertarian Project, New York: Continuum International Publishing Group, 2011.

Michael Otsuka, Libertarianism without Inequality, Oxford: Oxford University Press, 2003.

P.Van Parijs, Real Freedom for All, Oxford: Oxford University Press, 1995.

Paul, Ellen Frankel, Fred D. Miller, Jr., and Jeffery Paul, eds., Natural Rights Liberalism from Locke to Nozick, Cambridge: Cambridge University Press, 2005.

Peter Vallentyne and Hillel Steiner, eds., Left-Libertarianism and Its Critics: The Contemporary Debate, Houndmills:Palgrave, 2000.

R. Lacey, Robert Nozick, Stocksfield: Acumen Publishing Limited, 2001.

Ralf M. Bader and John Meadowcroft, eds. ,The Cambridge Companion to Nozick's Anerchy, State, and Utopia, Cambridge: Cambridge University Press, 2011.

Ralf M.Bader, Robert Nozick, New York: Continuum International Publishing Group, 2010.

Robert Nozick, Anarchy, State, and Utopia, New York: Basic Books,1974.

Robert Nozick, Invariances: The Structure of the Objective World, London: The Belknap press of Harvard University Press, 2001.

Robert Nozick, Philosophical Explanations, Cambridge, Mass.: The Belknap Press of Harvard University Press, 1981.

Robert Nozick, Socratic Puzzles, Mass.: Harvard University Press, 1997.

Robert Nozick, The Examied Life: Philosophical Meditations, New York: Simon & Schuster, 1989.

Robert Nozick, The Nature of Rationality, Princeton: Princeton University Press, 1993.

Samuel Freeman, ed., John Rawls: Collected Papers, Mass.: Harvard University Press, 1999.

Samuel Freeman, ed., The Cambridge Companion to Rawls, Cambridge: Cambridge University Press, 2003.

Santosh Bakaya, The Political Theory of Robert Nozick, Delihi: Kalpaz Publicatins, 2006.

Simon A. Hailwood, Exploring Nozick, Brookfield: Avebury, 1996.

Theo Papaioannou, Robert Nozick's Moral and Political Theory: A Philosophical Critique of Libertarianism, New York: The Edwin Mellen Press, 2010.

Thomas Nagel, Equality and Partiality, Oxford: Oxford University Press, 1991.

Thomas Nagel, Mortal Questions, Cambridge:Cambridge University Press, 1979.

Thomas Nagel, The Possibility of Altruism, Princeton: Princeton University Press, 1970.

Thomas Nagel, The View from Nowhere, Oxford: Oxford University Press, 1986.

Thomas Scanlon, What We Owe to Each Other, Mass.: The Belknap Press of

Harvard University Press, 1998.

Thomas W. Pogge, Realizing Rawls, Ithaca: Cornell University Press, 1989.

Tibor R. Machan, Libertarianism Defended, Hampshire: Ashgate Publishing Ltd., 2006.

四 英文期刊

Alexander Kaufman, "The Myth of the Patterned Principle: Rawls, Nozick and Entitlements", *Polity*, Vol. 36, No. 4, 2004.

Amartya Sen, "Rights and Agency", *Philosophy & Public Affairs*, Vol. 11, No. 1, 1982.

Andreas Teuber, "Kant's Respect for Persons", *Political Theory*, Vol. 11, No. 3, 1983.

Andrew Kernohan, "Rawls and the Collective Ownership of Natural Abilities", *Canadian Journal of Philosophy*, Vol. 20, No. 1, 1990.

A. Anthony Smith, "Robert Nozick's Critique of Marxian Economics", *Social Theory and Practice*, Vol.8, No.2, 1982.

B. Andrew Lustig, "Natural Law, Property, and Justice: The General Justification of Property in John Locke", *The Journal of Religious Ethics*, Vol. 19, No.1, 1991.

Barbara H. Fried, "Left–Libertarianism, Once More: A Rejoinder to Vallentyne, Steiner, and Otsuka", *Philosophy & Public Affairs*, Vol.33, No.2, 2005.

Barbara H. Fried, "Left–Libertarianism: A Review Essay", *Philosophy& Public Affairs*, Vol. 32, No. 1, 2004.

Barbara H. Fried, "Wilt Chamberlain Revisited: Nozick's 'Justice in Transfer' and the Problem of Market–Based Distribution", *Philosophy & Public Affairs*, Vol. 24, No. 3, 1995.

C.Mezzetti, "Paretian Efficiency, Rawlsian Justice and the Nozick Theory of Rights", *Social Choice and Welfare*, Vol. 4, No.1, 1987.

Cécile Fabre, "Justice, Fairness, and World Ownership" ,*Law and Philosophy*, Vol. 21, No. 3, 2002.

Charles Taliaferro, "God's Estate" , *The Journal of Religious Ethics*, Vol. 20, No. 1, 1992.

Cheyney C. Ryan, "Yours, Mine, and Ours: Property Rights and Individual Liberty" , *Ethics*, Vol. 87, No. 2, 1977.

Christopher John Nock, "Equal Freedom and Unequal Property: A Critique of Nozick's Libertarian Case" , *Canadian Journal of Political Science/ Revue Canadienne de Science Politique,* Vol. 25, No. 4, 1992.

Daniel Attas, "The Negative Principle of Just Appropriation" ,*Canadian Journal of Philosophy*, Vol. 33, No. 3, 2003.

David B. Lyons, "Rights against Humanity" , *The Philosophical Review*, Vol. 85, No. 2, 1976.

Edward Andrew , "Inalienable Right, Alienable Property and Freedom of Choice: Locke, Nozick and Marx on the Alienability of Labour" ,*Canadian Journal of Political Science/Revue Canadienne de Science Politique,* Vol. 18, No. 3, 1985.

Eric Mack, "In Defense of Individualism" , *Ethical Theory and Moral Practice*, Vol. 2, No. 2, 1999.

Eric Mack, "Personal Integrity, Practical Recognition, and Rights" , *The Monist*, Vol. 76, No. 1, 1993.

Eric Mack, "Self-Ownership and The Right of Property" , *The Monist*, Vol. 73, No. 4, 1990.

Fabian Wendt, "Political Authority and the Minimal State" , *Social Theory and Practice*, Vol.42, No.1, 2016.

Fred R. Berger, "Mill's Substantive Principles of Justice: A Comparison with Nozick" , *American Philosophical Quarterly*, Vol. 19, No. 4, 1982.

G.A. Cohen, "Robert Nozick and Wilt Chamberlain: How Patterns Preserve Liberty" , *Erkenntnis*, Vol. 11, No.1, 1977.

G.A. Cohen, "On the Currency of Egalitarian Justice", *Ethics,* Vol. 99, No.4, 1989.

George G. Brenkert, "Self-Ownership, Freedom, and Autonomy" ,*The Journal of Ethics*, Vol. 2, No. 1, 1998.

H. L. A. Hart, "Between Utility and Rights", *Columbia Law Review*, Vol. 79, No. 5, 1979.

H. L. A. Hart, "Are There Any Natural Rights?" *The Philosophical Review*, Vol. 64, No.2, 1955.

H. L. A. Hart, "Rawls on Liberty and Its Priority" ,*The University of Chicago Law Review*, Vol. 40, No.3, 1973.

Haris Psarras, "A Critique of Robert Nozick's Critique of Patterned Principles of Justice", *Archives for Philosophy of Law and Social Philosophy*, Vol. 96, No. 2, 2010.

Hillel Steiner, "The Natural Right to the Means of Production", *The Philosophical Quarterly*, Vol. 27, No. 106, 1977.

Hillel Steiner, "The Structure of a Set of Compossible Rights", *The Journal of Philosophy*, Vol. 74, No.12, 1977.

James O. Grunebaum, "Ownership as Theft", *The Monist*, Vol. 73, No. 4, 1990.

Jan Narveson, "Libertarianism vs. Marxism: Reflections on G. A. Cohen's 'Self-Ownership, Freedom and Equality'", *The Journal of Ethics*, Vol. 2, No. 1, 1998.

Jan Tumlir, "The Unintended Society? Some Notes on Nozick", *Eastern Economic Journal*, Vol. 4, No. 1, 1978.

Jeffery Paul, "Property, Entitlement, and Remedy", The *Monist*, Vol. 73, No. 4, 1990.

Jeffrey Obler, "Fear, Prohibition, and Liberty", *Political Theory*, Vol. 9, No.1, 1981.

John Christman, "Self-Ownership, Equality, and the Structure of Property

Rights", *Political Theory*, Vol.19, No. 1, 1991.

John Christman, "Distributive Justice and the Complex Structure of Ownership", *Philosophy & Public Affairs*, Vol. 23, No. 3,1994.

John E. Roemer, "A Challenge to Neo-Lockeanism", *Canadian Journal of Philosophy*, Vol. 18, No. 4, 1988.

John Rawls, "The Basic Structure as Subject", *American Philosophical Quarterly*, Vol. 14, No. 2, 1977.

John, Christman, "Distributive Justice and the Complex Structure of Ownership", *Philosophy & Public Affairs*,Vol.23, No.3, 1994.

Jonathan Wolff, "What Is the Problem of Political Obligation?" *Proceedings of the Aristotelian Society*, New Series, Vol. 91, 1990-1991.

Karen Johnson, "Government by Insurance Company: The Antipolitical Philosophy of Robert Nozick", *The Western Political Quarterly*, Vol.29, No.2, 1976.

Kasper Lippert-Rasmussen, "Against Self-Ownership: There Are No Fact-Insensitive Ownership Rights over One's Body", *Philosophy & Public Affairs*, Vol.36, No. 1, 2008.

Laurence S. Moss, "Optimal Jurisdictions and the Economic Theory of the State: Or, Anarchy and One-World Government Are Only Corner Solutions", *The American Journal of Economics and Sociology*, Vol.69, No. 1, 2010.

Lawrence Davis, "Comments on Nozick's Entitlement Theory", *The Journal of Philosophy*, Vol.73, No. 21, 1976.

Mark Fowler, "Stability and Utopia: A Critique of Nozick's Framework Argument", *Ethics*, Vol. 90, No. 4, 1980.

Michael Davis, "Nozick's Argument for the Legitimacy of the Welfare State", *Ethics*, Vol. 97, No. 3, 1987.

Michael Neumann, "Side Constraint Morality", *Canadian Journal of Philosophy*, Vol. 12, No. 1, 1982.

Michael Otsuka, "Self-Owmership and Equality: A Lockean Reconciliation", *Philosophy & Public Affairs*, Vol. 27, No.1, 1988.

Michael Teitelman, "Anarchy, State, and Utopia by Robert Nozick", *Columbia Law Review*, Vol. 77, No. 3, 1977.

Ngaire Naffine, "The Legal Structure of Self-Ownership: Or the Self-Possessed Man and the Woman Possessed", *Journal of Law and Society*, Vol.25, No.2, 1998.

Patrick Wilson,, "Steiner on Nozick on the Right to Enforce", *Analysis*, Vol. 41, No. 4, 1981.

Paul Warren, "Self-Ownership, Reciprocity, and Exploitation, or Why Marxists Shouldn't Be Afraid of Robert Nozick", *Canadian Journal of Philosophy,* Vol. 24, No.1, 1994.

Paul, Ellen Frankel, Jeffrey Paul and Gerard J. Hughes, "Self-Ownership, Abortion and Infanticide [with Commentary]", *Journal of Medical Ethics*, Vol.5, No.3, 1979.

Peter Vallentyne, "Self-ownership and Equality: Brute Luck, Gifts, Universal Dominance, and Leximin", *Ethics*, Vol. 107, No. 2, 1997.

Peter Vallentyne, Hillel Steiner, and Michael Otsuka, "Why Left-Libertarianism Is Not Incoherent, Indeterminate, or Irrelevant: A Reply to Fried", *Philosophy & Public Affairs*, Vol. 33, No. 2, 2005.

Robert E Litan, "On Rectification in Nozick's Minimal State", *Political Theory*, Vol. 5, No.2, 1977.

Robert Grafstein, "The Ontological Foundation of Nozick's View of Politics; Robert' s Rules of Order", *Philosophical Studies: An International Journal for Philosophy in the Analytic Tradition*, Vol. 44, No. 3, 1983.

Robert S. Taylor, "Self-Ownership and Transplantable Organs", *Public Affairs Quarterly*, Vol. 21, No. 1, 2007.

Robert Stallaerts, "Towards a Justification of Social Ownership: A

Comparison of the Property Rights, Social Choice and Economic Justice Approach", *Review of Social Economy*, Vol.52, No. 2, 1994.

Ron Replogle, "Natural Rights and Distributive Justice: Nozick and the Classical Contractarians", *Canadian Journal of Political Science/ Revue Canadienne de Science Politique,* Vol. 17, No. 1, 1984.

S. Adam Seagrave, "Self–Ownership vs. Divine Ownership: A Lockean Solution to a Liberal Democratic Dilemma", *American Journal of Political Science*, Vol. 55, No. 3, 2011.

Samuel Freeman, "Illiberal Libertarians: Why Libertarianism Is Not a Liberal View", *Philosophy & Public Affairs*, Vol. 30, No. 2, 2001.

Samuel Scheffler, "Natural Rights, Equality, and the Minimal State", *Canadian Journal of Philosophy,* Vol. 6, No. 1, 1976.

Sarkar Husain, "The Lockean Proviso", *Canadian Journal of Philosophy*, Vol. 12, No.1, 1982.

Theo Papaioannou, "Nozick Revisited:The Formation of the Right–Based Dimension of His Political Theory", *International Political Science Review/ Revue, International de Science Political*, Vol. 29, No. 3, 2008.

Thomas Nagel, "Libertarianism without Foundations", *The Yale Law Journal*, Vol. 85, No. 1, 1975.

Thomas Scanlon, "Nozick on Rights, Liberty, and Property", *Philosophy & Public Affairs*, Vol.6, No.1, 1976.

Virginia Held, "John Locke on Robert Nozick", *Social Research*, Vol. 43, No.1, 1976.

Walter Horn, "Libertarianism and Private Property in Land: The Positions of Rothbard and Nozick, Critically Examined, Are Disputed", *American Journal of Economics and Sociology*, Vol. 43, No. 3, 1984.

后　记

本书是在笔者博士论文的基础上修改而成。由于深感自己的博士论文的粗糙和不足，经过毕业数年后教学和科研的磨砺，在对文字表述修改完善的基础之上又增加了三章新的内容，从而实现了对诺齐克在《无政府、国家和乌托邦》中所阐述的政治哲学理论的全面梳理。

首先，笔者感谢博导段忠桥教授。段忠桥教授是国内历史唯物主义、国外马克思主义和政治哲学等多个学术领域的顶尖学者之一，段忠桥教授对学术的严谨态度和对学生的严格标准早已享誉中国人民大学哲学院乃至国内马克思主义学术圈。跟随导师学习的数年间，我深刻地感受到段老师的学术态度绝不能仅仅以"严格"一词概括。段老师始终坚持学术规范和因材施教的统一，他会根据每个学生特殊的学术背景、性格气质、学术兴趣和科研能力制定适合每个人的培养方案和论文选题。段老师既不会给某个学生提出他无法完成的任务，也不会因某个学生降低对论文质量的要求，他始终以平等的身份与我们讨论文章的结构和论证，始终要求我们在遵守"概念清晰、逻辑严谨"的前提下提出自己的观点。除此之外，段老师的高尚人格对我的生活习惯和思维方式也产生了深远影响。老师所达到的学术成就和人生境界是我穷尽一生努力都无法企及的高度，我必定在今后的工作和生活中，时刻铭记老师的教诲与劝诫，争取在有限的自由时间中实现自我完善与价值创造的统一。

其次，感谢家人对我的支持。我的奶奶一直和我们一家三口生活在一起，而且我是她一手带大的。从嗷嗷待哺的襁褓婴儿到接近不惑之年的高校老师，我似乎一直都是奶奶眼中长不大的不懂得照顾自己的孙儿。从不到 20 岁离家求学到如今独立踏上社会，奶奶的叮嘱已被我习惯定义为啰嗦，可是在我对她的絮叨充耳不闻时，奶奶也一如既往地关爱着我。可是随着奶奶年事已高，絮叨的内容越来越单调，身躯佝偻得越来越严重，精力衰退得越来越明显，甚至受新冠后遗症的影响难以行动自如，我也越来越意识到必须珍惜能陪在奶奶身边的每一刻。

我的性格大部分继承了母亲的基因，所以无论是在家还是在学校，我都与妈妈更亲近。尽管成年后与父亲的沟通和交流都十分有限，但是他对待家庭和工作的态度，也潜移默化地形塑了我的爱情观、家庭观和事业观。在博士毕业后的第四个年头，我终于和任丹悦结为连理，收获了人生新的角色。我把她比喻为我的"池恩倬""成德善"和"李至安"，因为她不仅在我消沉黯然时唤起了我对爱情的希望，而且把柴米油盐的日常琐碎转变成了人间烟火的笑靥丛生。

我还要感谢中国人民大学哲学院龚群教授、罗骞教授、周濂教授、杨伟清教授、田洁副教授在论文选题、开题、预答辩等各个环节中对我的帮助，多年来各位老师对我提点有加，他们对待学术的严谨态度会一直鞭策我前行。我还要感谢我的硕士导师——中共中央党校哲学部董振华教授，我对于马克思主义哲学的初步学习，并能够跟随段忠桥教授攻读博士学位，都离不开董老师对我的教诲与提携。此外，我还要感谢我的硕士研究生和博士研究生阶段所结识的各位同门与其他专业的同学，以及奋斗并生活在北京的各位亲朋，我能够顺利完成博士论文也离不开他们的帮助。

尽管进入山东师范大学马克思主义学院工作后，我努力尽快完成从政治哲学到马克思主义基本原理的专业转变和从科研向教学科研并重的角色转换，但是我依然是一名缺乏经验与技术的"小学生"，尤其是作为一名师范类高校的教师，深知"教育教育者"所面临的挑战和所担负的使命之艰辛与荣耀。"战战兢兢，如临深渊，如履薄冰。"希望自己能不忘各位良师益友的教诲，不忘各位家人亲朋的恩情，做一名合格的教师，做一个完善的好人。

2023 年 5 月 4 日

山东济南